LA DÉCADA SOCIALISTA

El ocaso de Felipe González

Coordinadores

Javier Tusell
Justino Sinova

Colaboradores

Antonio Alemany, Pablo Castellano, Ramón Cotarelo, José Carlos Duque, Juan González-Anleo, Miguel Herrero de Miñón, Juan María Laboa, Pedro López Jiménez, Ernest Lluch, Sebastián Martín-Retortillo, Juan Antonio Ortega Díaz-Ambrona, Javier Pradera, Rafael Puyol, Jean-François Revel, Carlos Rodríguez Braun, Carlos Seco Serrano, Justino Sinova, Hugh Thomas, José Juan Toharia, Javier Tusell y José Ignacio Wert

Espasa Calpe

Espasa Hoy
Dirección: Javi de Juan
Editora: Pilar C tés

Diseño y cubierta alía Hormigo Ahumada/PUBLYCO

Depósito legal: M 8.043-1992
ISBN 84-239-77 -8

Impreso España
Printed i ain

Taller áficos de la Editorial Espasa-Calpe, S. A.
Carretera de Irún, km. 12,200. 28049 Madrid

Espasa → Hoy

Índice

Prólogo
Diez años (de poder) y un día (de flaqueza)

Javier Tusell
Justino Sinova

Felipe González, el hombre que introdujo el socialismo en la sociedad posfranquista y le condujo a la mayor victoria electoral que podía soñar, ha sentido la tentación de retirarse. Sólo han pasado diez años de aquel triunfo, pero la aceleración en que ha vivido la política española hace que parezcan treinta. Un buen día, González comunicó a sus amigos más cercanos que había pensado en ceder el liderazgo. Fue un día de flaqueza que convulsionó la memoria histórica del socialismo. Se notaba cansado de tanta pelea, tantos despachos, tantos viajes, tantos Consejos... y falto de proyectos para avanzar.

Esta es una prueba de cómo abrasa la política. González llegó al palacio de la Moncloa aupado por las masas y adorado por su partido. Barrió en una, dos, tres elecciones. Ha podido hacer y deshacer; en realidad, ha hecho y ha deshecho sin límite. Lo ha tenido todo, el país a sus pies, nuestras vidas en sus manos. Pero se ha cansado, y ha pensado un día acabar con todo eso. El partido y sus amigos de confidencia le han convencido de la necesidad de seguir. El socialismo que él refundó no ha encontrado todavía un sucesor y su ausencia abriría la puerta a una estremecedora incógnita. Pero nadie puede negar ya que su amago de retirada significa que él sabe que se ha acabado el oxígeno del 82.

Se ha acabado, efectivamente, una época brillante, el reinado de la mayoría absoluta socialista. Diez años después de la victoria, llega el ocaso. Nadie quiere decir, nadie dice todavía, que el Partido

Socialista Obrero Español de Felipe González vaya a perder las elecciones. El ocaso de González es una victoria por la mínima, una victoria que a cualquier mortal le haría feliz. Es que González subió tan alto, tan alto, que no está dispuesto, dicen, a compartir ni una pequeña dosis de poder. No barrer otra vez en las urnas es lo que le intranquiliza y le ha llevado a pensar en retirarse.

Pero el ocaso de González no es sólo una hipótesis personal. Es también el resultado de un agotamiento colectivo. La década socialista ha estado llena de realizaciones, pero también de gruesos errores. Quizá, más que los errores en ocasiones ha pesado sobre los socialistas gobernantes la convicción psicológica de que ellos no podían sino acertar. González insistió durante años en que el gran defecto de su política era no saber explicar a la opinión pública la eminencia de su gestión. Y así, los errores eran muchas veces sólo discrepancias de interpretación.

Ya era muy tarde cuando han comprendido que muchos errores eran simplemente errores. Tan tarde, que la opinión pública ya había salido de su asombro, había adivinado que aquellos jóvenes predicadores de la ética política eran como tantos otros; es decir, también tenían defectos, y se equivocaban, y no resolvían, y abusaban más de la cuenta. Pasados diez años, aquel entusiasmo colectivo, que nacía de la impresión de que por fin la vida política se iba a regenerar para siempre, se ha transfigurado en una desilusión, la que ha originado la corrupción detectada en la vida pública.

Ahora, al llegar el luto del ocaso, es cuando se aprecian la gran ocasión perdida —ocasión histórica— de limpiar la vida política y el sonoro fracaso de haber enturbiado una gestión esperanzadora con la corrupción. Lo que los hombres de la calle argumentan y lamentan es la corrupción, sobre todo esas capas modestas que han sido vivero de votos socialistas, mientras contemplan cómo sus condiciones económicas son cada día un poco peores al tiempo que una clase política nunca tan próxima adquiere cada día privilegios un poco mayores.

No se puede describir toda una época con la imagen y la desgracia de la corrupción. Es lógico que la gente se haga cruces del escándalo, pero la década socialista ha ofrecido un buen catálogo de realizaciones que hay que poner en su lugar y que ha dejado huella, sin duda. Impulsados por aires de bonanza económica, los gobiernos de Felipe González han gozado durante años de tranquilidad ambiental para trabajar. A punto de cumplirse la década, una crisis económica mundial amenaza con llevarse por delante algunos tramos de progreso y pone a los equipos socialistas en el difícil trance de administrar por primera vez una profunda crisis. Esta nueva circunstancia adversa acentúa el ocaso personal de González, quien acaba su tercera legislatura triunfal en medio de adversidades ni siquiera sospechadas.

Sobre todo esto discurre el libro que el lector tiene en sus manos. El objetivo de los coordinadores era ofrecer un balance, realizado con ponderación, serenidad y pluralismo, de los diez años de hegemonía socialista que se cumplen ahora. Para ello convocaron a un grupo de intelectuales distinguidos por su autoridad profesional y su conocimiento de la realidad política, económica y social española. Ni los coordinadores ni cada uno de los autores pueden suscribir, como es lógico, todos los juicios de valor que se contienen en el libro. Pero el conjunto forma un análisis completo, válido para que sea aceptable para una amplia mayoría, que suscita el debate y la reflexión sobre una etapa muy importante de la historia de España. Los coordinadores han pretendido eso y tanto ellos como el resto de los autores han hecho el esfuerzo intelectual de distanciarse todo lo posible de la situación para elaborar un análisis templado y hondo, sin agresiones gratuitas ni afirmaciones infundadas. De ello damos fe.

Primera parte:

Introducción a un decenio

Panorámica desde la historia

Carlos Seco Serrano

En 1981, al producirse la retirada de Adolfo Suárez, comentó este que, al menos, le cabía la satisfacción de ostentar un récord histórico en cuanto a duración en el poder —cerca de cinco años— bajo un régimen de libertad política. En un artículo destinado a hacer balance de aquella decisiva experiencia democrática, me permití contradecirle: hubo, en nuestro siglo XIX, otros dos presidentes que, como él, gobernaron sin interrupción cerca de cinco años: O'Donnell (Unión Liberal), en tiempos de Isabel II y bajo la Constitución de 1845 (1858-1863); Sagasta (Partido Liberal-fusionista), en tiempos de la Regencia y bajo la Constitución de 1876 (1885-1890). En todo caso, esa misma rareza —se trata de dos excepciones, para el período que va de 1812 a 1939— brinda, ya de por sí, buena muestra de lo que fue el discurrir, anómalo o convulso, de nuestro pasado liberal —liberal «censitario» o liberal «democrático».

En cambio, puede reputarse ya como absolutamente insólito el hecho de que un presidente —socialista por más señas— haya prolongado su gobierno a lo largo de una década, respaldado por la holgada mayoría de dos parlamentos sucesivos: primera comprobación de que España ha experimentado un giro de alcance extraordinario —en los órdenes social, cultural, económico y, en definitiva, político— durante los últimos diecisiete años. Los críticos implacables no debieran olvidar este dato: por primera vez en nuestra historia, la democracia ejercida en plenitud brinda tales resultados. Ignoro lo que ocurrirá en la próxima consulta a las urnas, aunque supongo que no cambiará el color de la mayoría —y, por mi parte, espero que deje de ser absoluta.

Los que tenemos ya edad suficiente para poder establecer contrastes, hemos de reconocer que los signos diferenciadores entre un ayer —próximo todavía, históricamente hablando— y el hoy en que nos hallamos siguen siendo notables.

Un poco de historia

El Partido Socialista Obrero, fundado en 1879 y reafirmado en 1888 —cuando se creó su brazo sindical, la UGT—, quedaría muy lejos, hasta fecha muy avanzada de nuestro siglo, de ser opción «normal» de gobierno; aun sin contar con las famosas lacras del caciquismo doctoral entonces vigente, se lo hacían difícil dos hechos: la lenta crecida de sus «bases», y la fuerte matización *guesdista* de su inicial ideología. Sólo cuando el edificio institucional canovista se vino abajo, a partir de la Dictadura, y cuando una nueva generación de dirigentes reemplazó a la del «abuelo» —Pablo Iglesias— empezó a vislumbrarse la posibilidad de que los socialistas, de una u otra forma, accediesen al poder: incluso bajo la Monarquía (el rey Alfonso XIII acarició repetidamente esa idea).

El ingenuo *regeneracionismo* de Primo de Rivera, presunto «cirujano de hierro» costista, se basaba en una sustitución de los partidos «ficticios» —los del «turno pacífico»— por partidos «reales»: pensaba en una izquierda laborista, al modo británico, y en una «nueva» derecha de raíz popular —su desangelada Unión Patriótica—. Pero el socialismo cortejado por el dictador a través de su ministro Aunós, se limitó a beneficiarse de las carantoñas de aquel —según la táctica de Largo Caballero—, mientras la actitud insobornable la mantenía Prieto, muy proclive a un entendimiento con el nuevo republicanismo de Azaña.

Y con la República —primera experiencia democrática *real* vivida por España— se produjo, por fin, la entrada del socialismo en el Gobierno: con Besteiro en la presidencia de las Cortes Constituyentes, y con tres carteras ministeriales regentadas, respectivamente, por Largo Caballero, Prieto y Fernando de los Ríos. Fue un intento esperanzador —todavía bajo un signo «regeneracionista», según la oratoria de Azaña—, porque por fin implicaba una renovación desde la raíz. Faltó precisamente aquello que fuera virtud indiscutible de Cánovas: faltó voluntad de diálogo con la tradición política anterior —que seguía siendo una realidad ineludible y que, en buena parte, había iniciado una evolución capaz de ponerla al día.

De la negativa al consenso a una opción *canibalista,* no había más que un paso, y el paso se dio: tanto desde la izquierda como desde la derecha. Los que no han vivido aquella época no pueden hacerse idea de lo que fue un planteamiento político basado, a partir de un momento impreciso —o de varios momentos precisos—, en el exterminio del adversario. Era lo que se llevaba por la Europa de los fascismos y del estalinismo; España, desde unas estructuras económico-sociales aún muy alejadas del desarrollo, dio su propia versión, volviendo a la vieja experiencia —ahora en términos atroces— de la guerra civil y de la revolución que llamaríamos hoy «tercermundista». Una doble catástrofe anunciada en sucesivos episodios: intentona derechista de 1932; revolución —de doble signo, en Asturias y en Cataluña— de 1934; reacción a secas de 1935; revanchismo vinculado al Frente Popular... Que la guerra civil era el reverso de la convivencia democrática, se puso de manifiesto en ambos campos. Y la salida del conflicto se basó en la exclusión de media España.

Con perspectiva histórica objetiva cabe pensar, sin embargo, que la evolución social y económica operada tras los horrores de una prolongada posguerra —¡finales de la década de los cincuenta!— por la España surgida de la lucha fratricida, fue haciendo imposible la prolongación de la estructura política en que la nueva sociedad se cobijaba; una estructura política atenida al inmovilismo sin concesiones; a la exclusión de los partidos políticos, y de la prensa y el sufragio libres. La salida de esta situación sólo pudo hacerse, como superación política —y no mediante un retorno a la confrontación armada—, gracias a la Monarquía, cuyos titulares dinásticos —el conde de Barcelona, el príncipe Juan Carlos— venían propugnando la cancelación de la guerra civil mediante una restauración que, a su vez, haría posible la democracia. Pero hubo, sobre todo, un doble factor decisivo para que la voluntad de la Corona se hiciera realidad: la lejanía de la guerra «incivil»; la presencia en la vida pública de nuevas generaciones cada vez más ajenas a las razones —más bien a las sinrazones— del conflicto.

De hecho, la transición se hizo *desde la España azul;* fueron los herederos de «la victoria» sobrevenida cuarenta años atrás los que se abrieron a una realidad insoslayable, en pugna con el pétreo maniqueísmo mantenido por Franco hasta su muerte; y fueron, a su vez, los herederos de la España vencida los que respondieron con generosidad a la apertura, condicionando la cancelación de viejos agravios a la implantación real de la democracia. De aquí que, cubierta la etapa previa y decisiva —entre 1976 (referéndum de diciembre) y 1981 (fracaso del golpe de Estado involucionista)— por los primeros, la consolidación de unos logros que aparecían aún inestables y amenazados fuera obra de los segundos.

El nuevo horizonte socialista

No cabe ignorarlo: el socialismo español que ha contribuido al proceso integrador desde los días de las Cortes Constituyentes y de los famosos «pactos de la Moncloa», tuvo la suerte de contar con Felipe González, capaz de un equilibrio ideológico que, por desgracia, no siempre había caracterizado a los grandes definidores del «socialismo histórico»; ejemplo de un buen sentido matizado de utopía, y con poder de sugestión del que carecen, por lo general, tanto sus adversarios como sus seguidores.

Yo recuerdo aquella solemne apertura de las Cortes que habían de elaborar la Constitución democrática (1977). El Rey leyó un admirable discurso de Estado; toda la sala ovacionó a don Juan Carlos cuando este concluyó. El gesto decisivo lo había iniciado Felipe González alzándose del escaño y aplaudiendo ostensiblemente: Alfonso Guerra, a su lado, se limitó a abrocharse la americana.

El paso esencial para que el *consenso* logrado por Suárez se tradujese, más que en la creación de un partido definidamente de centro, en la *plasmación de un sistema de centro,* lo dio el propio Felipe González, dos años después, en el XXVIII Congreso del PSOE, que despojó a este de sus «señas de identidad» marxistas, para identificarlo con la socialdemocracia. Esos dos gestos —la aceptación leal de la Monarquía como cúpula capaz de albergar todas las opciones políticas no vinculadas a la violencia rupturista, y la renuncia al dogmatismo de Marx— hicieron posible, en 1982, el acceso del socialismo al poder.

Al margen de éxitos o fracasos, de aciertos o errores, el socialismo conducido por González ha brindado, desde entonces, prendas de moderación y entendimiento que la derecha nunca ha sabido agradecer. Sin entrar en análisis en profundidad, el socialismo ha normalizado definitivamente el engranaje democrático, el triunfo total del civilismo —pues hasta 1982, y aun después del 23-F, la española fue una «democracia vigilada»—. El problema, o la amenaza, de un militarismo en buena parte nostálgico de la dictadura, *desapareció definitivamente* a lo largo de la primera etapa de gobierno socialista.

Es innegable que un gobierno «de derechas» (o de centro-derecha) no hubiera podido plantear siquiera el tema de la reconversión industrial; por muy incompleta que haya resultado la formidable tarea —el desmantelamiento de unas estructuras inviables, de cara al Mercado Común—, con el enorme costo social que ello implicaba, sólo podía emprenderla el socialismo. Otro tanto cabe decir de la incorporación a la OTAN —asegurada por los socialistas—, y de la definitiva inserción de España en la Europa comunitaria. El famoso referéndum significó, evidentemente, la rectificación de un error previo, pero también el cumplimiento de un compromiso y la garantía de que, error o acierto, lo respaldaba el país. La absurda campaña abstencionista, emprendida por Alianza Popular, supeditaba, en cambio, una convicción muchas veces proclamada, a la posibilidad de «hundir» al adversario; la maniobra tenía tan escasa altura ética que se volvió contra sus promotores, implicando el resquebrajamiento irreparable de aquella «familia política».

La permanencia en la OTAN y la definitiva incorporación a la Europa comunitaria estimularon, asimismo, un mejor entendimiento con los Estados Unidos —sellado, por ejemplo, con la prudente actitud (colaboración sin riesgos) mantenida en la guerra del Golfo—. El Gobierno socialista, reticente «en principio» con la OTAN, y más aún con los hombres de Washington, es ahora una clave en la relación de los Estados Unidos con Hispanoamérica, y ha brindado, con corrección extrema, la primera piedra para la construcción de la paz en el Oriente Medio, a través de la trascendente Conferencia de Madrid, uno de los éxitos más brillantes logrados por la diplomacia española en lo que va de siglo.

Lógicamente, todos estos planteamientos «de centro» implicaban la ruptura con el ala intransigente del partido, atenida a los viejos dogmas, o dispuesta a superponer ideología a noción de la realidad —aunque esa realidad sea tan obvia como Europa—. La pugna con el sindicato ugetista, que antaño fuera médula del partido, y ahora decididamente entregado a la táctica de Comisiones Obreras, es el capítulo más agudo y difícil de esta crisis. Pero incluso el mantenimiento de la pugna aludida, a riesgo de una pérdida de credibilidad en sus bases, por parte del hombre que representa al secular «partido obrero», denota en Felipe González su calidad de auténtico estadista. Pues estadista es el político que, llegado el momento, sabe supeditar los intereses de partido y la contingencia coyuntural a lo que percibe claramente como interés general de la sociedad y del Estado: algo que no siempre se vislumbra en los hombres de la oposición. (¿De veras cree el señor Aznar que en algún lejano futuro le sería a él más fácil entenderse con los sindicatos que a un gobierno socialista, este u otro cualquiera?)

La clave para las «contradicciones» o para los correctivos del socialismo gobernante —correctivos impuestos por la realidad a unos esquemas demasiado apegados a supuestos ideológicos en crisis— ha sido la «política económica» mantenida por unos excelentes ministros de Hacienda —Boyer y Solchaga—, mirados como «bête noire» por la demagogia sindical, y con reticencia por unos conservadores que, en el fondo, se benefician del creciente liberalismo de su orientación programática. (La difícil coyuntura actual no debe oscurecer la brillante etapa cubierta por nuestra economía entre 1985 y 1991.)

El lastre negativo

Pero aun reconociendo como tantos positivos en el Gobierno socialista los aspectos de su gestión a los que acabo de pasar muy sumaria revista, no son menos evidentes los reversos negativos que vienen comprometiendo tanto esa gestión como la imagen misma del Gobierno y del partido.

Me referiré, en primer término, a la tendencia creciente a prescindir de las oposiciones —y aun del Parlamento—, dado el poder sin contrastes que ofrece la *mayoría absoluta*. Precisamente porque esa mayoría es un hecho, debía cuidar más el Gobierno su relación con las minorías; esforzarse en valorizar y aceptar cuanto de constructivo tiene la crítica o la solución alternativa brindada por las oposiciones. El PSOE gobernante ha roto con la tradición más reciente —la de los años de la transición *suarista*—, en que se aprovecharon al máximo, modulándolas, todas las fuerzas políticas del país —salvo, claro es, las vinculadas a la violencia terrorista—.

A su vez, esa insoslayable «solución» o «respuesta» unilateral a todos los retos, a todos los problemas (el famoso «rodillo»), ha tendido a reforzarse, eliminando cuanto puede suponerle un contrapeso objetivo: la jubilación anticipada de los catedráticos universitarios fue una mezquina muestra de desconfianza hacia una generación intelectual entera, porque resultaba demasiado independiente. (Lo que sospechábamos al ser dictada aquella ley nos lo ha venido a confirmar ahora el retorno a la antigua normativa: cuando el mal ya no tiene remedio, cuando la Universidad se ha visto invadida por una ola de profesores que, aparte la posible realidad de sus méritos, no han tenido que poner a prueba más que su capacidad para el *brujuleo,* es decir, para conseguir, desde la nociva «endogamia» de los departamentos, una *dotación* a su medida.)

Esta tendencia acelerada a una absolutización del poder —liberando de obstáculos el camino— ha traído por consecuencia la convicción en que vive el partido gobernante de que todo le está permitido; y de aquí la generalización de las formas de corrupción (o de abuso). Lo cual, después de todo, responde también a un giro ideológico. En efecto, matizada o repudiada la vieja ideología del fundador, atenida al dogmatismo marxista y a las austeridades de un partido «de clase», ha venido a sustituirla la prédica descarada del hedonismo puro, identificado a su vez con la búsqueda sin escrúpulos de los caminos fáciles para lograr a toda costa —y de espaldas a cualquier vocación que no sea la del medro económico— la satisfacción de apetencias limitadas al pequeño horizonte de cada cual, sin concesión alguna al sacrificio solidario, al equilibrio de derechos y deberes, al respeto mínimo hacia valores tradicionales de la sociedad española, y que no por ser tradicionales deban de tener validez —porque resultan insustituibles.

Aunque el mal concretado en la corrupción generalizada no sea, ni mucho menos, achaque exclusivamente español —ni, dentro de España, achaque socialista (hace tiempo que el PP se incapacitó para lanzar la primera piedra)—, existen razones para que el ciudadano medio identifique ese mal con la gestión socialista, dada la insólita prolongación de esta en el poder. Así ha venido radicalizándose la atávica animadversión o el menosprecio que los españoles han sentido siempre hacia la política y hacia los políticos: actitud en la que coincide la negativa a reconocer la propia responsabilidad en aquello que critican, y ese talante anarquista latente siempre en la mentalidad de nuestro pueblo.

Las consecuencias son imprevisibles, pero ya las estamos tocando, incluso como amenaza cierta, a la larga, para nuestro futuro en cuanto colectividad histórica. Personalmente, me alarma el pasotismo estúpido de las nuevas generaciones —conformadas mentalmente en este «clima»—: su tendencia a reducir a caricatura, o a objeto de mofa, cuanto es perfectamente respetable; el menosprecio, o la valoración *al revés,* del propio pasado, precisamente en sus capítulos más decisivos para la historia del mundo (lo cual no es de extrañar, habiéndose reducido al extremo —y de forma sesgada— el estudio de la Historia en la enseñanza media); en fin, el olvido consciente de nuestras «raíces profundas». Baste observar que incluso las conmemoraciones centenarias que de forma tan aparatosa estamos viviendo, han rehuido sistemáticamente destacar aquello que las justifica (no ha sido la Comisión del V Centenario, sino la Real Academia de la Historia por su propia cuenta, la que ha organizado el *único Congreso* encaminado a esclarecer y dejar en su lugar —ni leyenda rosa, ni leyenda negra— el más grande acontecimiento que vincula a España con la historia del mundo).

Lo sé: con lo que acabo de decir —como reverso de cuanto de positivo cabe hallar en la última década— estoy, sin proponérmelo, esbozando los apartados programáticos en que bien pudiera basarse la construcción de una alternativa de poder ya sólo concebible como utopía: desde la salvación de los valores éticos en entredicho hasta la recuperación de la propia identidad —basada en una solidaridad inteligente con nuestra historia—. Pero como no veo claro que ninguno de los partidos que hoy forman en la oposición esté capacitado, por unas u otras razones, para asumir la tarea, sólo me cabe desear que el socialismo gobernante —cuyos aportes positivos a nuestro progreso en común he empezado por subrayar— acierte a introducir, una vez más, los correctivos urgentes y necesarios que su larga experiencia de poder va haciendo cada vez más insoslayables. Necesitaría un examen de conciencia a fondo y toneladas de humildad para renunciar a triunfalismos cargados de contrapartidas.

Los años socialistas en España *

Hugh Thomas

El gran logro del Gobierno de Felipe González en España desde 1982 da la impresión, desde la perspectiva de observador inglés, de haber sido esencialmente de índole conservadora.

Esto es, naturalmente, una paradoja, de modo que tendré que explicar exactamente lo que quiero decir.

El PSOE subió al poder en 1982, cuando la política de la transición había llegado a su fin. La Constitución, las autonomías, la restauración de la Monarquía estaban rematadas, y el partido socialista había cooperado, naturalmente, en la redacción de la Constitución; pero esta obra fue presidida por hombres que habían ganado nombradía en política en los últimos años de Franco. Los dos primeros presidentes, Adolfo Suárez y Leopoldo Calvo-Sotelo, así como sus colegas del partido ahora disuelto, habían llevado a cabo, bajo la autoridad del rey don Juan Carlos, una obra maestra política de la más alta importancia: una de esas auténticas obras de arte políticas de las que habla Jacob Burckhardt, el gran historiador del Renacimiento.

Habían conseguido incluso la entrada de España en la OTAN, conquistando así un objetivo concebido en tiempos de Franco, pero imposible hasta entonces por la oposición de los demás miembros noreuropeos de la OTAN.

---

* Traducción de Jesús Pardo.

La cuestión, sin embargo, era: ¿podrían seguir adelante estos éxitos?

Hasta 1982 era muy difícil predecir esto. El partido socialista, en los años anteriores a la victoria de Felipe González, que tuvo lugar en el otoño de ese año, era, en realidad, un factor desconocido. Había en él muchas tendencias de opinión: izquierdismo retórico, marxismo, colectivismo irreflexivo; todas ellas, motivadas por un comprensible deseo de venganza contra los supervivientes del antiguo régimen, podrían acabar dominando en el partido.

Los que conocían a Felipe González sabían que era un dirigente responsable y capaz, un dirigente que, sin duda, preferiría que el socialismo español encajase en el grupo de partidos socialistas reformistas y democráticos de Alemania, Francia y Gran Bretaña; o, por poner un ejemplo que puede parecer menos atractivo, querría un PSOE que fuese comparable al gran partido Acción Democrática de Rómulo Betancourt, en Venezuela.

A pesar de todo, nadie podía saber con absoluta seguridad lo que iba a hacer Felipe González con el poder. No tenía experiencia de poder político. Había, evidentemente, auténticas posibilidades de que se dejase influir por la izquierda. Todos sabíamos que era buen orador. Pero los buenos oradores han tendido con frecuencia a ser malos administradores.

En realidad, lo que ha ocurrido es que el PSOE en el poder ha consolidado de manera notable el sistema político que heredó, y sin suscitar, desde el momento mismo de su elección, la menor crítica seria a la Constitución vigente. Esto ha sorprendido. La tradición del socialismo español había sido siempre republicana, y esto era tan cierto de la derecha democrática de ese partido, los prietistas podríamos llamarles, como de su ala revolucionaria. Es posible que queden grupos representativos de esas viejas actitudes, pero están muy aislados y son muy insignificantes.

Al afirmar que el movimiento socialista español se manifestó en apoyo del acuerdo constitucional, lo que quiero decir, evidentemente, es que ese movimiento ha aceptado la Constitución en su conjunto, y no solamente la Monarquía.

También ha llevado a cabo una política económica, que, en lo esencial, acepta la existencia del *statu quo* y el sistema de mercado libre. La tentación colectivista ha sido mantenida al margen durante los años de Felipe González, y de una manera que, antes de 1982, habría sorprendido.

Lo cierto es que al partido le tentaron los problemas de privatización y los intentos de regeneración del capitalismo que hemos visto en Gran Bretaña y Estados Unidos durante estos años. El partido socialista alemán celebró en 1959 su famoso congreso de Bad Godesberg para abjurar del marxismo, y el partido socialista español pasó por esa experiencia estando ya en el poder. Pero el efecto, en ambos casos, ha sido el mismo.

Estas actitudes políticas dirigidas por persuasivos ministros de finanzas como Boyer y Solchaga, han tenido, ciertamente, un efecto desastroso en la oposición española. El estadista inglés conservador decimonónico Benjamin Disraeli fue acusado, al adoptar, en 1867, una política de reforma constitucional, de apoderarse de la ropa de sus oponentes liberales, aprovechando un momento en que estos estaban bañándose. Felipe González y sus colegas económicos han hecho más: han dejado a la oposición sin la menor posibilidad de bañarse siquiera.

Es cierto que el sistema fiscal se ha transformado en estos años, pero pocos podrán alegar sinceramente, incluso si son ricos, que la fiscalidad española ha alcanzado, bajo el régimen socialista, un nivel comparable al que es normal ahora en el resto de Europa.

Ahora bien, si hablamos de la España moderna en términos generales —los únicos términos que cabe esperar de mí, que soy, después de todo, un escritor inglés y vivo en Londres—, tendremos que referirnos a un país de economía mixta, en el que la posición del Estado es, indudablemente, menos dominante que en la época franquista.

Hay que tener en cuenta a ETA. Salta a la vista que el Gobierno español no ha triunfado todavía sobre esta organización terrorista, pero también salta a la vista que, al cabo de años de inseguridad y asesinatos, los objetivos de ETA están más lejos del triunfo que nunca. Más aún, la colaboración entre el pueblo vasco y las fuerzas de seguridad comienza a dar resultados. Y la colaboración de la policía francesa, que se había hecho esperar mucho, ha transformado la situación. Ya no se puede decir, como dijo un editorialista de *Cambio 16:* «Viven en Francia, asesinan en España.» La necesidad de hacer frente a la amenaza de ETA ha constituido una dura lección, y más que una lección, para el partido socialista, pero esa lección ha sido aprendida.

La OTAN, el logro más notable

El terreno siguiente en el que el régimen ha tenido éxito ha sido la OTAN, ya que, al confirmar su entrada en ella, ha ratificado su participación en las principales medidas de seguridad de las democracias occidentales.

Bajo ciertos aspectos, y teniendo en cuenta las actitudes vigentes en el partido socialista hasta 1982, este es el más notable de sus logros. Las medidas defensivas españolas en colaboración con Estados Unidos desde 1952 habían hecho que grandes sectores de la opinión española recelasen profundamente de la idea misma de cooperar con la OTAN. Además, el PSOE, en 1982, hizo una campaña política específicamente a favor de un programa de oposición a la OTAN. Y, sin embargo, cuando llegó el momento, Felipe González solicitó de la opinión apoyo para seguir en la OTAN con ciertas condiciones que ya están olvidadas en gran medida. Y la manera de organizar el referéndum sobre esta cuestión constituyó un triunfo para él.

El referéndum sobre OTAN sirvió también para dejar sin recursos tácticos a la oposición. La decisión de Manuel Fraga de pedir a sus seguidores que no votasen marcó el comienzo de la decadencia de este estadista, que, en último término, es la figura más sólida que ha producido la derecha posfranquista.

La pertenencia española a la OTAN parece ahora poco importante dentro del contexto de la actual política exterior, pero, así y todo, el derrumbamiento de la Unión Soviética y el fin de la guerra fría son resultado de muchas causas, y el hecho de que, a comienzos de los años ochenta, la OTAN recibiese un miembro más y hasta los partidos socialistas en el poder lo considerasen como cosa positiva, influyó indudablemente, por poco que fuese, en los dirigentes soviéticos, haciéndoles comprender que su política había fracasado.

La política europeísta es la culminación de los programas del PSOE. Un observador probritánico, al llegar a este punto, no puede menos de sonreír con cierta contrariedad. Aunque España entró en la Comunidad mucho después de Gran Bretaña, se ha convertido en un miembro sumamente eficaz del círculo europeo. Toma en serio sus responsabilidades de manera evidente. El europeísmo de España nunca había sido puesto en duda. Europa siempre ha parecido un camino de modernización. Al mismo tiempo, España siempre se mostró muy capaz, durante todos estos años, de defender sus posiciones en Bruselas.

Algunas inquietudes

En vista de todo esto, los resultados generales del período del PSOE en el poder parecen abrumadoramente positivos, aunque debo apresurarme a añadir que yo abrigo ciertas inquietudes.

La primera es, sencillamente, una consecuencia del éxito general del PSOE. Este partido lleva ya diez años en el poder. En este momento, el principal partido de la oposición sigue sin ser un oponente serio. Su política económica, por ejemplo, apenas difiere de la propugnada por el Gobierno. La consecuencia de esto es que la verdadera oposición tiende a producirse en las presidencias autonómicas fuertes. El éxito de Jordi Pujol, por ejemplo, en la Generalitat, podría plantear dificultades de largo alcance al Gobierno central socialista.

La segunda cuestión es más difusa. ¿Cuál es el tono del PSOE después de diez años en el poder? Resulta difícil contestar a esto. Dejaré a un lado el problema de la corrupción, ya que no lo he seguido tan de cerca como para poder aportar un juicio útil a su elucidación. Pero he hablado con suficiente número de personas en España para llegar a la conclusión de que se percibe, en general, un cierto escepticismo sobre el poder político. Se capta una sensación, posiblemente bastante injustificada, de que el poder político es una cosa que sólo sirve para repartir cargos políticos.

Por otra parte, tampoco se debe pedir demasiado. España tiene un gobierno que, en general, ha funcionado bien durante diez años. La Constitución está firmemente arraigada en la mente, ya que no en el corazón, del pueblo. La familia real es respetada en general. La política exterior ha tenido grandes éxitos. Las autonomías pueden dar a veces la impresión de crear, a nivel local, las mismas estructuras centralizadas de las que los movimientos autónomos querían escapar a nivel nacional. Y, sin embargo, estos nuevos gobiernos autónomos, y no olvidemos que todavía son muy recientes, tienen ya muchos logros culturales y docentes en su haber: docentes sobre todo. Una vez rematada la transición de dictadura a democracia, se está llevando también a cabo la transición de nación estado a miembro de pleno derecho de la Comunidad Europea. Es posible que la España moderna no sea una utopía, y casi es mejor que no lo sea, pero no cabe duda de que es una de las poquísimas naciones optimistas de la Comunidad Europea. Debiéramos alegrarnos de esto, por poco que parezca. Y, a pesar de las dudas que predominan actualmente en bolsa, yo, por mi parte, puedo decir que sigo alegrándome de tener un poco de capital invertido en acciones españolas.

Diez años de socialismo en España

Jean-François Revel

En octubre de 1992 hace diez años que el Partido Socialista Obrero Español (PSOE) gobierna con la mayoría de escaños en el Congreso. Pero, más que diez años de socialismo, hay que decir diez años de gobierno del partido socialista. En efecto, de socialismo, en el sentido en que lo entendía el PS francés en 1981, el PSOE ha practicado bien poco, o nada en absoluto. Por otra parte, ya había anunciado sus intenciones por anticipado, abandonando de la manera más oficial del mundo toda referencia al marxismo en su programa y en sus estatutos.

Por no haber conseguido que se votara este abandono en 1979, durante el XXVIII Congreso del PSOE, Felipe González incluso había dimitido, armado de valor, de la dirección del partido, para volver a ella después de haber logrado salirse con la suya. Así, mientras que el PS francés se remarxizó a partir de 1971, para tener que renunciar a continuación a sus principios bajo la presión de las realidades del poder, el PSOE, por el contrario, se desmarxizó antes de tomar el poder. Rechazó toda alianza, incluso, puramente electoral, con el partido comunista, lo que no impidió que este cayera, en 1982, aún más bajo que en Francia: el 4,14 por 100 de votos. Con excepción de la red eléctrica de alta tensión, los socialistas españoles no procedieron a ninguna nacionalización y, en el curso de su segundo mandato, a partir de 1986, comenzaron incluso a privatizar, en totalidad o en parte, las sociedades nacionalizadas por Franco. Si el Estado tuvo que comprar por vía de urgencia la gigantesca firma

Rumasa, comprometida en irregularidades, se dio prisa en revenderla en lo posible, a trocitos, al sector privado. En otros terrenos también —la lucha contra el terrorismo, la política de las autonomías— el PSOE se abstuvo de romper con la política de sus predecesores, los gobernantes de la unión centrista (UCD).

Así, desde su democratización, España ha estado «gobernada desde el centro», centro derecha o centro izquierda, ambos liberales. El PSOE debe su triunfo de 1982 (48,4 por 100 de votos) a una absorción masiva de electores procedentes de la UCD, «por el cambio en la continuidad».

Continuidad querida y anunciada, salvo en un punto: el mantenimiento de España en la OTAN, en la que el último Gobierno de la UCD la había hecho entrar. Felipe González había previsto hacerla salir de ella, y organizar para esto un referéndum donde él haría campaña por el «no a la OTAN». El referéndum tuvo lugar, pero González hizo campaña... ¡por el «sí»! Volvió a hacer el sabroso papel del maestro Barbe-Molle de Georges Courteline (en *Un client serieux*), quien, al enterarse en plena audiencia de que ha sido nombrado sustituto del fiscal, pasa tan fresco de la defensa a la acusación, y argumenta contra el cliente cuyos honorarios acaba de embolsarse. Con la diferencia de que Felipe, por su parte, había trocado la acusación por la defensa, y que los honorarios percibidos eran los sufragios de los electores. Pero este cambiazo mostró, en realidad, que el nuevo presidente del Gobierno no hacía más que seguir a la opinión rompiendo con el antiatlantismo tradicional de la izquierda, ya que, en el referéndum, el «sí» venció con una cómoda mayoría.

A partir de 1985, la recuperación económica permitió que la elección de la economía de mercado, deliberadamente hecha por el PSOE, diera sus frutos, sin por ello hacerle renunciar a una gestión «prudente». Esto, además, le condujo en 1988 a un conflicto abierto con los dos grandes sindicatos, uno de ellos el suyo, la Unión General de Trabajadores (UGT), hasta entonces de obediencia socialista. La entrada en el Mercado Común remató la nueva estatura de España y su acceso al rango de gran país europeo moderno. Al mismo tiempo, las autonomías regionales continúan afirmándose.

Frente a estos éxitos brillantes, hay que deplorar, es cierto, fracasos y manchas negras. Cediendo a un residuo de arcaísmo, Felipe había anunciado imprudentemente, antes de las elecciones de 1982, la creación de 800.000 nuevos empleos. Esta promesa maravillosa se tradujo en 800.000 parados más. El paro español sigue siendo uno de los más elevados de Europa; al menos el paro oficial, muy atemperado en la práctica por un trabajo clandestino que con todo conocimiento de causa el Gobierno se abstiene de combatir. Entre los otros reveses del socialismo figura su impotencia para acabar con el terrorismo. Y entre sus mezquindades, la indecente influencia del PSOE en la radio-televisión del Estado (RTVE), sometida durante mucho tiempo al inflexible control del muy sectario y limitado Alfonso Guerra, ex vicepresidente del Gobierno, amigo de juventud y *alter ego* de Felipe. En una biografía del presidente del Gobierno [1] que constituyó un gran éxito de librería, los autores acusan a Felipe González de ser «un político que ha puesto el Estado al servicio de su partido». La «camarilla andaluza», el grupo de amigos originarios de Sevilla que tomó el control del partido a finales de los años setenta, y del Gobierno en los años ochenta, ¿es la responsable de la explosión de la corrupción? En todo caso, esta se ha convertido en la gran cuestión del debate público. Ha aumentado hasta tal punto que, por ejemplo, el cardenal Enrique y Tarancón, ex presidente de la Conferencia Episcopal, declaraba últimamente [2]: «La corrupción en el régimen democrático es mayor que la que existía en el régimen franquista. Teníamos la ilusión de que cambiando el régimen eliminaríamos la corrupción, y ha empeorado.»

Hasta el punto también de que uno de los editorialistas más cáusticos de España, José Luis Gutiérrez, pueda preguntarse irónicamente [3] si la democracia no será por casualidad el sistema en el que «tener en el Parlamento la mayoría de escaños garantiza la impunidad a los corruptos».

El propio Rey, saliendo de una reserva que la Constitución le impone, salvo en caso de amenaza grave para el Estado de derecho, ha denunciado en un discurso rotundo y severo, en Granada, en junio de 1991, «el abandono y la corrupción que hacen que se degraden tantas cosas en España». Este descendiente de Luis XIV tiene decididamente espíritu republicano. Cómo no iba a inquietarse, al igual que cualquier ciudadano, cuando ve los nombramientos para empleos públicos utilizados sobre todo para asegurar una vida confortable a los amigos del poder, cuando ve los desvíos de fondos o

---

1 *La ambición del César*, de J. L. Gutiérrez y A. de Miguel, Madrid, 1989.
2 *Diario 16*, 16 de enero de 1992.
3 *Diario 16*, 20 de noviembre de 1991.

también los aviones y barcos del Estado puestos al servicio de la *nomenklatura* para agradables desplazamientos turísticos privados, mientras que la Reina, fuera de los viajes reales oficiales, toma aviones de línea.

Y, por supuesto, están también las facturas falsas, las sociedades títere, la prensa acusada de mentir y de inventar la corrupción para empañar la imagen del Gobierno... A diferencia de François Mitterrand, y para ventaja de la democracia española, Felipe González se decide sin embargo a castigar a veces a los más altos jerarcas de su facción, incluido su mejor amigo, Alfonso Guerra, a quien obligó a dimitir de la Vicepresidencia del Gobierno. Alfonso había hecho poner a disposición de su hermano Juan, hombre de negocios, un despacho en la Delegación del Ejecutivo en Sevilla, una auténtica célula de tráfico de influencias.

Más recientemente, el ministro de Sanidad, Julián García Valverde, ha tenido igualmente que dimitir: se había descubierto que en la época en que dirigía los ferrocarriles se habían realizado turbias operaciones de ventas de terrenos a Renfe, en provecho de iniciados amigos del poder, justo antes de que estos terrenos, de inedificables que eran, fuesen declarados edificables. En comparación, que una directora de RTVE se hubiera tenido que marchar por un pecadillo, por haber pagado sus facturas de alta costura con dinero público, parece un castigo de una indecible crueldad.

No es de extrañar, ante tal cuadro, que Felipe, con una ingenuidad que le presta encanto, pueda confiar en estos tiempos a sus visitantes: «Es totalmente comprensible que los españoles estén un poco cansados de vernos.» Y sin embargo no lo están tanto. El PSOE ha perdido menos de diez puntos en diez años, y con el 39,55 por 100 de votos en las elecciones de 1989 obtenía aún 175 escaños sobre 350 en el Congreso. Como el Partido Popular, ahora perfectamente centrista, no obtenía más que 107, con el 25,8 por 100 de votos, la alternancia, salvo cataclismo, no parece ser para mañana.

Segunda parte:

Cómo éramos y cómo somos

La economía

Recuperar el pasado, alcanzar Europa

Ernest Lluch

Durante muchos años, después de la guerra civil, los españoles miraron hacia el desarrollo económico que habían tenido durante la República. Los estragos económicos de una guerra interna fueron muy considerables, pero una serie de hechos posteriores lo hicieron aún más difícil: el modelo de economía intervenida, el aislamiento internacional y, por último, nuestra ausencia del Plan Marshall por falta de democracia. Consecuencia de estas causas fue que el desarrollo económico español decayó durante la década de los años cuarenta. De tal forma que la situación económica en España era peor en la segunda mitad de la década citada que en el momento de finalizar la guerra civil. Hubo en el país una obsesión sorda por mirar, cuando se volvían a alcanzar los niveles de producción anteriores, a las consecuencias de la crisis de 1929. Los niveles de producción en términos absolutos y de ingresos por habitante no fueron recuperados hasta el período 1953-1957. Agotado el método autárquico, la economía española se abrió nuevamente en 1959. Hasta ese año había una constatación, que se estaba creciendo con importantes limitaciones y, sobre todo, que el nivel de atraso con respecto a Europa había aumentado considerablemente. El inicio de la oleada de turistas permitía ver cómo los trabajadores metalúrgicos, por ejemplo, de Alemania o de Francia disfrutaban de vacaciones, mientras que aquí la situación era muy distinta. Esta intuición popular viene corroborada por los hechos. Si la media de la actual Comunidad Europea era 100, en 1959, cuando la economía española hace un primer paso liberalizador, nuestro nivel de vida era de 59. En consecuencia, los españoles conocían que nuestra situación era prácticamente la mitad en cuanto recursos económicos de la Europa occidental democrática.

Las consecuencias del Plan de Estabilización de julio de 1959 fueron adversas en un primer momento. Mas, inmediatamente, en parte por dicha liberalización y en parte a consecuencia de las ventajas de estar situados geográficamente muy cerca de un gran polo de desarrollo económico, las variables económicas sufrieron un importante empujón hacia arriba. Demostración de ello es que en una década se pasa del 60 por 100 del nivel medio europeo hasta el 75. Cuando el general Franco fallece, en noviembre de 1975, este avance no se había detenido y habíamos alcanzado el nivel medio europeo en un 82 por 100. Es difícil sobrevalorar el avance de más de un 20 por 100 en el transcurso escaso de quince años. Ello influyó decisivamente en una mejora económica general y, por tanto, en una transición política mucho más fácil.

Sin embargo, la transición política fue, a su vez, una dificultad para la economía. Posiblemente no pueden hacerse dos cosas al mismo tiempo, por lo que iniciar una transición política pacífica suponía no adoptar las medidas económicas impopulares a que obligaba una crisis económica que se había iniciado en 1973. El fuerte aumento del precio del petróleo en 1973, doblado después por otro en 1979, originó, junto con la aparición del fenómeno de estancamiento económico con inflación, una serie de consecuencias que no fueron contrarrestadas por medidas rotundas. En parte, porque la transición política exigía una cierta suavidad en la economía aun a costa de que las variables económicas empeoraran y, además, porque en los últimos años de dictadura se mantenía una fortaleza restrictiva en lo político, pero, en cambio, se era muy débil en la adopción de medidas económicas y financieras. Demostración de ello es que, en 1973, el ministro de Hacienda pensó que no había que introducir precios reales de la energía, puesto que el precio del petróleo en el mercado internacional disminuiría muy rápidamente.

El hecho de que la transición política coincidiera con una crisis económica, y además sin que se tomaran medidas pertinentes, llevó a la economía española a perder buena parte de lo recuperado en los quince años anteriores. Así, entre 1975 y 1985 se pierde el 40 por 100 de lo que se había recuperado con respecto a la media europea tal como se ve en el cuadro adjunto. El descenso que se origina a

Renta per cápita en comparación con la Comunidad Europea

La renta media de los doce se iguala a 100 cada año

	1960	1970	1975	1980	1985	1990	1991	1992
Alemania	117,9	113,2	109,9	113,6	114,2	112,8	114,2	113,6
España	60,3	74,7	81,9	74,2	72,5	77,8	79,0	79,9
Francia	105,8	110,4	111,8	111,6	110,6	108,6	108,7	108,8
Reino Unido	128,6	108,6	105,9	101,1	104,2	105,1	102,1	102,1
Estados Unidos .	189,6	164,5	155,8	151,4	156,1	150,3	147,3	146,8
Japón	55,8	91,7	95,0	100,9	111,2	118,7	122,6	124,3

FUENTE: *Eurostat.*

partir de 1975 no tiene su punto mínimo hasta 1985. Pese haber adoptado valientes y acertadas medidas como los Acuerdos de la Moncloa, sería ciego no reconocer que en algunos campos no se valoró, o no se pudo ver, la gravedad de la situación en algunos terrenos; apuntemos aquí la crisis industrial o bien la destrucción de empleo. De tal manera que la inercia negativa de la economía española a causa de la crisis iniciada en 1973 duró mucho más que en el resto de países europeos occidentales, hasta tal punto que la inercia negativa se consolidó y el cambio político de 1982 no la detuvo.

La adopción por parte del ministro de Economía Miguel Boyer, llamado a la sazón superministro, de unas primeras medidas tardó mucho en obtener resultados. Durante 1983, 1984 y 1985 la economía se recuperaba con mucha lentitud, pero sobre todo no se creaban lugares de empleo. Ello provocó una enorme discusión política acerca de si el eslogan de crear 800.000 empleos no había sido una temeridad. No solamente no se creaban empleos, sino que se destruían año a año. Precisamente en 1985, y debido a la presión derivada de estos hechos, el ministro Boyer emprende un nuevo paquete de medidas liberalizadoras que dieron resultados esperanzadores.

Hubo la constatación de un crecimiento muy rápido, pero que al afectar sobre todo a algunos grupos sociales ligados a la especulación, hizo sentir en una parte de la población la desazón de cuando uno avanza pero, debido a lo mucho más rápidamente que avanzan otros, tiene la impresión de estar parado. Objetivamente, lo que se puede decir es que en 1992 hemos alcanzado nuevamente la cota del 80 por 100, es decir, prácticamente el nivel con respecto a la media europea en que se estaba en el momento de la muerte de Francisco

Franco. La recuperación había sido muy rápida, y aun en 1992, donde el crecimiento español no va a llegar el 2 por 100, se puede observar fácilmente que vamos a continuar recuperando puntos, puesto que la disminución del ritmo de desarrollo ha sido mucho más fuerte en el resto de la economía europea.

Cuando nos referíamos a la política liberalizadora emprendida en 1985, tenemos que añadir una referencia a nuestra integración en la Comunidad Europea. Este ha sido también un factor claramente dinamizador. Sin embargo, debe hacerse otra consideración de orden general. Cuando la Europa occidental crece muy poco, España tiende a crecer menos, mientras que cuando lo hace rápidamente, nosotros tendemos a hacerlo mucho más rápido. Si esta tendencia se confirmara en los próximos años, demostraría que cuando el conjunto de los partidos políticos españoles han sido claramente europeístas acertaban. Puesto que una Europa en progreso, y se supone tanto más en progreso cuanto más unida, significa para nosotros un gran impulso de crecimiento. La actual reducción del ritmo del crecimiento europeo no ha tenido aún el efecto de una disminución más que proporcional en España.

Sin embargo, la disminución del ritmo de crecimiento europeo nos ha afectado, puesto que estamos recuperando nuestro atraso de una manera más lenta. Así, en 1992 hemos recuperado un 0,5 por 100, mientras que la media de recuperación entre 1980 y 1991 fue de 1,2 anual. Si la situación de los últimos años se mantuviera cara al futuro, significaría que los ingresos españoles por habitante se igualarían a la media comunitaria en el año 2012. De esta manera se puede decir que si la sociedad y la economía españolas se esfuerzan en conseguirlo, podríamos fijar un gran objetivo nacional en alcanzar una media europea, lo que era absolutamente inesperado hace unas pocas décadas, en un período de tiempo cercano.

En esta evolución ha tenido gran influencia un doble hecho. El primero, el derivado de la mayor facilidad de crecer cuando se está a niveles más bajos, y el segundo, el de que el conjunto del sur de Europa ha crecido muy rápidamente al estilo de lo que aconteció con el sur de Estados Unidos durante las décadas de los cincuenta y sesenta. En otras palabras, las dificultades para el crecimiento económico del Sur, con menos agua, por ejemplo, se han ido esfumando. Esta tendencia tiene en Europa excepciones, como el estricto sur de Italia, pero también tiene algunas confirmaciones muy claras, como en el caso de Francia. Por otro lado, hay que significar que algunos países europeos han visto disminuir su nivel relativo económico de una manera muy sustancial. El caso más espectacular es el del Reino Unido, como se puede comprobar en el citado cuadro. Fuera del contexto europeo, los dos países con los que se tiene más relación han tenido una evolución totalmente diversa. Por un lado, Estados Unidos ha caído relativamente de una manera espectacular, mientras que la evolución del Japón ha sido totalmente la contraria.

Dentro de España, la distribución económica territorial ha sido sometida a modificaciones muy importantes. Seguramente la más destacable es la disminución sustancial en importancia económica del eje atlántico formado por el País Vasco, Cantabria y Asturias, e incluso ha habido una suave disminución en el caso de Galicia. La participación de la renta nacional del eje atlántico ha caído en más de un 3 por 100. Por el contrario, el caso de crecimiento más espectacular ha sido el de Madrid, que ha aumentado en unos cuatro puntos, aunque en los últimos tres lustros se ha mantenido estancado, como si la desaparición del antiguo régimen le hubiera sentado mal. Han sido beneficiados sustancialmente por el crecimiento económico los territorios del eje mediterráneo, en especial Valencia, Murcia y Baleares. Si descontamos a Cataluña, esta zona ha tenido un avance de un 3 por 100, puesto que Cataluña ha sufrido una disminución relativa en el último lustro. Andalucía, aunque partiendo de bases muy bajas, en los últimos años ha tenido un ligero crecimiento, mientras que en Canarias ha sido muy acentuado, aunque menos importante si lo relacionamos con la población, debido a su muy elevada natalidad. De esta manera, y de una forma casi insensible, ha desaparecido el viejo modelo de un gran crecimiento de la España periférica en general, con la excepción de Madrid, mientras que las zonas interiores perdían cada vez más posición. Este modelo, pues, ha sido sustituido por otro en el que las zonas de máximo crecimiento son los dos archipiélagos y el eje del Mediterráneo, incluida Andalucía. Lo que más destaca, por contraste, es la decadencia de zonas que tradicionalmente habían sido fuertemente desarrolladas e industrializadas, como el País Vasco, Cantabria y Asturias.

El déficit comercial, lo más grave

Es una práctica casi habitual el analizar los desequilibrios de cualquier economía europea a través de los indicadores que se aprobaron finalmente en Maastricht. Decimos finalmente, puesto que los cuatro indicadores —inflación, tipo de interés, déficit público y deuda acumulada— eran ya utilizados con bastante antelación a la famosa reunión habida en la ciudad holandesa. Se trata de cuatro indicadores que miran los desequilibrios de la economía por considerar que si son muy acentuados no podrá tener lugar un crecimiento económico consistente y estable a través de un largo período de tiempo. Sin embargo, se trata de condiciones necesarias, pero no suficientes para explicar la evolución económica. Un caso claro es el de Francia, donde las cuatro condiciones establecidas en Maastricht se dan plenamente y, pese a ello, el crecimiento de la economía francesa es claramente insuficiente. Por tanto, se trata de unos criterios que podríamos denominar de mínimos indispensables. Son principios de naturaleza económica y a veces quedan contrarrestados por la existencia de bloqueos políticos o de falta de confianza colectiva, como en el caso de Francia.

Pese a la divulgación de estos cuatro criterios hay que subrayar que son tenidos en cuenta por la razón de que son comunes denominadores de diversas situaciones económicas. En este caso, comunes denominadores de los países que forman la Comunidad Europea. En España, a mi entender, hay otro desequilibrio que se puede presentar y que lo haremos aquí en primer lugar, debido a que tiene una consistencia propia y realmente muy preocupante. Me refiero al desequilibrio exterior, tanto medido en la balanza corriente como en la balanza comercial.

Escoger a la balanza corriente o a la balanza comercial española como una variable clave se deduce de que en términos absolutos ocupamos una situación realmente singular por la cuantía del déficit, como se puede ver en el cuadro adjunto. España, con un déficit

Balanzas comerciales en la OCDE

(En miles de millones de dólares)

	1984	1985	1986	1987	1988	1989	1990	1991	1992	1993
EE.UU.	-112,5	-122,1	-145,1	-159,5	-127,0	-115,9	-108,1	-73,6	-74,1	-82,5
Japón	44,3	56,0	92,8	96,4	95,0	76,9	63,5	103,3	124,9	129,7
Alemania	23,1	28,8	56,1	70,5	79,9	77,9	73,1	24,3	32,8	40,0
Francia	-4,1	-5,4	-2,8	-9,2	-8,5	-10,1	-12,9	-9,3	-0,7	0,4
Italia	-5,8	-6,2	4,2	-0,3	-1,2	-2,2	0,5	-0,2	1,7	2,1
Reino Unido ...	-7,1	-4,3	-14,0	-18,9	-38,5	-40,2	-33,1	-17,9	-19,7	-25,1
España	-4,3	-4,2	-6,5	-12,8	-18,0	-24,6	-29,5	-30,5	-33,8	-37,0

de 37.000 millones de dólares previstos para 1993, cifra que posiblemente será superada, solamente tiene por delante el déficit de la balanza comercial estadounidense. La diferencia es relativamente pequeña, puesto que el déficit americano es ligeramente más del doble del español, pero esta situación queda más que compensada si tenemos en cuenta que el producto interior bruto norteamericano representa diez veces el español. El tercer país es el Reino Unido, que tiene también un déficit comercial realmente muy importante. Esta situación, que se ha vuelto grave a partir del año 1987, es un auténtico talón de Aquiles de la economía española, puesto que indica una situación que solamente puede ser estable si continuamos teniendo una entrada elevada de capitales y si otras partidas, como el turismo, continúan manteniendo importantes saldos positivos. Sin embargo, un empeoramiento de la situación económica internacional sería un freno a la entrada de capitales, que solamente se continuará dando si se dan dos condiciones. La primera es una estabilidad económica y política elevada en España, y la segunda, unos tipos de interés elevados en términos relativos, lo que a su vez es un freno a un crecimiento considerable y estable.

En el cuadro adjunto se puede observar cómo la apertura de la economía española debida al ingreso en la Comunidad Europea es el origen del desbordamiento del déficit de la balanza comercial española. Es decir, mientras que hay que valorar, desde el punto de las tasas de crecimiento económico de una manera altamente favorable, nuestro ingreso en la CEE, también hay que observar este aspecto tan preocupante y que sitúa el equilibrio exterior de la economía española en una situación realmente peligrosa.

El incremento de las importaciones ha sido la variable decisiva. Durante los últimos años de la década de los ochenta se insistió mucho en que las importaciones eran fundamentalmente de bienes de capital y que por esta razón, tarde o temprano, originarían un flujo de exportaciones muy considerable. Esta teoría, desgraciadamente, no se ha visto corroborada por los hechos, puesto que el incremento de las exportaciones ha tenido siempre tasas de variación real positivas, pero mucho más inferiores que las tasas de importación. Este pesimismo se basa en dos hechos. Por un lado, el componente de bienes de consumo de nuestras importaciones ha tenido, cada vez más, una porción muy considerable. Mas, por otro, cuando han venido etapas como el período de 1990-1992, pese a que el ritmo de crecimiento ha decaído, no ha habido un efecto suficientemente paralelo en la caída de las importaciones. Dicho de otra manera, el ritmo de crecimiento de las importaciones en España ha sido bastante indiferente al ritmo de la dinámica interna.

La mejor medición de la competitividad de una economía es el tipo de cambio real, que se define como el producto de la inversa del tipo de cambio nominal por la razón entre el nivel de precios del país y el del resto del mundo. Si la evolución de los tipos de cambios reales son negativos, se supone que hay ganancia de competitividad, mientras que si se reflejan valores negativos, hay ganancia. En el cuadro adjunto se puede observar perfectamente que en el período 1981-1985, tanto los tipos de cambio real, que reflejan los costes

Evolución de la competitividad española

	Precios relativos, en monedas nacionales					Tasas de variación (a) Tipos de cambio real			
	Tipos de cambio nominal	Costes laborales unitarios	Precios al consumo	Precios industriales	Precios de export.	Costes laborales unitarios	Precios al consumo	Precios industriales	Precios de export.
FRENTE A LA OCDE:									
Ø 1981-1985	-6,6	2,8	4,4	5,8	5,7	-3,9	-2,7	-1,4	-1,3
Ø 1986-1991	2,4	1,9	1,8	-0,4	0,4	4,4	4,2	2,0	2,8
FRENTE A LA CE:									
Ø 1981-1985	-4,5	2,4	3,8	4,9	3,8	-2,2	-0,4	0,5	-0,9
Ø 1986-1991	1,7	1,8	1,9	-0,4	0,2	3,5	1,9	1,3	1,8

FUENTE: OCDE, Instituto Nacional de Estadística y Banco de España.

(a) Los valores positivos indican pérdida de competitividad, y los negativos, ganancia.

laborales unitarios, como los precios al consumo, los industriales y los de exportación, tenían valores negativos y, por tanto, había ganancias de competitividad tanto frente al grupo de los países de la OCDE como frente al conjunto de países que forman parte de la Comunidad Europea. Estas ganancias de competitividad desaparecen prácticamente en el período 1986-1991 y, por lo que conocemos, continuarán desapareciendo en 1992. Destaca sobre todo la pérdida de competencia en términos de costos laborales unitarios, puesto que se trata de una pérdida de alrededor de un 4 por 100 anual acumulativo. Esto sería reflejo de un aumento de los costes laborales, que han crecido un 20 por 100 por encima de la media europea en los últimos tres años, combinado con una apreciación del tipo de cambio de la peseta, que ha sido del 15,7 por 100 en el mismo período de tiempo, aunque se haya caído algo más de un 5 por 100 en 1992. Por tanto, cuanto se está hablando de pérdida de la competitividad de la economía española se está reflejando en los datos del cuadro adjunto. De ahí que podamos afirmar que el desequilibrio más preocupante de la economía española es precisamente el déficit de la balanza comercial y, en consecuencia, de los factores que la motivan.

Esta gran fragilidad de fondo ha sido más que compensada por las entradas de capital, como lo demuestra el hecho de que las reservas de divisas no han parado de crecer. En el verano de 1992 sobrepasaron la muy sólida cifra de 71.500 millones de dólares, margen de maniobra que puede y debe permitir esperar los efectos de acciones conducentes a vertebrar y a aumentar la propensión exportadora de nuestro sector real agrícola e industrial. Por otro lado, habrá que contrarrestar el declinar relativo del turismo. Enfrente, existe la dificultad de un proceso económico demasiado basado en los sectores financieros y de servicios.

Los cuatro controles de Maastricht

De los cuatro indicadores de Maastricht, el que posiblemente más ha preocupado es el de los precios. La evolución de los precios en la reciente historia económica española ha experimentado etapas muy diferentes. En los últimos años de la dictadura había una incapacidad notoria para afrontar los problemas económicos planteados, sobre todo después de 1973, con el gran aumento del precio del petróleo. Muestra de ello es que hubo entre 1973 y 1977 una etapa de un gran incremento de los precios, hasta tal punto que pasan de menos del 12 por 100 en 1974 a más del 22 en 1977. Sin embargo, las tasas medias anuales esconden la realidad de esta gran llamarada de los precios. Así, en el verano de 1977, cuando se acababan de realizar las primeras elecciones democráticas, los precios estaban aumentando a un ritmo superior al 40 por 100. Desde esta perspectiva, es fundamental destacar el acierto de los Acuerdos de la Moncloa, donde hubo una característica básica: establecer los salarios del próximo año de acuerdo con el objetivo de inflación esperado y no con el sistema hasta entonces habitual de la escala móvil. Una segunda etapa se inicia precisamente con los Acuerdos de la Moncloa y está marcada por un descenso importante: los precios, algo superiores al 22 por 100 en 1977, descendieron a una cifra cercana al 12. Sin embargo, este descenso, muy rápido, se paró en 1980, y se puede decir que hasta 1983 estuvimos en un rellano inflacionista alrededor del 12 por 100.

El Gobierno socialista, que subió al poder en diciembre de 1982, encontró una situación difícil desde el punto de vista de los precios. La política emprendida tuvo un éxito nada despreciable, puesto que entre 1982 y 1985 la inflación se redujo prácticamente a la mitad. Sin embargo, una cuarta y última etapa viene marcada desde este mismo 1985 hasta la actualidad, donde los precios se han estancado alrededor de un 6 por 100, sin que haya sido posible rebajarlos de esta cifra, no satisfactoria, puesto que mantiene un diferencial de inflación considerable en relación con los países de nuestra Comunidad Europea. Si lo medimos de acuerdo con lo acordado en Maastricht, lo veremos más claramente. La condición es que España o cualquier otro país pueda superar a la media de los tres países con menos inflación añadiéndoles un 1,5 por 100. En estos últimos meses, la situación de nuestros precios hace que este diferencial permitido se vea multiplicado por dos. En consecuencia, la inflación continúa siendo un problema, sobre todo por esta dificultad de rebajarla nuevamente.

Un análisis de los componentes que forman el índice de precios al consumo revela realidades francamente distintas. Por un lado, los precios industriales y agrícolas han ido aumentando a una escala europea y con frecuencia se han situado entre el 2 y el 3 por 100. El origen de la inflación hay que buscarlo, en cambio, en el índice de los precios de los servicios. En todo el período considerado, el precio de los servicios en España ha sido más elevado que la media europea. Tradicionalmente existía un diferencial relativamente reducido, puesto que no iba más allá de dos o tres puntos. Sin embargo, a partir de 1988, los precios de los servicios en España se han mantenido no solamente en un nivel alto, sino que han ascendido ligeramente, con lo cual la diferencial con la media comunitaria ha llegado a ser prácticamente del 5 por 100. Medido de otra manera, los precios de los servicios han estado aumentando en España entre el 9 y el 10 por 100, mientras que nuestros precios agrícolas e industriales no lo han hecho más allá del 2 o el 3.

Así se tiene que detectar una de las causas de la inflación en aquellos bienes que no son comerciables. Es decir, los que al no poder ser, en general, importados o exportados no sufren las consecuencias benéficas de la competencia internacional. Este embolsamiento debe conducir sin ninguna duda a medidas estructurales que liberalicen muchos de los aspectos del sector de los servicios. Si no se realiza así, una de las causas de la inflación permanecerá de una manera realmente dura y deberá ser asimilada por la industria o la agricultura, con la subsiguiente reducción de beneficios y disminución del volumen de empleo.

Otra causa de la inflación son los costos salariales. En cualquier serie estadística se puede observar que los costos laborales unitarios, y a ello ya hemos hecho referencia, han tenido una tasa de variación sistemáticamente superior a las variaciones experimentadas en los países que constituyen el Sistema Monetario Europeo. Esta superación de nuestros costes laborales unitarios se ha extendido en todo el último decenio. Estamos aún en una situación de aprovechar unos costos laborales unitarios absolutos inferiores, pero un período tan prolongado de tiempo con tasas de variación superiores acabará menoscabando una de nuestras ventajas económicas relativas.

Consideremos ahora unos hechos de importancia considerable. La última etapa de estancamiento de precios desde 1985 hasta ahora se ha dado con la característica de que se trata aún de un nivel satisfactorio medido en términos europeos. Este rellano de precios estables e insatisfactorios ha sido compatible con unas tasas de crecimiento muy importantes en una primera fase (1985-1987) y con descendiente ritmo desde entonces hasta ahora. Tanto más sorprendente es que en todo el período la tasa de paro ha ido bajando, como si el efecto del crecimiento tuviera un notorio desfase, que supone, por otro lado, algo notorio y preocupante. Si menores tasas de crecimiento están asegurando la disminución de la tasa de paro, es decir, aumento indirecto del nivel de empleo, es que existe crecimiento con un ritmo de aumento de la productividad relativamente bajo. De tal manera que hemos diseñado en los últimos años un nivel descendiente de crecimiento, pero de crecimiento positivo, con mejores resultados en cuanto al empleo, lo que a medio plazo significa que nuestro nivel de competitividad ha ido descendiendo.

Los tipos de interés españoles son sustancialmente más altos, un 13,5 por 100 de media, que la media europea, y tenemos ahí un retraso cierto. Retraso que no tiene una autonomía propia, sino que depende de la evolución de los precios y de la situación de nuestra balanza de pagos. Si no hay un descenso de precios y una mayor estabilidad de nuestras cuentas exteriores, será difícil reducir los tipos de interés y, por tanto, difícilmente pueden ser considerados estos como una variable independiente.

Con respecto al sector exterior, nuestra situación en términos de deuda pública cumple perfectamente las condiciones de Maastricht, puesto que al ser del 45,6 por 100 en 1991 se está aún lejos del 60 en términos de producto interior bruto admitido por el conjunto de la Comunidad Europea. Durante las dos últimas décadas que comprenden la transición y el asentamiento democrático, el sector público español ha empezado realmente a existir. Tenemos que tener en cuenta que, en 1973, el sector público español alcanzaba el 22,7 por 100, cifra que ponía de relieve cómo el Estado, en términos económicos, era un agente de segunda importancia. Podemos fundamentar esta posición en que el porcentaje que en el mismo año tenía la Comunidad Europea era casi el doble, con un 37,2 por 100. Desde aquel año a 1981, la media europea ascendió hasta un 47,1 por 100 del sector público en términos de producción global; las mismas variables en España pasaron del 22,7 por 100 al 35,6 por 100. En términos cuantitativos, podríamos decir que se había acortado la diferencia. Desde entonces hasta ahora, el porcentaje del gasto público en términos de producción en el conjunto de la comunidad se ha estabilizado entre el 47 y el 49 por 100, mientras que la posición española ha ido aumentando muy considerablemente hasta acercarse a estas cifras. Tengamos en cuenta que en 1991 este porcentaje ya alcanzaba en España un 45 por 100. Si no está en una posición neoliberal o poco realista, diremos que el conjunto de estos veinte años se ha colmado la diferencia con respecto a la media europea.

En la última década, el gasto público ha crecido en unos doce puntos en términos de la producción. Es interesante saber el destino de este aumento relativo tan importante: 4,7 puntos han correspondido a gastos sociales (pensiones, educación, sanidad y vivienda); 3,6 por 100 a inversiones básicamente de infraestructuras, y prácticamente el resto, casi un 4 por 100, a intereses de la deuda pública. Este último aspecto demuestra que el aumento del gasto ha visto cómo aumentaban los ingresos, pero con un cierto retraso. La prueba de ello es que la deuda española, en 1973, es decir, inmediatamente antes del inicio de la transición, era un 12,8 por 100 de la producción, cifra tres veces más importante en términos relativos que la media comunitaria. Desde entonces, el montante de la deuda aumentó muy rápidamente, hasta alcanzar, en 1985, el 46,6 por 100, mientras que la deuda pública europea también había ascendido, pero en menos proporción, puesto que solamente alcanzaba el 56,6.

La deuda pública española no es preocupante, ya que desde 1985 hasta la actualidad prácticamente no se ha movido. Comparemos el 46,6 por 100 de 1985 con el 45,6 de 1991. Sin embargo, las tensiones presupuestarias experimentadas en 1991, y también en 1992, demuestran que no hay que dejar la vigilancia en este campo, puesto que este porcentaje podría acercarse a una cifra que nos colocara en situación preocupante. Esto, naturalmente, es consecuencia de un incremento del déficit público en términos de PIB, ya que la menor dinámica de la economía española ha repercutido en una caída relativa de los ingresos, lo que ha situado a la economía española en un déficit en términos de producción que en 1992 está sobrepasando, al parecer, el 5 por 100. Si volvemos a los componentes del gasto y a su evolución veremos que hay tres partes prácticamente semejantes. La primera ha significado la creación de una cierta sociedad del bienestar, como lo demuestra el hecho de que dediquemos casi cinco puntos más de lo que se gastaba antes de la llegada de la democracia a gastos sociales. Sin embargo, es preocupante la parte que se dedica a la financiación de la deuda pública acumulada. Al igual que es difícil pensar en una estabilización de la democracia sin una creación de una cierta sociedad del bienestar, hay que poner de relieve el grave retraso que se tenía en infraestructuras técnicas. Desde la muerte del general Franco, los gastos en infraestructura en términos reales habían ido descendiendo hasta el bienio 1985-1986. El aumento de gasto en infraestructura desde este bienio ha sido peculiarmente espectacular, sobre todo en lo que tiene relación con las carreteras, especialmente, ferrocarriles y comunicaciones en general. En cambio, se advierte un retraso en términos relativos de las inversiones en obras hidráulicas, lo que es preocupante, ya que el agua es uno de los factores escasos que más pueden condicionar el futuro de la economía y de la sociedad españolas.

En lo alto, el paro

Un problema realmente singular de la economía española es la alta tasa de paro. Incluso se puede afirmar que fue la gran sacrificada del proceso de transición política española por no adoptar medidas necesarias, pero impopulares a corto plazo. Así, de cerca de un 2 por

100 en 1971 fue aumentando sin parar, sobre todo a partir de 1975, hasta un 22 en 1986. Fueron quince años donde la aceleración del paro fue siempre notoria, y en algunas etapas, como el período 1978-1981, especialmente grave.

Las cifras de empleo y del paro han tenido una evolución muy distinta, sobre todo por la incorporación de la mujer en el mercado del trabajo. Así, la evolución positiva del empleo no ha tenido una repercusión proporcionada en la reducción del paro. En 1990, el nivel de empleo fue superior en 1,5 millones de personas al existente en 1982. Esta evolución positiva se ha reflejado fundamentalmente por una mayor feminización, puesto que al final de este período la proporción de mujeres era del 32 por 100, en contra de un 29 en 1982. La construcción y los servicios son los que se reparten el crecimiento del número de personas ocupadas, mientras que la industria ha declinado ligeramente, pese a una recuperación desde 1985, y la agricultura ha seguido su tendencia descendiente. El sector público ha sido también un factor dinámico, pues si representaba el 21 por 100 del empleo en 1982, al final de la década había aumentado hasta el 23. En general, el proceso de creación de empleo no ha ido acompañado de una mucha mayor cualificación y, en cambio, sí de una gran expansión del empleo temporal. Incluso se puede decir que este tipo de empleo ha aumentado de una manera muy fuerte, ya que si en 1982 era el 10 por 100 del empleo total, ha aumentado de una forma realmente espectacular, pues en la actualidad es del 31. No se trata solamente de una diferencia contractual y de horizontes para los trabajadores, sino que los trabajadores temporales ganan por hora un 9 por 100 menos que los trabajadores indefinidos.

El número de parados se encuentra actualmente en un nivel muy similar al de 1982, 2,5 millones de personas, pese a la expansión de 1,5 millones de empleos, que ya hemos citado. Podemos matizar esta afirmación diciendo que el número de parados de 1985 superó la barrera de los tres millones, por lo que ha habido un progreso cierto. Si el empleo se ha feminizado, también lo ha hecho el paro, puesto que si las mujeres representaban en 1983 al 35 por 100, en 1991 superaban el 52 por 100 de los desempleados. Esto es debido a que la legislación laboral obliga, en buena parte de casos antes de encontrar un empleo, a ingresar en las cifras de parados oficiales y a una rápida irrupción de la mujer en la sociedad española. El paro, además, se ha envejecido notoriamente, pues la proporción de parados de menos de veinticinco años ha continuado descendiendo de una manera singular.

La desfavorable coyuntura económica internacional en el inicio de la década de los noventa hace que la perspectiva del empleo y del paro sean mucho más pesimistas para el resto de esta década. Tengamos en cuenta que si queremos reducir el paro a una tasa del 2 por 100 a finales de siglo, y suponiendo un ligero aumento de la tasa de actividad, tendríamos que crear 2,5 millones de empleos. Por otro lado, es recomendable la transformación de la contratación laboral temporal en contratación laboral estable, mucho más difícil de realizar en una situación desfavorable económicamente.

Por último, queremos señalar que en el mercado laboral español, de una forma cada vez más decidida, se da una aparente paradoja. Por un lado, las cifras de paro se resisten a bajar, mientras que en algunos mercados concretos, donde la mano de obra es especialmente cualificada, se dan tensiones muy determinadas, así como en otros mercados de trabajo de obra nada cualificada, los trabajadores españoles rechazan emplearse en ellos.

Este trabajo se acabó de escribir el 5 de agosto. En él se señalaban las debilidades que se derivan de una balanza comercial explosivamente deficitaria para la fortaleza de la peseta, a pesar del gran margen de resistencia que significaba la elevada reserva de divisas. Los hechos acontecidos en las pocas semanas transcurridas, con la devaluación de la peseta y la utilización de unos 20.000 millones de dólares de las reservas, demuestran la certeza de aquella fragilidad. El aumento del déficit público multiplicó esa frágil situación.

De la agonía a la agonía

Carlos Rodríguez Braun

La década del PSOE parece haber descrito un círculo económico. Empezó en 1982 con una recesión internacional y con una economía española cuyos indicadores más relevantes se resumían en un nivel de actividad muy bajo, un paro y una inflación preocupantes, tensiones en el sector exterior, presiones sobre la peseta y un gran salto en el déficit público. Diez años después, la situación es parecida en todos esos aspectos.

Sin embargo, la similitud de los puntos de partida y llegada no puede ocultar la notable andadura intermedia. Los gobiernos de Felipe González asistieron —y también ayudaron— a la más espectacular recuperación económica de las últimas décadas, en la que España avanzó varios puntos hacia la convergencia en sus niveles de bienestar con los países europeos.

Todo esto tuvo lugar en un marco de moderación que no conecta ni con el espíritu ni con la letra de la doctrina económica socialista anterior a 1982. Los dos ministros de Economía del PSOE, Miguel Boyer y Carlos Solchaga, que, no por casualidad, fueron blanco de las iras de los sectores más ortodoxos de su propio partido, introdujeron reformas que ampliaron el papel de la economía de mercado: desregularon y privatizaron. Se les puede reprochar la timidez con que lo hicieron, mas no la valentía de haber empezado unas reformas que todos recomendaban, pero nadie acometía. Y Felipe González encabezó la reforma y no escatimó el respaldo a Boyer y Solchaga. Esta situación, más el temor a que las alternativas socialistas —el guerrismo— fuesen siempre peores, confluyeron en la actitud amigable que tanto analistas como medios de comunicación tuvieron hacia las autoridades económicas.

El PSOE presidió además el ingreso de España en la Comunidad Europea en 1986, uno de los acontecimientos más importantes de la historia económica española del siglo XX, prólogo de un lustro de gran prosperidad.

Cometió el PSOE, aparte de la mencionada timidez en sus reformas económicas liberales, el gravísimo error de no aprovechar la fase expansiva del ciclo para resolver el problema presupuestario: con un déficit del 5 por 100 sobre el PIB, o quizá superior, la economía española de 1992 no parece haber avanzado nada con respecto a 1982.

El comienzo

«El año 1982 se caracterizó por el estancamiento de la actividad económica y el aumento del desempleo en la economía mundial. Las esperanzas depositadas en la aparición de un proceso de recuperación que pusiera fin a la etapa contractiva iniciada en 1979, tras la segunda elevación de los precios del petróleo, fueron desvaneciéndose a medida que transcurría el año.»

Con este lúgubre diagnóstico se inicia el *Informe Anual* del Banco de España correspondiente a 1982, el año cuyo último trimestre vio a los socialistas españoles de nuevo en el poder por primera vez en cincuenta años.

El marco internacional era sin duda deprimente. El PIB de los países industrializados cayó un 0,3 por 100 en términos reales en 1982, la economía estadounidense tuvo un crecimiento negativo del 1,7, y la alemana, otro también negativo del 1,2. El comercio mundial se redujo en un 2,5 por 100.

En ese año de la guerra de las Malvinas estalló además el problema de la deuda; los bancos frenaron los procesos de refinanciación y, con México a la cabeza, varios países empezaron a incumplir total o parcialmente sus compromisos con la banca internacional, lo que causó graves tensiones en los mercados financieros.

Una lectura más atenta de los datos, sin embargo, permitía predecir el final de la etapa recesiva: la inflación y los tipos de interés se moderaban. Y un mercado crucial para España, el del petróleo, empezaba a mostrar signos de agotamiento. Las ventas de crudo cayeron en un 20 por 100 en volumen durante 1982, y los precios, por fin, flexionaron a la baja. Comenzaba un prolongado período en el que la OPEP intentaría limitar la producción para sostener los precios y fracasaría año tras año. La década del PSOE iba a recibir el apreciable oxígeno de un petróleo cuyo precio virtualmente no dejó de caer hasta la guerra del golfo Pérsico.

Pero si el futuro albergaba esperanzas, el Gobierno socialista se encontró con un presente que exigía medidas urgentes. En 1982, el PIB creció sólo un 1,2 por 100, la inflación fue del 14,4, el déficit exterior alcanzó el 2,2 por 100 del PIB, el porcentaje del paro era del 16,3 sobre la población activa y el déficit público saltó más de dos puntos porcentuales con relación al año anterior, situándose sobre el 5 por 100 del PIB —el empeoramiento resultó, no obstante, amplificado mediante trucos contables del PSOE, que consiguió imputar a 1982 gastos de 1983; el ardid pudo significar cerca de un punto del PIB. En medio de fuertes presiones contra la peseta, el país perdió más de 3.000 millones de dólares de reservas de divisas.

Muy poco después de asumir el poder, el flamente Gobierno socialista ratificó la opinión extendida por los mercados, y el 4 de diciembre de 1982 devaluó la peseta en un 8 por 100. El dólar, cuyo precio era de 97,6 pesetas a finales de 1981, subió a 125,6 pesetas al cerrar 1982.

Cambio de rumbo

El mismo discurso de investidura de Felipe González como presidente del Gobierno a finales de 1982 resultó altamente revelador; carente de la retórica estatizante que habían cultivado los socialistas hasta entonces, González anunció la reducción de la inflación a un 12 por 100 en 1983, para lo cual se aplicaría una política de contención monetaria. Había nacido el monetarismo socialista español.

Este monetarismo va a dejar las riendas de la estabilización en el Banco de España y va a aplicar reformas liberalizadoras en diversos mercados. También va a aumentar los impuestos y el gasto público sin cesar, y cambiará radicalmente la financiación del déficit, inclinándose más y más por la deuda pública.

Las razones que explican este giro del PSOE hacia la ortodoxia son múltiples. En el plano internacional se destacan los nuevos aires impresos por Ronald Reagan y Margaret Thatcher, y muy especialmente el fracaso del socialismo francés en la primera etapa de François Mitterrand. En el campo académico, la *estanflación* de los años setenta había marcado el retroceso del keynesianismo, entendido sencillamente como la confianza en las políticas de expansión de la demanda a través del gasto: se impone la idea de que las autoridades deben abocarse a la vigilancia de los desequilibrios macroeconómicos —como la inflación— y al aumento de la eficiencia en el campo de la microeconomía. El cambio en la doctrina económica había afectado a buena parte de la profesión, lo que se demuestra en la coincidencia de las ideas económicas de fondo que latían en todos los gobiernos democráticos.

Un símbolo de esta coincidencia fue la revista *España Económica,* que un grupo de economistas opositores al régimen franquista refundó en 1968, y desde la que se lanzó un mensaje innovador que fue a la postre demasiado duro para el régimen, que cerró la revista a comienzos de 1971 —la publicación, de centenaria y azarosa existencia, renació diecisiete años más tarde y se publica hoy como suplemento de *Cambio 16,* revista que Juan Tomás de Salas, colaborador de *España Económica,* decidió fundar cuando el Gobierno la cerró.

Los hombres de la *España Económica* del tardofranquismo, a los que los vientos de la política separaron después, fueron los inspiradores y ejecutores de la política económica de la España democrática, tanto de la UCD como del PSOE. Una apretada selección de los colaboradores habla por sí misma: Miguel Boyer, Carlos Bustelo, Juan Antonio García Díez, Luis Ángel Rojo, Mariano Rubio, Carlos Solchaga. Y la lista completa abarca a casi la totalidad de quienes han tenido algo que decir en la política económica española posterior a Franco, y a lo que Pedro Schwartz —otra firma de *España Económica*— ha llamado la época «mosaica» de Enrique Fuentes Quintana.

Pero, aunque puede sostenerse que entre los economistas de la democracia no había diferencias de fondo, a poco de comenzar la gestión socialista se produjo un hecho que algunos analistas han interpretado como la gran diferencia entre la UCD y el PSOE, y que resultó una catástrofe económica e institucional: el 23 de febrero de 1983, el Gobierno de Felipe González decretó la expropiación de Rumasa.

La expropiación de Rumasa

En el panorama recesivo que había caracterizado a la transición, muchas empresas habían atravesado coyunturas críticas. Eso repercutió inevitablemente en los bancos, y tanto centristas como socialistas dieron lugar a una onerosa factura sobre la Hacienda pública, debida a la crisis bancaria que entre 1977 y 1985 afectó a la mitad de los bancos privados —su coste ha sido cifrado en dos billones de pesetas.

Esa crisis también golpeó al primer *holding* privado del país, Rumasa, que emprendió una peligrosa huida hacia adelante. Con el emporio del iluminado y esperpéntico Ruiz-Mateos, el Gobierno socialista repitió el error centrista de no dejar quebrar a los bancos y lo empeoró considerablemente. La expropiación de Rumasa, realizada con torpeza y apresuramiento, fue contraria a derecho, y las evidentes manipulaciones del ejecutivo sobre el Tribunal Constitucional resultaron el más grave atentado contra las instituciones democráticas tras el fallido golpe del coronel Tejero, dos años antes.

La explicación oficial sobre la expropiación giró en torno a la obligación del Gobierno de impedir el efecto multiplicador sobre toda la economía que habría ejercido un eventual colapso de Rumasa. Ese efecto habría sido sin duda gravísimo.

¿Qué hacer con Rumasa? Aparte de la expropiación, cabían dos alternativas: intervenir los bancos y no hacer nada. La intervención habría planteado problemas técnicos virtualmente insolubles. Y no estaban los tiempos entonces —tampoco está claro que lo estén ahora— para lo que quizá habría sido la mejor solución: no hacer nada. Algo muy parecido a la grave situación planteada por la crisis bancaria después de 1977.

Lo que sí resulta claro en el caso de Rumasa es la presencia de cuatro factores negativos que salieron a la luz después: la mencionada manipulación de la justicia, el coste económico de la operación —difícil de evaluar, pero probablemente superior a los 800.000 millones de pesetas—, la privatización que favoreció ostensiblemente a algunos amigos del poder socialista, y el auge populista de José María Ruiz-Mateos, cuya fama no ha dejado de crecer desde entonces.

Hay quien piensa que Rumasa fue el precio que debió pagar el ala moderada del PSOE para poder realizar sus reformas liberales. El precio para permitir a Alfonso Guerra incurrir en la desbordante demagogia de su célebre proclamación en Toledo a propósito de Rumasa: «To pal pueblo.» En cualquier caso, es destacable que esta enorme operación no despertó las iras del *establishment* local, que jamás había considerado a Ruiz-Mateos uno de los suyos. Grandes figuras de la banca española guardaron un elocuente silencio. La falta de reacción se repitió también a escala internacional: después de todo, Felipe González no había expropiado a la Ford, sino a un advenedizo con trajes demasiado brillantes.

Recuperación y reformas

Quienes confiaban en la recuperación internacional a partir de 1983 acertaron: los países industrializados ya nunca más registrarían crecimientos negativos en la década de los ochenta. En 1983, su PIB aumentó en un 2,8 por 100, en términos reales, y desde entonces mostró elevadas tasas de crecimiento, superiores a veces al 3 y el 4 por 100, hasta 1990.

Sin embargo, la recuperación tardó en notarse en España. El PIB creció un 1,8 por 100 en 1983 y otra vez en 1984, y un 2,3 y un 3,2 por 100 en 1985 y 1986. Esa demora hizo trizas la más famosa de las promesas electorales del PSOE, la creación de 800.000 puestos de trabajo en la legislatura que terminaba en 1986: de hecho, esa fue la suma aproximada de empleos que se perdieron en ese período. El desempleo subió sin cesar del 17,8 por 100 de la población activa en 1983 al máximo histórico del 21,5 en 1986.

Spain is different. La principal diferencia con las economías desarrolladas es el elevado proteccionismo y las restricciones a la competencia que existen en numerosos mercados, desde la banca hasta la industria, desde el tabaco hasta la gasolina, desde el trabajo hasta los alquileres. La reforma de este escenario se hizo muy lentamente a partir del plan de estabilización de 1959, que terminó con la etapa más autárquica del franquismo. El gran crecimiento de los sesenta y la depresión de los setenta pasaron con avances sólo pequeños en esos campos, y aquí el PSOE va a mostrar su mejor cara económica.

Dos importantes medidas adoptadas a instancias de Miguel Boyer marcan la tendencia: se liberalizan los horarios comerciales —algo que transformó hasta la vida de los ciudadanos españoles— y se hace lo propio, aunque parcialmente, con los alquileres, el famoso Decreto Boyer de 1985. Hubo también reformas en los mercados financieros, bursátiles y de inversiones extranjeras.

Los anuncios de González sobre la inflación se hicieron realidad: la tasa anual de crecimiento del IPC fue del 12,2 por 100 en 1983, del 11,3 en 1984 y del 8,8 en 1985 y nuevamente en 1986 —un gran progreso frente al 23 por 100 de 1977—. En el sector exterior, el déficit de la balanza de pagos por cuenta corriente mejoró al 1,4 por 100 del PIB en 1983, y pasó después a números negros: el superávit fue del 2,2, 1,3 y 1,7 por 100 del PIB en 1984, 1985 y 1986, respectivamente.

En las finanzas públicas puede parecer que la época de Miguel Boyer no significó una mejora con respecto al pasado. El déficit permaneció por encima del 5 por 100 del PIB en 1983 y 1984, y por encima del 6 en 1985 y 1986, ya bajo su sucesor Carlos Solchaga. Debe recordarse, no obstante, el intento de ajuste de 1984 —realizado en un contexto de depresión económica—. En la persistencia del desequilibrio hacendístico influyeron probablemente también el final de la crisis bancaria, la expropiación de Rumasa y la reconversión industrial, que fue realizada en condiciones extremadamente gravosas para el Erario público. Es interesante destacar que ya desde entonces el Gobierno socialista cedió a las presiones de los sindicatos, siempre más poderosos en las empresas públicas que en las privadas, en un movimiento que se repetiría durante la época de Solchaga, que costó mucho a los contribuyentes y que no sirvió para acercar a los sindicatos al débil e incompleto reformismo liberalizador que caracterizó a la década socialista.

El milagro español y sus sombras

El 1 de enero de 1986, España se convierte en miembro de pleno derecho de la Comunidad Europea. Continúa la fase ascendente de la economía internacional y los precios del petróleo se desploman a comienzos de año. En ese marco, desde 1987 en adelante, la economía española responde a los efectos previsibles de una ampliación del mercado y crece a tasas muy elevadas, siempre por encima del conjunto de países industrializados. En 1987 —el año del *crack* bursátil internacional del mes de octubre—, el PIB español sube un 5,6 por 100 en términos reales; la tasa es del 5,2 en 1988 y del 4,8 en 1989, año en el que se celebran las quintas elecciones generales desde 1977 y en las que el PSOE repite por tercera vez mayoría absoluta.

El éxito económico del equipo dirigido por el nuevo ministro de Economía, Carlos Solchaga, fue espectacular. Hasta una institución habitualmente tan circunspecta como el Banco de España no titubeó en hablar de la reacción «vigorosa y brillante» de la economía española. Y sobre ese vigor caben pocas dudas: la inversión creció en España siempre por encima del 13 por 100 anual en términos reales entre 1986 y 1989.

Cierto es que aunque el PSOE se apropió del hito histórico del ingreso en la CEE, este había sido preparado desde hacía mucho tiempo. El PSOE, en todo caso, lo impulsó decididamente y apoyó sin reservas el modelo comunitario francés, que iba a ser puesto en cuestión después de la firma del Tratado de Maastricht en diciembre de 1991.

España se convirtió en un nuevo milagro europeo. Los extranjeros se daban codazos para vender aquí sus productos y realizar abultadas inversiones, tanto directas como de cartera. El auge de la construcción no fue suficiente para moderar los precios; más bien al contrario, entre las mayores inversiones nacionales y extranjeras, la torpe política de suelo de los gobiernos socialistas y el ciclo normal de la construcción, el precio de los activos inmobiliarios explotó. Una víctima fue el Decreto Boyer, al que se adjudicó equivocadamente la responsabilidad en el encarecimiento de los alquileres.

La política de estabilidad de la peseta —reforzada a partir de 1989 con su ingreso en el mecanismo de tipos de cambio del Sistema Monetario Europeo— y los elevados tipos de interés volcaron sobre España un torrente inédito de divisas. De hecho, en 1992, España llega a ser el tercer país del mundo en reservas de divisas, tras Japón y Taiwan, superando incluso a Estados Unidos.

Los españoles comprueban asombrados el hecho sin precedentes de que su país resulta carísimo, y como han visto que el dólar llegaba casi a las doscientas pesetas y se derrumbaba después hasta cien, empiezan a viajar como nunca al extranjero. Pero en toda esta fiesta, algunos datos económicos señalan que si bien hay mucho que reluce, no todo es oro.

El sector exterior, pese al aumento de las exportaciones, da una señal. En 1987, la balanza de pagos por cuenta corriente resulta virtualmente equilibrada, pero desde entonces se hunde en un déficit que no deja de crecer. Pasa al 1,1 por 100 del PIB en 1988, y en los tres años siguientes el déficit supera al 3 por 100 del PIB. La situación puede mantenerse debido a la cómoda financiación que proveen las reservas exteriores, mas el sector exterior cambia radicalmente. El componente de bienes de consumo de las importaciones pasó de un 30 por 100 en 1986-1990 a un 40 en 1991-1992. Las copiosas entradas de capital de la última mitad de la década de los ochenta se frenan en 1991 y 1992. Asimismo, el fin de las restricciones a los movimientos de capitales, decretado en febrero de 1992 —nueva reforma liberalizadora del PSOE, que se adelantó a los requerimientos de la CEE—, facilitó un gran aumento en los préstamos exteriores.

A mediados de 1992, cuando el dólar se derrumba frente al marco y deja en incómoda posición a la libra esterlina, el Banco de España debe intervenir para sostener a la peseta. Mientras se produce una depreciación de la misma frente al marco, dentro de la banda autorizada del SME, arrecian las especulaciones sobre un eventual realineamiento de paridades y una devaluación de la peseta.

Las medidas adoptadas para flexibilizar el mercado de trabajo, en particular la contratación temporal, no son suficientes. Así, en medio de la reacción económica «vigorosa y brillante» de la que hablaba el Banco de España, la reducción del paro fue muy modesta. Aunque el empleo creció fuertemente, la tasa de paro pasó del 20,6 por 100 de la población activa en 1987 al 19,5 en 1988, al 16,3 en 1990 y otra vez en 1991, y volvió a subir sobre el 17 por 100 en 1992. Si hay que seleccionar una muestra de la falta de flexibilidad de los mercados españoles, esta es la más reveladora: España se las ingenia para crecer más que los demás países y, al mismo tiempo, para ser una de las naciones con más paro de Europa. En cuanto a los salarios, el crecimiento en la remuneración por empleado se fue moderando entre 1986 y 1988, pero desde entonces creció cada año más que el anterior. En 1991 aumentó casi un 9 por 100. Según la OCDE, el coste laboral unitario —que contempla salarios, Seguridad Social y productividad— aumentó en España en un 21 por 100 entre 1987 y 1991; en Francia, por ejemplo, el incremento no llegó al 10 por 100.

La inflación es otra señal. La tasa anual de crecimiento del IPC cae del 8,8 por 100 en 1986 al 5,2 y 4,8 en 1987 y 1988. Pero después da un salto de dos puntos hasta el 6,8 y 6,7 por 100 en 1989 y 1990. Se modera hasta el 5,9 por 100 en 1991 y una tasa similar en 1992, pero ya el contexto económico ha cambiado significativamente.

En efecto, la economía española va perdiendo fuerza. La inversión crece un 7,2 y un 1,8 por 100 en 1990 y 1991. El PIB aumenta un 3,6 por 100 en 1990, un 2,4 en 1991 y no está claro que pueda alcanzar un 2 por 100 en términos reales en 1992.

Los efectos de la política económica socialista sobre los sectores productivos del país, la agricultura y la industria, han sido ampliamente debatidos. Es verdad que el mayor crecimiento económico suele venir acompañado de una ampliación del sector servicios y una disminución de los sectores primario y secundario. Así ocurrió en España desde 1982. Sin embargo, puede argumentarse que ocurrió demasiado rápido: el triple efecto de elevados tipos de interés, peseta fuerte y salarios en alza, han causado que la industria española —especialmente en los últimos años de la década del PSOE— se esté achicando a un ritmo más acelerado que el de la industria alemana.

La persistencia de los desequilibrios económicos en España y la complicada situación industrial se observa en la brecha que la apreciación de la peseta abre entre los bienes sometidos y no sometidos a la competencia internacional. Los precios en España se bifurcan: donde hay competencia internacional, la inflación es notablemente moderada —los precios industriales crecen un 2,2 por 100 en 1990 y un 1,5 en 1991—, pero donde no la hay, la inflación se escapa: el índice de precios de los servicios sube casi un 9 por 100 anual entre 1989 y 1991. Esta situación revela tanto las rigideces de los mercados españoles como la pérdida de competitividad y la dificultad de contener la llamada inflación subyacente, que no incluye ni la energía ni los alimentos sin elaborar y que marca la tendencia de la inflación.

En el plano internacional se va moderando la expansión; en Estados Unidos se frena: su PIB crece el 4,5 por 100 en 1988, el 2,5 en 1989, el 0,9 en 1990, y en 1991, el crecimiento es negativo en un 0,7 por 100. En Europa se agota también la fase creciente del ciclo económico. Alemania debe pagar un elevado precio por su histórica unificación: disminuye el crecimiento, aumenta la inflación, la balanza de pagos por cuenta corriente entra en números rojos y el déficit público sube al 3,1 por 100 del PIB en 1991.

En España, si el gran crecimiento posterior a 1986 no fue capaz de reducir drásticamente el paro, tampoco pudo terminar con el déficit público. La necesidad de financiación de las administraciones públicas fue del 3,6 por 100 del PIB en 1987, 3,3 en 1988 y 2,8 en 1989. Después el déficit subió otra vez al 4 por 100 del PIB en

1990, 4,4 en 1991, y se teme que supere esa cifra, quizá por mucho, en 1992.

Es importante destacar que el déficit no se redujo en los primeros años de la gestión de Carlos Solchaga por una moderación de los gastos. Al contrario, el gasto público subió sin cesar durante la década socialista y pasó del 36,6 por 100 del PIB en 1982 al 45,2 en 1992. En todos los años, los gastos superaron a los presupuestados. Lo que ocurrió fue que los impuestos también superaron sistemáticamente a los previstos; los ingresos públicos totales pasaron del 30,1 por 100 del PIB en 1982 al 40,8 en 1992. Los impuestos aumentaron en España durante los años ochenta más que en ningún otro país de la OCDE. Las cotizaciones sociales se incrementaron también marcadamente.

«Para que España funcione»

Las autoridades socialistas insistieron repetidamente en que el aumento del gasto y la presión fiscal eran por un lado necesarios para acometer obras de infraestructura y de mejora en los servicios públicos que ayudaran a la convergencia con Europa, que los impuestos en España eran bajos en comparación con los comunitarios y que había mucho fraude.

Estas razones pueden ser cuestionadas. Aunque el déficit español en infraestructuras es evidente, la gran explosión del gasto público durante la década socialista no se dirigió principalmente a mejorar las obras y servicios públicos, sino a las transferencias: pensiones, seguro de paro, empresas públicas y un nuevo capítulo que se convirtió en uno de los principales del presupuesto, el pago de los intereses de la deuda pública. Por el lado de los servicios, hay un acuerdo vastamente extendido de que su deterioro ha sido apreciable durante la década de un Felipe González que esgrimió la consigna electoral de «para que España funcione».

A todo ello debe añadirse, por supuesto, el despilfarro que supuso el Tren de Alta Velocidad o la Expo de Sevilla, realizados básicamente con fines electoralistas, y el abultado coste de los Juegos Olímpicos de Barcelona. El proceso autonómico, por su lado, no contribuyó a una mayor disciplina fiscal, sino exactamente a lo contrario: la falta de responsabilidad recaudatoria y toda suerte de presiones políticas condujeron a un gasto descontrolado en las autonomías. Nada de esto es ajeno al salto del déficit público a partir de 1990, cuando al mayor gasto se unió una menor recaudación motivada por la desaceleración en la actividad económica.

Tanto la deuda como los servicios públicos merecen una consideración adicional. En cuanto a la deuda, es verdad que el recurso a la financiación genuina es siempre mejor que la apelación al Banco de España, y también que durante la década socialista no hubo —o hubo menos— apelación del Tesoro al banco emisor. Pero lo que no hubo nunca es una financiación libre y masiva en el mercado. En un principio, en los años de Boyer, la deuda fue colocada obligatoriamente mediante los coeficientes bancarios, que registraron un considerable aumento. Después, cuando se empieza a renunciar a los coeficientes, se recurre a la subvención de la deuda, lo que fue llevado a cabo en tres etapas: los Pagarés del Tesoro, la eliminación de retenciones para la deuda de los extranjeros y el tratamiento de los Fondos de Inversión.

El caso de los servicios es particularmente grave. Los ejemplos de despilfarro e ineficiencia se multiplicaron durante los años socialistas, pero al mismo tiempo el PSOE amplió considerablemente el número de personas que trabajan para el sector público. El personal de las administraciones públicas aumentó en un millón y medio de personas entre 1982 y 1991, con frecuencia personas, por diversas razones, mal elegidas. Con el tiempo y los errores se fue dibujando entre los funcionarios un panorama de clara desmoralización. La importancia de todo esto es difícilmente exagerable. Después de todo, una eventual fase alcista del ciclo económico puede ayudar a resolver los desequilibrios macroeconómicos, pero no es aventurado pensar que serán necesarios muchos años más para resolver la situación de inflación y degradación provocada por el PSOE en la función pública.

En cuanto a los impuestos, una torpe política tributaria, que recibió unos cuantos varapalos en los tribunales de justicia y en el propio Tribunal Constitucional, terminó por transformar el impuesto rey, el IRPF, en un mero sistema de retenciones en las nóminas, es decir, en un impuesto sobre los salarios, no sobre las rentas.

El incremento de la presión fiscal se descargó especialmente sobre las rentas salariales, que tienen menos capacidad de elusión. Esto fue aprovechado por la retórica oficial —vastamente reproducida por los medios de comunicación— para sostener que el problema tributario español residía en el fraude y la débil fiscalidad de las rentas del capital.

Este argumento es falaz por varias razones. En primer lugar, no está claro que las rentas de capital deban ser gravadas, porque ello puede comportar una doble imposición. Segundo, porque la imposición sobre el capital aumentó mucho durante la década socialista: España tiene probablemente el peor tratamiento fiscal de las plusvalías del mundo desarrollado, lo que ha llevado a no pocos españoles a fijar su residencia no ya en Mónaco o Miami, sino en Alemania o Francia. Tercero, y vinculado con lo anterior, la imposición sobre el capital simplemente no puede subir mucho porque el capital se escapa al extranjero o atiborra mercados como el inmobiliario, inflando sus precios. Y cuarto, el propio Gobierno animó a la economía sumergida y al fraude fiscal mediante los Pagarés del Tesoro. La situación ha mejorado un poco con los Fondos de Inversión, vehículos para el ahorro con una tributación generosa. El régimen de las plusvalías, en cambio, virtualmente no ha sido modificado.

La política monetaria y sus malas compañías

La reaparición de los desequilibrios macroeconómicos vino acompañada de repetidos anuncios oficiales sobre presupuestos rigurosos y control del déficit público. Nada de esto resultó ser verdad. Parecía como si las autoridades, probablemente por la persistencia de elevadas tasas de crecimiento del PIB, se negasen a comprender que la fiesta estaba tocando a su fin. La España donde era muy fácil hacerse rico, en declaración célebre de Solchaga, se alejaba. La llamada «cultura del pelotazo» y los símbolos empresariales de los años ochenta —hombres como Javier de la Rosa o Mario Conde— empezaban a debilitarse.

Ante este panorama, la reacción de las autoridades consistió básicamente en lo que habían estado haciendo desde 1982: dejar la estabilización en manos del Banco de España. Ahora bien, con un déficit público creciente, unas reformas microeconómicas tímidas, y un tipo de cambio limitado en sus fluctuaciones, esas manos estaban fuertemente atadas.

A partir del último trimestre de 1988, el banco emisor comienza una política de contención monetaria que continúa en 1989 y se endurece más en 1990, cuando se aplican —aunque sólo durante un tiempo— incluso restricciones directas al crédito bancario al sector privado y se encarece la financiación exterior mediante el establecimiento de un depósito no remunerado del 30 por 100 de la misma. Los tipos de interés se mantuvieron elevados en 1990 y flexionaron a la baja a partir de la primera mitad de 1991. La coyuntura cambia en 1992 y reaparecen las tensiones por la mala situación internacional, las dudas que se cernieron sobre el futuro del Tratado de Maastricht y, muy particularmente, por las informaciones sobre la Hacienda pública española, que a lo largo de 1992 fueron cada vez peores. El Gobierno da marcha atrás en julio de 1992 en la reducción de las retenciones sobre las nóminas salariales a cuenta del IRPF, que había adoptado apenas seis meses antes, reduce las prestaciones por desempleo y traspasa a los empresarios parte del pago de la incapacidad laboral transitoria. Felipe González anuncia a mediados de año presupuestos «muy rigurosos» para 1993, en línea con el Programa de Convergencia presentado en marzo de 1992 —en esencia, más liberalismo microeconómico y más control de la Hacienda pública—, con el objetivo de preparar a la economía española para que ingrese en primera fila en la Unión Económica y Monetaria Europea, prevista en el Tratado de Maastricht para 1999 como muy tarde.

Pero lo cierto es que los gobiernos socialistas jamás tuvieron rigor presupuestario, ni siquiera en el lustro expansivo de 1986-1990, cuando ese rigor era relativamente fácil. La actitud hostil de los sindicatos, que llegaron a paralizar el país el 14 de diciembre de 1988, fue, en realidad, injusta, porque el Gobierno estaba haciendo —y haría más a partir de entonces— lo que los sindicatos proponían: aumentar el gasto público y los impuestos.

La actitud hacia las empresas públicas es reveladora del cosmético reformismo del PSOE. El Gobierno privatizó empresas, pero no cerró las empresas sin futuro, como Hunosa y otras. Incluso pueden matizarse las privatizaciones, porque fueron pocas y algunas arduamente merecen ese nombre: no se privatiza Repsol mientras las decisiones queden en manos de personas nombradas por el Estado, y menos se privatiza el INI si su división alimentaria es comprada por Tabacalera. Un caso probablemente más grave fue el mantenimiento de empresas públicas que se debieron haber cerrado. Este error quedó sumergido durante el lustro expansivo 1986-1991, pero, finalmente, el freno en el crecimiento económico sacó nuevamente a la luz las cuantiosas pérdidas y la debilidad de las empresas públicas y de la política del PSOE al respecto.

Sumada esta debilidad al manirroto desembolso vinculado a 1992 se comprende que el problema de la política monetaria como instrumento estabilizador no es tanto su soledad como las malas compañías que la rodean. Estas compañías bosquejan a fines de 1992 un escenario de crecimiento, paro, inflación, déficit público, déficit exterior y presiones contra la peseta que guarda un estrecho paralelismo con el escenario que encontraron los socialistas en 1982, cuando se alzaron con diez millones de votos y con el poder. La economía durante el mandato socialista parece haber ido de la agonía a la agonía, aunque pasando, eso sí, por el éxtasis.

Balance provisional

Un balance de la economía en la primera década socialista debe colocar entre sus virtudes la liberalización llevada a cabo en diversos mercados, el impulso a la integración en la Comunidad Europea y el vigoroso crecimiento registrado después de 1986. Entre sus vicios, descuella el descontrol de la Hacienda pública.

Hay otros dos defectos que merecen una breve reflexión. Dejada al albur de los combates políticos en el interior de la familia socialista, la tendencia liberalizadora puede verse frenada. En los últimos años ha habido alguna señal en tal sentido, como el proyecto de reforma del Decreto Boyer, los retrocesos en la flexibilización de los contratos de trabajo o los recelos frente a las privatizaciones anunciadas por Solchaga en el verano de 1992.

El segundo defecto es la corrupción. Descalificada sistemáticamente por un poder que no dudó jamás de su eficacia ni de su honradez, la existencia de la corrupción en la década del PSOE se ha impuesto finalmente como una verdad irrefutable. En la mayor parte de los casos, la corrupción deriva de la excesiva e incorrecta intervención del Estado en la economía. Un ejemplo notable es la desastrosa política de suelo, que virtualmente congeló el suelo edificable y que —aparte del empuje inflacionario— está detrás de la aplastante mayoría de los casos de corrupción de la década del PSOE.

No está claro en qué medida el propio PSOE es consciente de estos defectos, pero no es aventurado conjeturar que dicha consciencia está poco extendida. Una decidida política de liberalización de mercados y reducción del gasto público requiere un modelo de sociedad distinto del que han tenido los socialistas hasta 1992. En su primera década en el Gobierno han avanzado mucho, pero no han dejado atrás el Estado del Bienestar, y por ello carecen de la base doctrinal indispensable para un cambio más en profundidad. Es gran mérito de Boyer y Solchaga y sus equipos el haberse situado en la orilla opuesta a un Alfonso Guerra que decretó la muerte de Montesquieu, y es mérito de Felipe González haberlos apoyado, mas si el cambio que necesita la economía española es una dosis masiva de mercado y el final de una cultura en la que los ciudadanos se acostumbran a recibir todo del Estado, entonces está por verse si Felipe González podrá dar en 1993 el giro notable que dio en 1982 y que probablemente es una de las razones principales para explicar su prolongada permanencia en el poder.

En todo caso, es evidente que ha habido un aprendizaje liberal en los socialistas españoles, en un movimiento que es hoy virtualmente universal. Que sea o no suficiente para resolver los problemas económicos del país, o para permitirles ganar por cuarta vez las elecciones, no puede saberse todavía. Pero ha existido. Por ello quizá haya que matizar la coincidencia de los problemáticos años 1982 y 1992. Los paralelismos económicos entre ambas fechas son evidentes, pero una década no transcurre en balde y sus circunstancias sirven para modificar creencias y políticas. Así, el trazado circular de la economía es en realidad una espiral irregular que no pasa nunca por el mismo sitio dos veces. Puede incluso mejorar.

Cabe concluir, por tanto, con una nota de esperanza. La economía española padece en 1992 problemas similares a los de 1982, pero no ha vuelto a 1982. Y es que en economía, igual que en la vida, nunca se vuelve, siempre se va.

La sociedad: la vieja y la nueva España

José Juan Toharia

«El viaje de la nueva a la vieja España requiere sólo un paseo de cinco minutos.» Con tan contundente frase comienza Margot Hornblower su *cover story* en el número que la revista *Time* dedicó a España el 4 de mayo de 1992, cuya portada sólo contiene la siguiente frase: «Spain, Revelry and Reality» («España, juerga y realidad»). Sin duda se trata de una afirmación exagerada si se utiliza fuera de contexto (la periodista se refería, concretamente, a la distancia que separa, en Sevilla, el esplendor de la Expo del mísero barrio de El Vacíe), pero puede servirnos muy bien como recordatorio, en el frontispicio mismo de este capítulo, de la característica básica del cambio experimentado por la sociedad española en estas últimas décadas: su espectacular rapidez. España ciertamente ha cambiado mucho, pero en tan poco tiempo que en muchos casos la España-que-ya-no-es sigue aún en parte presente en la España-que-es: no ha tenido materialmente tiempo de quedar todo lo lejos que, en apariencia, parecía estar. Basta con rascar un poco en nuestra piel social para, en seguida, encontrarla. Todavía están entre nosotros los españoles de los años del hambre; nos hemos convertido en una potencia industrial, pero tenemos aún importantes bolsas —geográficas y sociales— de pobreza y marginación; todavía viven —e incluso siguen en edad laboral— los emigrantes que, hatillo al hombro, dejaron su entorno rural natal para ir a trabajar a Francia, Alemania o Suiza. O, por citar el dato que, por sí solo, permite quizá comprobar, con especial rotundidad, la cercanía de esa España no moderna que con frecuencia tendemos a relegar a un pasado remoto: según el censo de 1981 (el de 1991 sólo Dios sabe cuándo estará disponible para su manejo), más de la mitad de los españoles mayores de sesenta y cinco años eran analfabetos o carecían por completo de estudios. Por contra, los españoles menores de quince años estaban escolarizados en su práctica totalidad. Es decir, dos Españas opuestas coexisten aún, compartiendo un mismo tiempo histórico: la España mayoritariamente iletrada de los abuelos, y la España masivamente educada de los nietos. Los protagonistas de nuestra vida social de ayer y los de nuestra vida social de mañana pertenecen, masivamente, a universos culturales que son antitéticos, sin apenas puntos de contacto entre sí. Tan sólo una generación les separa: frágil tabique de separación, excesivamente tenue lazo de unión. Por fuerza ha de haber arritmias y desajustes en una estructura social que experimenta cambios de tal magnitud en tan corto lapso de tiempo.

Sobre este trasfondo básico de un cambio social profundo, reciente y rápido (y, por tanto, a medio digerir aún por nuestra sociedad), es sobre el que hay que examinar la situación de nuestra sociedad a lo largo de esta última década (1982-1992), que es de la que se ocupa el presente libro. La «década socialista» ha propiciado, ciertamente, la aceleración de ciertos procesos de transformación social y no ha logrado influir o lo ha hecho de forma reducida en otras dimensiones de la vida social, mientras que otros procesos sociales han seguido una marcha propia, ajenos a los planes y voluntad de los sucesivos gobiernos de estos diez años.

Por supuesto, en estas páginas no resulta posible tratar de realizar un retrato pormenorizado y exhaustivo del estado actual de nuestra sociedad, ni alzar un balance global de los cambios y no-cambios registrados por la misma durante la última década. Pero sí voy a tratar al menos de abocetar, siquiera sea de forma aproximada (pero procurando no caer en la caricatura), aquellos rasgos de nuestra actual estructura social que me parecen especialmente llamativos y que, en un retrato más acabado, sin duda habrían de constituir líneas domintantes.

Cae la fecundidad, España envejece

Para empezar, voy a reseñar un cambio que me parece de decisiva importancia y del que rara vez se habla, y que, pese a su trascendencia, no ha sido objeto aún del análisis que merece. Se trata de uno de esos procesos de cambio que, estrictamente hablando, no guarda relación alguna, al menos de forma directa, con la acción gubernamental, pero como está alcanzando su apogeo precisamente en estos años que estamos analizando va a quedar vinculado, históricamente, a la década de gobierno socialista. Me refiero a la auténtica convulsión que, en el terreno de la demografía, está experimentando nuestra sociedad. Convulsión tan honda y cargada de consecuencias de todo tipo (muchas de ellas esperables, otras imprevisibles) como desapercibida. De entrada tenemos que en la actualidad, España, junto a Italia, es el país del mundo con más bajos niveles de fecundidad, con la particularidad de que tales niveles mínimos se han alcanzado en el caso de nuestro país con velocidad vertiginosa. En efecto, en años aún tan recientes como los comprendidos entre 1964 y 1974 nacieron precisamente las generaciones de españoles más numerosas de toda nuestra historia (el récord histórico de nacimientos —69.272— corresponde a 1964, y la segunda cifra más alta de nacidos —687.710— a 1974). Ello quiere decir que tenemos ahora generaciones de jóvenes entre los diecisiete y los veintisiete años de un tamaño nunca antes conocido. Pero, a partir de 1974, y sobre todo a partir del inicio de la década de 1980, la fecundidad ha caído literalmente en picado: en 1980 se produjeron ya sólo 571.018 nacimientos (cifra muy similar a la correspondiente al año 1950); en 1984, tan sólo 473.281. En otras palabras, en el transcurso de apenas dos décadas ha tenido lugar de forma fulminantemente sucesiva una explosión y una contracción de la fecundidad que, entre otras cosas, y por citar sólo un ejemplo de las consecuencias de índole socioeconómica que ello puede tener, supuso primero que faltaran plazas escolares para, apenas ser terminadas estas de construir, empezar inmediatamente a sobrar..., mientras que, en cambio, iniciaba su aceleración el déficit de centros y servicios para ancianos.

Porque ocurre que, por otro lado, nuestra población está experimentando un proceso de envejecimiento rápido: no sólo como consecuencia indirecta del cada vez menor peso relativo que las generaciones más jóvenes van teniendo sobre el total poblacional, sino también y sobre todo como consecuencia de la gradual generalización de la experiencia de una vida «biológicamente completa». La expresión «envejecimiento demográfico» implica, en realidad, una buena noticia, pese a que de entrada cause justamente la impresión opuesta en la mayoría de las personas que la leen o escuchan. Una población envejece sencillamente cuando son muchas las personas que llegan a edades avanzadas, es decir, cuando disminuyen los niveles de mortalidad. En la actualidad, España presenta unos niveles de mortalidad muy bajos: los más bajos dentro de la Comunidad Europea. Esta baja mortalidad se debe, sin duda, a la existencia, hoy, en nuestro país, de condiciones propicias al alargamiento de la vida (por ejemplo, si los niveles de mortalidad que se registraban en España en 1980 se mantuvieran estables indefinidamente, la edad media de defunción de las personas sería de 75,6 años, lo que implica que, de cada 100 personas nacidas, 82 llegarían vivas a los 65 años; 63, a los 75, y 48 —es decir, la mitad prácticamente—, a los 80); pero en parte constituye también tan sólo un efecto óptico propiciado por el hecho de que, en términos relativos (y, en todo caso, en comparación con la Europa comunitaria en su conjunto), nuestra población sigue siendo más bien joven y cuenta, por tanto, con una menor proporción de personas en las edades en que el riesgo de defunción es más alto.

El hecho, en todo caso, es que, por decirlo en pocas palabras, España se está encontrando, a la vez, en estos años con las generaciones de jóvenes más numerosas de su historia, con una espectacular (y aún no bien analizada) caída de la fecundidad, y con una proporción de ancianos rápidamente creciente, tanto en número como en longevidad (no sólo cada vez hay más ancianos, sino que además estos viven más años). Es decir, estamos experimentando, de forma casi simultánea, procesos demográficos (elevada fecundidad, caída de la misma, envejecimiento poblacional) que en otras sociedades avanzadas se han presentado de forma secuencial y sucesiva y que ejercen tensiones contrapuestas sobre la dinámica económica y social. La dinámica demográfica es difícil de alterar en sus causas últimas (no resulta fácil, por ejemplo, fomentar la fecundidad o incentivar su reducción), pero extraer las implicaciones, tan previsibles como inevitables, de la misma y actuar en consecuencia no requiere gran esfuerzo. Por ahora, sin embargo, prácticamente nadie parece tener interés en hacerlo: nos ciega, sin duda, la inmediatez de lo coyuntural. Y así, uno de los cambios socioestructurales más profundos, y de mayor calado y trascendencia para nuestro futuro colectivo inmediato, se está produciendo subrepticiamente, entre el silencio y la indiferencia. No es arriesgado vaticinar que, por ello, habremos todos de pagar, tarde o temprano, un precio.

Mujeres, jóvenes, viejos

De alguna manera, el cambio demográfico que nuestro país está experimentando guarda relación con, o afecta especialmente a, tres colectivos muy concretos —si bien, lógicamente, de manera distinta—: las mujeres, los jóvenes y las personas de más edad.

En el caso de las mujeres, parece claro que una de las causas de la caída de la fecundidad radica en el hecho de su masiva escolarización, en todos los niveles educativos, de forma prácticamente igualitaria con los hombres. Los estudios especializados disponibles demuestran la existencia de una correlación negativa de —0,97 entre fecundidad y nivel de escolarización de las niñas de doce a dieciséis años: es decir, existe una correlación prácticamente lineal (la máxima correlación negativa posible sería de —1) entre la alta fecundidad y el aumento de la escolarización de niñas. Cada paso en el aumento de esta última conlleva un descenso de magnitud equivalente en aquella, y ello, sencillamente, porque el acceso a la educación permite a las mujeres ensanchar sus horizontes vitales y, en consecuencia, les abre la puerta a una vida laboral alternativa o complementaria a su destino tradicional de esposas y madres. Automáticamente, esto se traduce en una fecundidad reducida: los hijos real y conscientemente queridos tienden progresivamente a reemplazar a los hijos «que Dios quiera». Con ello cambia, además, la concepción de la misma del matrimonio: a principios de esta década, por ejemplo, la mayoría de la población española pensaba que una pareja que de antemano excluye tener hijos no constituía un verdadero matrimonio: en la actualidad es la opinión justamente contraria la dominante*. La idea de la compenetración y apoyo emocional entre los cónyuges ha desplazado a la finalidad procreadora como el factor último que da sentido a la institución. De ahí la masiva aceptación social, en la España actual, de la existencia del «divorcio-remedio» tal y como está establecido en la legislación vigente.

Por otro lado, existe una tendencia claramente creciente hacia una mayor simetría en el reparto de tareas y obligaciones domésticas dentro del hogar: los datos de encuesta disponibles permiten comprobar cómo, entre las parejas más jóvenes, son cada vez más bo-

* Este, y todos los datos de opinión citados en las páginas que siguen, proceden de encuestas realizadas por Demoscopia, S. A., para el diario *El País* y son citados con la autorización de ambas entidades.

rrosas las fronteras entre las tareas domésticas «propias de la mujer» y las «propias del hombre», si bien se está lejos aún de una distribución paritaria y la mayoría de las mujeres que trabajan fuera del hogar siguen teniendo que afrontar, de hecho, una «doble jornada» laboral: una en su trabajo, otra en casa.

Progresivamente, pero de forma aún muy lenta, va avanzando la integración laboral de la mujer: en la actualidad, algo más de la cuarta parte de todas las mujeres (el 26 por 100, aproximadamente) forman parte de la población activa; en 1981, lo hacía sólo la quinta parte (el 19,8 por 100, exactamente). Por contra, los hombres activos representan justamente (ahora como hace diez años) la mitad de todos los existentes. O lo que es igual, en España hoy son activos (es decir, trabajan o buscan trabajo) uno de cada dos hombres, pero sólo una de cada cuatro mujeres. Datos de encuestas recientes revelan, por otra parte, que entre las mujeres no activas (específicamente las dedicadas a «tareas del hogar»), casi la mitad indican que de tener la posibilidad de encontrar un trabajo fuera del hogar lo aceptarían sin dudar. Es decir, existe una importante bolsa latente de población activa femenina cuya activación efectiva sólo depende de la existencia de una menor estrechez en el mercado de trabajo. Ello ayuda, sin duda, a entender que, pese a haberse creado, en buena parte de la década última, apreciables dosis de empleo neto, la tasa de paro apenas si haya disminuido: la creación de empleo estimula el paso a la condición de activas (es decir, de personas que se autositúan en el mercado laboral) de personas hasta entonces no activas. Con ello aumenta el volumen global de la población laboral (que en nuestro país sigue siendo uno de los más reducidos de la Comunidad Europea, englobando apenas al 38 por 100 de la población, pero en nada mejora, dentro de aquella, la relación entre quienes tienen empleo y quienes lo buscan.

La integración laboral de la mujer encuentra resistencias desiguales, según los sectores: el sector público parece, en conjunto, claramente menos discriminatorio que el privado. En los últimos seis años, por ejemplo, el 50 por 100, aproximadamente, de cada nueva promoción de jueces son mujeres, y otro tanto empieza a ocurrir ya con las últimas promociones de notarios, por citar dos cuerpos tradicionalmente percibidos como prototípicamente «masculinos». Cierto que, en este terreno de la incorporación al trabajo de la mujer, nuestra sociedad sigue aún mostrándose ambivalente: por un lado existe práctica unanimidad a la hora de aceptar el principio de que la mujer debe trabajar en igualdad total de condiciones con el hombre; pero al mismo tiempo, para un 57 por 100 de la población española, en épocas de mucho paro, el hombre tiene más derecho a encontrar un trabajo que la mujer. Es decir, para la mayoría, el trabajo de la mujer presenta un carácter todavía secundario con respecto al del hombre. Por supuesto, a este respecto las diferencias de opinión (no en función del sexo, sino de la edad) son espectaculares: dos de cada tres españoles y españolas menores de veinticinco años se muestran en desacuerdo con esta idea de que la mujer tenga menos derecho a trabajar que el hombre en épocas de elevado paro; por contra, dos de cada tres españoles y españolas de cuarenta y seis a sesenta años se muestran de acuerdo con dicha idea. No resulta, por tanto, difícil augurar, para un futuro cercano, un importante cambio en el clima general de opinión sobre este tema.

Respecto a los jóvenes (entendiendo por tales, convencionalmente, a los menores de veintinueve años y mayores de dieciséis) constituyen un sector especialmente desafortunado: por una parte, constituyen el grupo generacional más numeroso de nuestra historia; padecieron, en muchos casos, las improvisaciones y deficiencias que su número originó en un sistema educativo diseñado para un número mucho menor de usuarios; empezaron a llegar a la edad teórica laboral en un período de estancamiento y contracción de la economía, y además hubieron de hacer frente a una tasa de relevo laboral (proporción de los que pugnan por incorporarse al mercado laboral sobre los que por edad están a punto de abandonarlo) especialmente negativa.

En cuanto a la llamada tercera edad, está empezando a sentir, sobre sus espaldas, una de las consecuencias más inmediatas del envejecimiento de la población: la proporción de jubilados con respecto a la de activos aumenta progresivamente, poniendo en crisis el sistema tradicional de pensiones, diseñado originariamente para una población creciente y joven. Evidentemente, la solución al problema no es activar la fecundidad para «juvenilizar» la estructura demográfica: ello supondría simplemente posponer —agravándolo— el problema (salvo, claro está, que se optase por una política catastrófica y suicida de crecimiento demográfico permanente, lo cual, además de indeseable, resulta, afortunadamente, poco verosímil). Las posibles soluciones son sin duda de otra índole: nuevos, y alternativos, sistemas de pensiones, posposición de la edad de jubilación. Dos temas, precisamente, en los que en estos años o se han dado pasos dubitativos y cicateros o, justamente, en la dirección opuesta.

Una democracia más consolidada...

En relación a lo que cabe describir como el «clima social» (cultura cívica, valores básicos), en estos diez años últimos nos hemos ido asentando gradualmente como sociedad democrática.

Por un lado, la legitimidad del propio sistema democrático parece firmemente asentada y fuera de toda duda para la práctica totalidad de los españoles. No existe apenas nostalgia por ninguna época histórica anterior a la actual democracia: tan sólo el 17 por 100 de los españoles piensan que, políticamente, España estuvo alguna vez mejor que ahora a lo largo de los últimos cincuenta o sesenta años. La transición a la democracia es valorada de forma crecientemente positiva, cuanto más se aleja en el tiempo: volviendo ahora la vista atrás, la mayoría absoluta de los españoles considera que, en conjunto, tras la muerte de Franco las cosas han ido mejor de lo que esperaban; en 1980 daba esa respuesta sólo uno de cada cinco. La democracia, para siete de cada diez españoles, resulta preferible a cualquier otra forma de gobierno (en 1980 opinaban así cinco de cada diez). La Corona ha arraigado: dos de cada tres españoles consideran que la figura del Rey les supone una garantía de orden y de estabilidad. El temor o el recelo a un posible golpe de Estado ha desaparecido por completo, cuando apenas acaba de cumplirse una década del 23-F: el 75 por 100 de los españoles consideraban, el 23 de febrero de 1991, poco o nada probable la repetición de sucesos como los acaecidos diez años antes. La mayoría de los españoles piensan ahora que tenemos ya una democracia estabilizada, algo que hace una década sólo pensaba, en cambio, uno de cada seis. En cuanto a grado de civismo y de capacidad de convivencia, la percepción generalizada es que, a lo largo de la pasada década, se han producido en nuestro país importantes avances: cada vez son más los españoles que «perciben» a sus compatriotas de forma positiva, como personas cada vez más respetuosas entre sí y con la autoridad, más trabajadoras, más cumplidoras de las leyes y más felices. De hecho, el índice global de moral cívica (representado por el cociente resultante de dividir la suma de porcentajes correspondientes a percepciones de mejoras en esas dimensiones por la suma de porcentajes referidos a percepciones de disminuciones) pasa de 0,42 en 1980 a 0,84 en 1988. En otras palabras, parece ser ahora dos veces más extendida que hace una década la idea de que nuestro nivel de civismo tiende a mejorar. Un balance, pues, en conjunto, claramente alentador.

... pero con zonas de sombra

También, claro está, hay zonas de sombra. Los españoles, por ejemplo, se declaran fuertemente identificados con la democracia, pero en la práctica siguen participando tan poco en sus instituciones como hace una década. La afiliación política y sindical se ha estancado —cuando no se ha contraído— en los mismos niveles raquíticos de diez años atrás (en torno al 7 y 9 por 100, respectivamente). El asociacionismo voluntario no acaba de extenderse y enraizar como sería deseable para fortalecer eso que —no sin cierto solipsismo— se ha dado en llamar «la sociedad civil»: apenas uno de cada cuatro españoles mayores de dieciocho años dice pertenecer a alguna asociación voluntaria de cualquier tipo. Sin duda, la inexistencia durante el decenio de una adecuada incentivación fiscal para las donaciones a fundaciones y asociaciones sin finalidad lucrativa ha tenido mucho que ver en ello.

Por otro lado, y al mismo tiempo que, como acabamos de ver, la sociedad española parece estar aumentando su nivel de civismo, en estos últimos años aparenta haberse hecho también más fragmentada y recelosa. Eso es, al menos, lo que los propios españoles declaran percibir. En efecto, hoy, un 51 por 100 (frente al 44 en 1980) opina que en España la gente suele estar en desacuerdo en lo que está bien y en lo que está mal: es decir, que existe entre nosotros un básico disenso ético-valorativo. Además ha aumentado de forma llamativa la proporción de españoles que opina que en nuestro país hoy uno se puede fiar de muy poca gente: el 76 por 100, frente a tan sólo el 53 en 1980.

Esta creciente conciencia del pluralismo y de la diversidad existente en nuestra sociedad no solo no resulta contradictoria con el ya mencionado aumento del nivel de civismo, sino que probablemente lo explica: hasta cierto punto, cabría quizá argumentar que tendemos a ser mejores ciudadanos (o al menos así lo vemos) a medida que tomamos mayor conciencia de que hemos de convivir con personas de ideas y valores muy distintos a los nuestros. Con todo, lo cierto es que el clima de desconfianza interpersonal no constituye, probablemente, el mejor caldo de cultivo para el surgimiento de un tejido asociativo tupido y extenso.

Finalmente, no puede quedar sin mencionar el tema de los servicios públicos, sin duda una de las grandes asignaturas pendientes de la década. Por un lado, dos de cada tres españoles califican de «mucho» lo que pagan en impuestos, y una proporción similar opina que recibe en servicios del Estado menos de lo que paga. Esta queja de no recibir servicios públicos en medida proporcional a lo que por ellos se contribuye es básicamente homogénea en todos los electorados: es decir, lo dicen en similares proporciones tanto los votantes del PSOE como los del PP, CDS o IU. Se trata, sin duda, de una sensación muy generalizada. Por otra parte, a lo largo de toda la década no se ha modificado la opinión acerca de cómo administra el Gobierno el dinero de los presupuestos: la pauta, básicamente no modificada, es que apenas uno de cada seis ciudadanos considera que el Gobierno administra bien el dinero público; el resto opina que o bien desperdicia alguna parte (esta es la opinión de uno de cada dos españoles) o bien «tira por la ventana una gran parte» (y esto es lo que opina casi la cuarta parte de la ciudadanía). Las quejas se centran, fundamentalmente, en las pensiones y subsidios de la Seguridad Social (cuya situación actual califican de mala o muy mala el 45 por 100 de los españoles, y de buena o muy buena, sólo el 15), en la seguridad en las calles y vías públicas (que consideran mala o muy mala el 46 por 100, y buena o muy buena, sólo el 15), la situación de la Sanidad pública (que es calificada de mala o muy mala por el 43 por 100, y de buena o muy buena, únicamente por el 15) y la situación de la Administración de Justicia (definida como mala o muy mala por el 34 por 100, y de buena o muy buena, por el 13). Los datos corresponden al año 1989 y muestran cómo, transcurridas ya tres cuartas partes largas del decenio que ahora consideramos, la imagen de cuatro servicios públicos de tan vital importancia como las pensiones, la seguridad ciudadana, la Sanidad pública y la Administración de Justicia seguía siendo mucho más negativa que positiva.

La opinión pública en el decenio del cambio

José Ignacio Wert

En estas páginas intentaremos hacer una síntesis interpretativa de las actitudes y opiniones políticas con que desde la orilla social se han vivido estos diez años de Gobierno socialista.

No quiere eso decir que los fenómenos de que se va a dar aquí cuenta sean todos ellos «hijos» causales de ese Gobierno. La España que aquí vamos a ver —a través de lo que se han llamado «las matemáticas del consenso y del disenso» (López Pintor y Buceta)— cumplirá más o menos con el designio de transformación que con su habitual contundencia expresiva marcara diez años atrás Alfonso Guerra, al decir que «tras el paso de los socialistas por el Gobierno a España no iba a reconocerla ni la madre que la parió». Pero tanto si la madre la reconoce como si no, ello sólo en una parte relativamente pequeña (desde luego mucho menor que la que imagino tenía en la cabeza Guerra cuando acuñó el célebre desiderátum) tendrá que ver con la política de estos años o, al menos, con la política de los políticos. Es más, es posible que una buena parte de ellos se haya producido «a pesar de» la política.

En todo caso, la necesidad de síntesis obliga a un criterio extremadamente selectivo en cuanto a los indicadores. Sería tentador ensayar una interpretación completa del proceso político y social desarrollado en España durante este decenio a través de los cada vez más numerosos datos de opinión que se recaban sobre los más diversos aspectos de la vida social. Nos vamos a limitar, sin embargo, a aquellos que se relacionan con áreas centrales de lo público/colectivo y con los que, en nuestra opinión, sirven más claramente como marco explicativo, interpretativo o contextual de aquellos.

El punto de partida

Arranca esta historia del clima de opinión que prevalecía en España en el otoño de 1982, cuando tienen lugar las elecciones «fundacionales» que abren el decenio de cuyo análisis nos ocupamos. Si, desde el punto de vista jurídico-formal, los cambios institucionales más importantes se relacionan con la elección de un Parlamento democrático en 1977 y la aprobación y ratificación de una Constitución en 1978, lo cierto es que las elecciones del 82 suponen algo más que un cambio de gobierno. No reflejan esencialmente un problema de cambio de voto, sino del sistema de partidos, e incluso de régimen.

Este diagnóstico político sobre la significación de las llamadas elecciones del cambio tiene un correlato claro en el clima de opinión sobre el que se edifica. Desde 1980, menos de un año después del triunfo electoral de la UCD de marzo de 1979, se produce una desafección masiva de grandes segmentos del electorado de UCD, que se abren en dos vías (hacia la izquierda, camino del PSOE, y hacia la derecha, camino de AP) a la vista de ausencia de alternativas y de «dirección» (en el sentido de la *leadership)* política en los gobiernos de Adolfo Suárez. La pérdida de liderazgo y la génesis de inseguridad y vacío de poder son los fenómenos en que se basa esa desafección; falta de capacidad de los gobernantes para conectar con los ciudadanos y falta de eficacia en el Gobierno, dos caras de la misma moneda. Así, el colapso de la UCD es la consecuencia de que el partido acabe produciendo el efecto contrario a la función que le legitimó en su origen: habiendo nacido como vehículo de seguridad para conducir un cambio sin traumas, se convierte en una fuente de inestabilidad y vacío de poder, radicalizando a los sectores más conservadores de sus bases y despertando sentimientos de urgencia por el poder en la oposición. Hay, pues, en todo el proceso que cristaliza en 1982 un doble problema de *liderazgo* y *sentido del poder,* el fracaso para desarrollar un partido moderno.

En todo caso, el colapso de UCD no es sino la *otra cara de la luna* del fenómeno positivo de *inversión afectiva* de la sociedad española en el PSOE y en Felipe González. Es decir, la desafección hacia el partido (y el líder) que pilotaron la transición generaba poco vacío afectivo y casi ningún desalineamiento, sino, al contrario, en muchos casos (y, desde luego, en el conjunto), un realineamiento con mucha mayor carga afectiva hacia el nuevo destinatario del voto. Por eso se generó un clima —en parte inesperado— de entusiasmo, esperanza, angustia y compromiso. Nunca, ni en los momentos inaugurales del nuevo régimen, se había vivido con tanta intensidad la política.

Según los datos de una encuesta postelectoral llevada a cabo dos meses después de las elecciones del 28 de octubre, un 62 por 100 de los entrevistados (más de 25 puntos por encima del porcentaje sobre censo del voto al PSOE), veían los resultados como muy o bastante positivos. Entre las razones espontáneamente aducidas para justificar ese juicio positivo, las de más peso relativo atañían a la existencia de una mayoría suficiente para gobernar (39 por 100) o la clarificación de las posiciones políticas (24). La gente atribuía la alta participación electoral registrada a causas como el rechazo al golpismo/defensa de la democracia (34 por 100) y a la necesidad de contar con un gobierno fuerte (31).

A su vez, el 75 por 100 de los consultados manifestaban que después de las elecciones había «más esperanza» entre los españoles. Obviamente, eso pensaban el 96 por 100 de quienes habían votado al PSOE, pero también el 83 por 100 de los votantes del PNV, el 76 de los que se habían inclinado por el CDS, el 75 de los votantes del PCE, el 69 de los de CiU, el 55 de los UCD y hasta el 53 por 100 de quienes votaron a la coalición AP-PDP. Es decir, la esperanza política se repartió por el cuerpo social desbordando claramente el marco de la preferencia partidaria y generalizándose como fenómeno de cultura cívica o de estado de ánimo colectivo. El sustrato argumental de esa generalizada esperanza, aunque con algún elemento común, presentaba variaciones: para el 19 por 100, la esperanza se fundaba en que «las cosas irán mejor», mientras un 21 basaba su esperanza en un «nuevo estilo político», el 11 confiaba en más honestidad y honradez y el 8 esperaba un gobierno fuerte. La mejora del paro y la reactivación económica (29 por 100), la reforma de la Administración pública (16) y la lucha contra las desigualdades sociales (10) constituían a su vez los núcleos más significativos de especificación de las expectativas que en el cuerpo social se tejían en torno al primer Gobierno de Felipe González.

Aparecía, pues, en el cuerpo social un clima de confianza, expectativa y crédito para los nuevos gobernantes, a contrapelo de una situación económica y social llena de incertidumbres, tensiones y dificultades evidentes. Esta situación anímico-colectiva va a durar una serie de años, el fenómeno que en otro lugar he llamado la *mística del cambio* para designar aquella situación en que el apoyo político se producía más o menos al margen de la visibilidad inmediata de los frutos de la política económica y social. En ello entramos de inmediato.

Años sin penitencia: el primer cuatrenio socialista

En el período que transcurre desde la toma de posesión del primer Gobierno de Felipe González (diciembre de 1982) hasta las elecciones del 22 de junio de 1986 suceden en España muchas cosas. Resumirlas en unas líneas que contextualicen el sentido de los datos de opinión que vamos a presentar no es desde luego una tarea fácil. En todo caso, podemos intentar una síntesis en los siguientes términos:

> Desde el punto de vista económico, el bienio 1983-1985 se caracteriza por el intento de afrontar un vasto proceso de reconversión de aquella parte del tejido industrial de más clara absolescencia en las nuevas condiciones de la economía internacional, intento que había quedado aplazado a lo largo de —al menos— cinco años por las circunstancias de la transición y la falta de soporte político adecuado para afrontar las tensiones sociales que se pudieran derivar del mismo. Es un proceso ampliamente consensuado con los interlocutores sociales, especialmente gracias a un ancho acuerdo político entre PSOE y UGT y una debilidad relativa —de origen también político— de CC.OO. Este proceso implica un ritmo de crecimiento de la economía inferior al de la media de países tanto de la CEE como de la OCDE, en los años en que en Europa, Japón y Estados Unidos se vive una euforia económica sin precedentes desde la crisis de los setenta. También implica, a lo largo de ese bienio, la destrucción neta de 450.000 empleos entre el cuarto trimestre de 1982 y el último de 1985, y el creci-

miento del desempleo en 700.000 nuevos parados, todo ello pese al retroceso real cercano a un punto de la tasa de actividad durante el trienio. Ambas tendencias invierten su sentido desde finales de 1985, coincidiendo con la entrada en la CEE: el crecimiento pasa a ser significativamente mayor que el de los países de la CEE y la media de la OCDE, y el paro comienza a retroceder, pese al aumento de la tasa de actividad, en un proceso que se confirma y acelera a partir de 1987.

Desde el punto de vista político, los años de que nos ocupamos son de una intensidad sin precedentes en lo que toca a la definición e institucionalización del papel internacional de España. A lo largo de este cuatrienio, España culmina su proceso de negociación y formaliza su adhesión a la CEE, ratifica mediante referéndum su permanencia en la OTAN y las condiciones peculiares de la misma y formaliza convencionalmente en pie de igualdad sus relaciones con los Estados Unidos. De todo ello, el elemento de más honda huella inmediata sobre la opinión es sin duda el referéndum de ratificación de la permanencia en la OTAN (marzo de 1986), por el intenso —aunque tal vez no tan profundo como se pensó— efecto de división que tuvo sobre la opinión, tanto a la izquierda como a la derecha, obligando a arriar banderas demagógicas a unos y a aparcar la racionalidad a otros.

Asimismo, se produce el grueso de instrumentación jurídica del programa de cambio político del PSOE, cuyos hitos más polémicos desde el punto de vista político vendrían marcados por la legislación despenalizadora del aborto en tres supuestos y la reforma educativa, especialmente la referida a la enseñanza obligatoria plasmada en la LODE. Junto a ello, el cambio de *estilo político* y la mayor solidez de los responsables del Gobierno frente a la debilidad que caracteriza el final de UCD podrían ser emblematizados en medidas como la «normalización» militar, es decir, la consagración material de la supremacía del poder civil y la reducción o eliminación del margen de «autonomía política» de los militares y la expropiación del *holding* Rumasa, en los primeros meses de gobierno socialista. Junto a esos datos, se produce una persistente presencia del fenómeno terrorista, prácticamente limitado al protagonizado por la organización ETA, que no sólo no disminuye su protagonismo y capacidad destructiva en relación con el período anterior, sino que se plantea nuevos y más indiscriminados y mortíferos métodos en sus atentados.

En cuanto a los cambios en la superficie político-partidaria, estos años registran intentos sucesivos de reacomodo «topológico» de la oposición, en busca de reconquistar el centro del espacio electoral y poder disputar al PSOE lo que se pensaba era una ancha franja de votos «prestados»*, que era preciso atraer hacia su natural redil centroderechista. Así, en lo que fue la coalición AP-PDP de 1982 se produce un ensanchamiento nominal con la entrada de un partidúsculo liberal (llamado, primero, Unión Liberal, y más tarde, Partido Liberal), y, en general, tiene lugar un esfuerzo —de resultados no muy brillantes— de «apertura al centro». Desde fuera de ese ámbito, Miquel Roca, el eficaz portavoz convergente en Madrid, junto con el liberal «histórico» Antonio Garrigues y algunos cuadros de la extinta UCD fundan el PRD, con la vista puesta en las elecciones de 1986, a las que concurrieron con el éxito que está en la mente de todos. Inversamente, el ex presidente Adolfo Suárez consigue reanimar políticamente el partido que fundó en 1982, CDS, pese a los magros resultados que tanto en 1982 como en 1983 obtuvo, y, con un mensaje radical y centroizquierdista, se constituye en la sorpresa electoral de 1986, cuadruplicando los votos de 1982.

El «acompañamiento» que desde la opinión pública se hace de estos procesos queda someramente ilustrado en los cuadros que siguen, que atañen a las variables básicas de apoyo político a partidos

---

* Esta terminología del voto «prestado», que usa sin el menor rubor ni mala conciencia la totalidad de la clase política española, no deja de ser sintomática de la visión patrimonialista de los electores que caracteriza a los políticos de nuestro país. En realidad, desde una correcta visión moral de la democracia, todos los votos son «prestados» (el elector *presta* un apoyo, condicional, reversible y por tiempo tasado) a un partido. Desde la visión implícita en el uso que hacen los políticos de esa expresión, ningún voto es «prestado», es decir, ningún elector está empujado por una obligación *cuasi iusnaturalista* a votar en un determinado sentido, convirtiéndose en «prestamista» de su propio voto si lo hace en uno distinto.

y personas, así como a las percepciones generales sobre la situación económica y política:

Evolución de la intención de voto 1983-1986

	III-83	V-83	XII-83	III-84	VI-84	XII-84	III-85	VI-85	XII-85	III-86	VI-86
PSOE	40	45	36	27	30	31	32	31	29	29	38
AP/CP ...	13	16	11	11	12	12	12	10	11	11	12
PCE/IU ..	3	4	3	3	4	3	3	3	2	3	3
CDS	4	2	2	1	2	4	5	3	3	4	6

FUENTE: C.I.S.

Evolución de la aprobación del Presidente del Gobierno 1983-1986

	II-83	VII-83	I-84	IV-84	IX-84	XII-84	IV-85	IX-85	XII-85	IV-86	VII-86
Aprueban	62	58	58	55	59	54	55	50	56	51	46
Desaprueban	13	15	17	27	25	30	30	30	24	29	26

FUENTE: Intergallup, S. A.

A la vista de estas informaciones, se pueden establecer algunas conclusiones básicas sobre el grado de consenso de la opinión española en torno a los primeros años de gobierno del PSOE:

> Durante un año se puede hablar de un «idilio» de la sociedad con sus nuevos gobernantes y, de modo especial, con quien personifica a través de un liderazgo de alta visibilidad la nueva etapa política. Así, los indicadores, con pequeñas diferencias, coinciden en exhibir dimensiones de apoyo a los gobernantes (ya sea en el formato de intención de voto, en el de aprobación del presidente del Gobierno o en el de valoración en una escala de este último) que, en los dos primeros casos, desbordan con nitidez el apoyo electoral obtenido por el PSOE en octubre de 1987 y, en el tercero, no tienen parangón con los niveles de valoración homólogos obtenidos por cualquier personaje público, exceptuando a Adolfo Suárez, al principio del período de transición, y al propio Rey, de forma duradera y especialmente intensa tras el intento de golpe de Estado de 1981. Este idilio de la sociedad con sus gobernantes parece el correlato lógico de la inversión afectiva que en el anterior apartado mencionábamos y que, lógicamente, otorga a

sus «beneficiaros» un colchón de crédito político que durante un cierto tiempo funciona al margen incluso de la eficacia.

Poco después de este período de gracia comienza una lenta erosión del crédito obtenido con altibajos en sus dimensiones concretas, pero presentando en común el rasgo de que esa erosión de los gobernantes no beneficia aparentemente a sus rivales. Obsérvese concretamente cómo las desafecciones relativas de que dan cuenta las cíclicas bajadas en la intención de voto del PSOE no se traducen por lo general en un incremento en la intención de sus rivales partidarios, sino en aumentos de la expresión de no preferencia (el «no sabe/no contesta»); igualmente, los descensos en popularidad del presidente no se acompasan a aumentos en la de sus rivales, sino que estos parecen descender *pari passu* con él o aún más deprisa, salvo en el caso del «resucitado» Adolfo Suárez al fin del período que analizamos. Véase, por último, cómo el indicador más sintético de conformidad con el Gobierno y de apoyo alternativo a la oposición, el que expresa el índice de aprobación/desaprobación, se mantiene en un entorno bastante sostenido a despecho del deterioro que en los otros se observa. Probablemente ello expresa hasta qué punto en estos años se comenzaba a gestar lo que algunos analistas han conceptuado como el *Discurso de Lo Único,* ese estado de «acomodo» de la opinión al PSOE/Felipe González (nos parece que, en este contexto, el papel de un tipo de liderazgo como el que desempeña en estos años el político sevillano es un factor explicativo potente) como posibilidad exclusiva de vertebración política.

En este sentido, el *gap* que se produjo desde 1983 hasta 1986 entre el nivel de percepción positiva de la situación política (minoritario pero creciente desde 1983) y el de percepción positiva de la situación económica (obstinadamente «clavado» en el nivel de la residualidad estadística) puede «leerse» como la expresión de ese *plus* político de que —en desigual y decreciente medida— disfruta el PSOE a lo largo de este mandato inicial que discurre desde el fin de 1982 hasta mediados de 1986 en que se vuelven a celebrar elecciones generales.

Los resultados de esas elecciones, en que el PSOE revalidó con alguna menor holgura la cómoda mayoría en ambas cámaras* que había obtenido en 1982, cerraron este primer período de gobierno, al que —parafraseando a Barral— hemos llamado el de los «años de penitencia». En ellos, el PSOE disfrutó de un apoyo excepcional derivado del efecto taumatúrgico que el propio desbordamiento electoral del cambio propició, y encontró un respaldo popular más que suficiente para acometer sus proyectos, incluida la arriesgadísima jugada del referéndum de la OTAN. Pero, quizá, en ese punto se produce el primer hito de ruptura de la comunión entre la mayoría de la sociedad (y, desde luego, sus «puntas de lanza») y el PSOE. A partir de ese momento comenzó a gestarse el proceso de transformación de las bases sociales de apoyo al PSOE que aún continúa. Sobre ello volveremos después. Antes de seguir con un criterio cronológico, vamos a hacer un inciso temático sobre una cuestión muy especial que tiene su hito simbólico más claro el 1 de enero de 1986: la entrada de España en la CEE.

La opinión pública y la entrada de España en la CEE

Para la opinión pública española, y, de modo especial, para las elites que la dirigen en los años de la transición (quienes militaban en una u otra forma de oposición o semioposición al régimen de Franco), la referencia europea había funcionado como una suerte de *taquigrafía del ideal* de convivencia, articulación política, y modelo económico-social. Ser «como» Europa constituía un programa sintético de aquello a lo que para España se aspiraba; integrarse en el entramado institucional de la CEE era un objetivo implícito compartido por todas las fuerzas políticas y soportado de una forma no por intuitiva menos entusiástica por el grueso del cuerpo social.

No es extraño. Los análisis longitudinales del estado de la opinión y la sociedad española a partir de los sesenta demuestran contundentemente que buena parte de las bases actitudinales y afectivas que

---

* En las elecciones del 22 de junio de 1986, el PSOE obtuvo 184 escaños en el Congreso (frente a los 202 de 1982), con un 44,4 por 100 del voto emitido, en un contexto de participación casi diez puntos inferior al de 1982. De esta forma, su penetración electoral sobre censo desciende al 30,6 por 100, lo que supone en términos relativos más de un 20 por 100 de retroceso.

colaboran al éxito de la transición, desde el punto de vista de la adopción de una cultura cívica democrática, radican en el hecho de que el anacronismo de los valores políticos del régimen de Franco era percibido por una sociedad cuyos sectores más dinámicos habían interiorizado como desiderátum, desde antes de la muerte del dictador, el ideal democrático. Y, en ese sentido, la vecindad de Europa (en cuanto a los intercambios, el conocimiento recíproco, la permeación cultural) proveía de una base empírica de referencia a ese ideal.

En ese contexto deben analizarse los datos que a continuación se presentan en torno a las actitudes y opiniones de los españoles acerca de Europa y la pertenencia de España a sus instituciones.

Actitudes de los españoles hacia la pertenencia a la CEE

	81	82	83	84	85	86	87	88	89	90	91	92
Es/será positiva	52	48	50	60	57	66	64	69	62	65	73	66
Es/será negativa	6	7	5	8	7	4	5	4	4	8	7	12
Es/será indiferente	18	21	17	16	20	16	16	18	14	21	14	14
NS/NC	24	24	28	16	16	14	15	9	20	6	6	9

FUENTE: Sondeos encargados por la Comisión de las Comunidades Europeas.

Así pues, en sustancia, podemos ver cómo la sociedad española afrontó —desde antes del comienzo del proceso negociador— con apreciables dosis de esperanza la incorporación a Europa. El propio hecho de que —pese al fuerte aislamiento que supuso el régimen de Franco— la opinión española se mostrase tan proclive a la unidad europea y a la pertenencia de España a sus instituciones como la de los propios países que habían puesto en marcha el mecanismo, es en sí mismo un claro exponente de esa actitud.

Esperanza que, en los primeros momentos, sin embargo, no parece exenta de algún recelo acerca de los correlatos «prácticos» de la adhesión. Entre 1988 y 1989, es decir, al cumplirse el primer trienio de nuestra pertenencia a la CEE, se invirtieron prácticamente las proporciones de quienes reconocen una ventaja para el país derivada de la incorporación y las de quienes, por el contrario, no advierten esas ventajas en la pertenencia.

Mi hipótesis es la de que esas valoraciones fueron estrechamente unidas a los cambios en la percepción del clima económico. Así, cuando comienzan a soplar los vientos de la bonanza económica, que se presenta en España al final de la década de los ochenta, se establece un vínculo entre el bienestar que se comienza a percibir y la interpenetración económica en el marco europeo, de la que cada vez resultan más frecuentes los correlatos prácticos. De esta forma, el tránsito entre 1988 y 1989 responde (como luego veremos) al punto de inflexión en la imagen que tiene la opinión pública española acerca de la situación económica. La prueba de que esto es así es el modo en que el deterioro de ese «euro-optimismo» aparece igualmente de la mano de los signos de recesión que en este año se ponen de manifiesto. Resulta significativo el que todos los indicadores relacionados experimenten un deslizamiento hacia una posición más crítica en la percepción de los resultados. En este sentido, datos muy recientes de Demoscopia alimentarían una visión algo más negativa de la que la serie que hemos presentado sugiere. Señalan tales datos que mientras el 26 por 100 piensa que la incorporación a la CEE nos ha «beneficiado más que perjudicado», el 32 estaría en la opinión contraria, la de que nos ha perjudicado más que beneficiado. Un 30 por 100 se mantendría en la idea de que hemos obtenido tantos perjuicios como beneficios de nuestra incorporación, y un 12 carecería de opinión al respecto.

Sin embargo, no parece que esa nítida disminución del euro-optimismo haya dado lugar a un euro-escepticismo o a un euro-pesimismo definidos. De hecho, en la misma encuesta, se observa la presencia de un 49 por 100 de ciudadanos favorables a los principios de la Unión europea adoptados en Maastricht, frente a un 13, a quienes les parecen mal, y un 14, que tienen una opinión indiferente. Si se pudiera dar marcha atrás al reloj, un 46 por 100 sería favorable a la integración de España en la CEE; un 20, contrario, y un 24 estaría dubitativo. Si Maastricht fuera sometido a referéndum (cosa que dicen desear el 70 por 100 de los consultados), los que dicen que votarían a favor (37 por 100) doblan con creces a quienes afirman que votarían en contra.

En todo caso, es interesante advertir cómo las huellas de ese deterioro de las expectativas europeístas se trasladan al potencial de integración que la ciudadanía se dice dispuesta a asumir. El cuadro adjunto dimensiona en dos momentos posteriores a la integración española en la CEE la disponibilidad de los españoles a sacrificar áreas tradicionalmente reservadas a la competencia estatal en beneficio de una más estrecha unión en el nuevo marco de convivencia. Y, en ese sentido, es particularmente digno de atención observar cómo una parte de los entusiasmos iniciales ante las alternativas más drásticas de integración se desvanecen, al tiempo que gana espacio la conformidad con la asunción por la comunidad de aquello que efectivamente asume o está en trance de asumir aquella. Así, el hecho de que haya más gente ahora dispuesta a aceptar la idea de un pasaporte, una moneda y un Ejército únicos contrasta con la disminución de las proporciones favorables a un verdadero Gobierno europeo, a un *premier* europeo, a un Parlamento con capacidad legislativa directa y a la europeización del sistema electoral y el sistema de partidos. Europa deja de ser el cuento de hadas a cuyo advenimiento se puede ofrecer cualquier sacrificio (incluidos aspectos básicos de «identidad») y adquiere en cambio los contornos «duros» de la realidad; es un proceso con sus ventajas y sus inconvenientes, un *do ut des* ante cuyo altar no es menester hacer apostasía de todo lo propio.

Porcentaje de ciudadanos a favor de...

	1989	1992
Pasaporte único europeo	78	83
Moneda común europea	67	71
Ejército europeo	42	50
Parlamento Europeo que pueda aprobar leyes de directa aplicación en los países	54	47
Gobierno europeo responsable ante el Parlamento Europeo	57	52
Partidos europeos y elecciones unitarias en toda Europa	50	40
Un presidente de Europa	49	42
Un idioma que se imponga sobre los demás	33	35
Una capital de Europa	46	39

FUENTE: Encuestas barómetro de Demoscopia-El País, de verano de 1989 y verano de 1992.

En suma, la opinión pública española ha comprendido a lo largo de este decenio que, contra la inveterada admonición ferroviaria, «no es peligroso asomarse al exterior». La inicial (y posiblemente algo insensata por poco fundada) «eurofilia» parece ir cediendo su lugar a una actitud más avisada de los riesgos e incertidumbres del camino. No sólo en el tema europeo se manifiesta, en todo caso, esta apertura al exterior como disposición de ánimo mayoritaria de la sociedad. La guerra del Golfo o el más reciente conflicto de Yugoslavia han constituido ocasiones en que se ha roto la tradición aislacionista que nos había mantenido al margen de los conflictos más importantes del siglo XX... y no menos al margen de los arreglos que les siguieron. Con los naturales desgarramientos y fracturas, hoy la opinión parece más acomodada de lo que lo estaba años atrás a la noción de la interdependencia y a las exigencias que se derivan de nuestra condición de socios de diferentes acuerdos internacionales (CEE, OTAN, UEO). Al cabo, se diría que el trauma nacional que supuso el referéndum de la OTAN no fue totalmente vano si sirvió para abrir los ojos al realismo de la mayoría.

Encuentros y desencuentros: la opinión pública desde 1986

Regresando al repaso de la cronología de la opinión pública en el punto en que la habíamos dejado, nos corresponde ahora retomar el hilo de la situación tras las elecciones generales de 1986. Al igual que hicimos para el primer período analizado, intentaremos hacer una síntesis de los acontecimientos y procesos básicos del período para examinar a continuación las referencias de opinión en los aspectos básicos de apoyo a alternativas partidarias y líderes.

El período que discurre desde el segundo semestre de 1986 al momento actual vendría caracterizado por los rasgos siguientes:

> Desde el punto de vista económico, en estos años se culmina el ciclo expansivo que empieza a manifestarse en 1986, y tiene lugar (sobre todo entre 1987 y 1989) una fase de crecimiento económico que no tiene comparación sino con los años de desarrollismo más fuerte de la década de los sesenta. De hecho, los indicadores macroeconómicos señalan un crecimiento del PIB en términos reales del 4,8 por 100 en 1987, del 5,2 en 1988, del 4,9 en 1989 y del 3,7 en 1990. Se produce al tiempo una moderada recuperación del empleo en un contexto de discreto, pero apreciable, aumento de la tasa de actividad (de 1986 a 1990, la tasa de actividad sube casi dos puntos, para situarse en el 49,4 por 100) y una reducción de algunos de los desequilibrios más fuertes (inflación, déficit) que comprometían la capacidad del sistema de generar crecimiento sostenido y competitividad en el marco de las economías occidentales y, sobre todo, de las integradas en la CEE. Este ciclo se prolonga hasta mediados de 1990. El cambio que se produce en el cuadro exterior desde mediados de 1990 (crisis del Golfo) repercute ya en los resultados de 1991 y, sobre todo, ofrece

evidencias de recesión inequívocas en 1992, que dan lugar a la adopción reciente de duras medidas de ajuste encaminadas a la reducción del consumo privado y al aumento de los ingresos del Estado.

No obstante, esta fase de crecimiento presenta una conflictividad social mucho más intensa que la de la etapa de ajuste que la había procedido. El proceso de toma de distancia de los sindicatos respecto del Gobierno llega a suponer el abandono de sus escaños por parte de Nicolás Redondo y Antón Saracíbar en 1987, y la convocatoria, en diciembre de 1988, de una exitosa huelga general por parte de UGT y CC.OO. Si bien originalmente esa convocatoria tenía por desencadenante la oposición sindical a un Plan de Empleo Juvenil, al final nadie se acordaba de qué la motivaba, puesto que la misma sirvió de condensador expresivo de mil y un motivos de desacuerdo sindical (y hasta cierto punto también social) con el curso de las cosas. En sustancia, lo que estaba en juego implícitamente eran las reglas del reparto del nuevo excedente, bajo cuya demorada espera se habían justificado tantos sacrificios en el criterio de los sindicatos (y de buena parte de quienes siguieron la huelga).

En el frente político-partidario, el período de 1986 a 1989 fue un frenético hacer y deshacer de la oposición acometida de un síndrome carencial que, visto en perspectiva, parece haber contribuido no poco a la prolongación de su estatuto opositor. Deshecha la Coalición Popular en 1986, y tras la retirada de Fraga de la presidencia de AP, este partido entra en una fase de desconcierto estratégico bajo la dirección de un grupo de jóvenes e inexperimentados políticos, con Antonio Hernández-Mancha a la cabeza. El boquete que la sustitución de Fraga abre en el espacio del centro-derecha da lugar a un potencial de cambio en el protagonismo opositor (los ojos se vuelven hacia Adolfo Suárez), pero, a su vez, en el CDS surgen de nuevo las tendencias hacia el comportamiento errático que lleva a dilapidar ese potencial, dando tiempo a Fraga a rehacer (o, en la propia terminología que el partido acuñó, «re-fundar») el partido conservador, que cambia incluso de nombre, se adhiere al grupo mayoritario del espacio de centro-derecha del Parlamento Europeo (el demócrata cristiano que articula el Partido Popular Europeo) y presenta la candidatura a la presidencia del Gobierno —en una especie de *leadership* «a prueba»— del joven presidente de Castilla y León, José María Aznar. También hay cambios en Izquierda Unida. De liderazgo, cuando Julio Anguita, carismático alcalde de Córdoba, sustituye al gris Gerardo Iglesias y desarrolla un estilo de dirección de signo populista; y de orientación, cuando algunos intentan conectar con emergentes sensiblidades neo-izquierdistas y deshacerse de la impronta ideológica «fuerte» del comunismo que se bate en retirada en toda Europa. Sin embargo, tales cambios no tardarán en mostrarse incompatibles entre sí.

La cristalización electoral de estas circunstancias se halla en las elecciones del 29 de octubre de 1989, en las que el PSOE no llega a revalidar la mayoría absoluta que había obtenido en los anteriores comicios, pero consigue la mitad justa de los escaños*. El PP refuerza ligeramente su implantación parlamentaria, aumenta muy apreciablemente su representación IU y merma considerablemente el CDS.

El curso político que esas elecciones abren tiene —a despecho de la aparente identidad en las posiciones institucionales en relación con los antecedentes de las mismas— mucha más *vivacidad* aparente que la de las legislaturas que la precedieron. Ello puede relacionarse con distintos tipos de factores. Desde los que se apoyan en el debilitamiento relativo de las posiciones electorales del PSOE y la consiguiente percepción de «falibilidad» de lo que parecía inmune a la derrota, pasando por factores psicológicos de desgaste consecuentes al prolongado ejercicio

* El PSOE logra 8.088.000 votos, que suponen el 39,6 por 100 de los emitidos y una penetración sobre censo electoral del 27,4, tres puntos por debajo de la de 1986 y once inferior a la de 1982. Tras un denso proceso de impugnaciones que mantuvo en suspenso la composición definitiva de la Cámara durante bastantes meses y que supuso la no proclamación directa de los diputados de Pontevedra, Murcia y el de Melilla, finalmente tan sólo se hubieron de repetir los comicios en la plaza de la soberanía. Justamente allí perdió el PSOE —por amplísimo margen— un diputado que los cómputos provisionales le habían atribuido y que le hubiera otorgado la mayoría absoluta.

del poder, hasta factores de índole mucho más objetivable que se relacionan con el descubrimiento de una serie de «casos» de corrupción, nepotismo, etcétera.

Contribuye a ese difuso estado de opinión el valor emblemático de la pérdida de algunas posiciones de poder municipal que había ostentado el PSOE ininterrumpidamente desde 1979, a raíz de las elecciones de 1991. De las cinco ciudades mayores de España (Madrid, Barcelona, Valencia, Sevilla y Zaragoza) en las que desde 1979 hasta 1987 se habían sucedido alcaldes del PSOE invariablemente, tras las elecciones de 1991 apenas retiene las alcaldías de Barcelona y Zaragoza, ambas sin mayoría.

Sirvámonos —como hicimos en el análisis del primer cuatrienio— de algunas referencias de opinión para ilustrar el modo en que la opinión pública ha metabolizado estos procesos.

Evolución de la intención de voto

	XII-86	VI-87	XII-87	VI-88	XII-88	VI-89	XII-89	VI-90	XI-90	VI-91	XII-91	VI-92
PSOE	29	27	25	21	24	26	28	28	31	33	33	28
AP/PP	10	13	10	7	6	11	16	14	14	17	16	19
IU	4	2	3	5	4	4	9	7	7	7	5	8
CDS	8	11	9	7	5	4	4	2	3	1	1	2
Otros/Blancos	12	10	10	8	10	12	10	9	10	11	13	12

FUENTE: Todos los datos corresponden a las encuestas-barómetro de Demoscopia para *El País*.

Evolución de la aprobación del presidente del Gobierno 1986-1992

	X-86	IV-87	IV-88	IV-90	VII-91	V-92
Aprueban	44	43	42	38	45	31
Desaprueban	28	31	29	34	27	39

FUENTE: Intergallup, S. A.

Valoraciones positivas de la situación económica y la situación política 1987-1992

	1987	1988	1989	1990	1991	1992
Situación política	19	17	27	29	26	21
Situación económica ..	12	17	25	25	29	19

FUENTE: Los datos proceden de las encuestas-barómetro de Demoscopia para *El País*.

Parece claro que, desde el punto de vista de las preferencias partidarias y el apoyo político básico a alternativas de poder y oposición, el bloqueo de la situación que ha caracterizado al decenio, considerado globalmente, puede estar en vísperas de dar paso a una situación más fluida. Parece además que ello es un fenómeno que adquiere más consistencia cuando más evidentes se hacen los signos de deterioro de la situación económica. Tenemos así que:

> En el último año desciende en cinco puntos la expresión de apoyo político al PSOE, que se mide a través del indicador de intención de voto. El dato no es del todo insólito: hay momentos de mayor retraimiento de la gente en que la intención de voto ha descendido más. Lo que resulta novedoso, en cambio, es que ese retroceso no vaya acompañado de una caída en la intención de voto de sus rivales. Es decir, en las encuestas interelectorales de este decenio (otra cosa son las predicciones en los períodos preelectorales, donde se utilizan estrategias de corrección y ajuste de los datos brutos), sistemáticamente, la intención de voto al PSOE es igual o superior a la intención de voto de todo sus competidores sumados. Ahora, por vez primera, el PSOE aparece con apenas el 40 por 100 de las preferencias brutas. A su vez, la distancia con el competidor más próximo (el PP) es la más corta de toda la serie: nueve puntos, cuando ha solido estar por encima de los quince en este indicador.
>
> En cuanto a la aprobación del presidente del Gobierno, no sólo desciende al nivel más bajo desde su toma de posesión, sino que además es rebasada por la desaprobación. Sin embargo, seríamos cautelosos en la interpretación de este dato en la medida en que está recogido en los días inmediatamente anteriores a la huelga del 28 de mayo de 1992, momento que, como sabemos por otros indicadores, influyó muy negativamente en la imagen del Gobierno (así como en la de los sindicatos).
>
> No obstante esta cautela, el indicador es consistente con el dato de valoración del presidente de la serie larga de Demoscopia. Se trata del escalón más bajo de valoración de González desde que está presente en la vida pública, incluida su etapa como dirigente de la oposición. Cierto es

que en este caso el contexto es el de descenso generalizado de la popularidad de todos los líderes analizados, pero no es menos cierto que —como dirigente más visible— parece también el relativamente más afectado por ese deterioro.

Una parte de la explicación puede proporcionarla el cuadro adjunto, que relaciona las percepciones positivas de la situación política y la situación económica. El hecho de que marchen tan de la mano, a diferencia del *gap* que en favor a la percepción de la situación política se registraba en el cuatrienio 1983-1986, quiere decir probablemente que se han «normalizado» los criterios de evaluación de los gobernantes, que ha concluido la *teología del cambio* y que entramos en un período de «secularización» de la vida política, en que la eficacia es el más potente factor explicativo del apoyo a los gobiernos o la alternativa por las oposiciones.

En este cuadro interpretativo, parece interesante aportar dos elementos de reflexión. Uno, es el que relaciona el perceptible descenso de los indicadores de popularidad y apoyo de los gobernantes con la extendida sensación por el cuerpo social de que la gestión de los recursos públicos no obedece a criterios de austeridad y eficacia. Parece contundente a este respecto la evolución de un indicador muy sensible sobre la materia que se ha venido aplicando en distintas encuestas durante todo el período que analizamos:

Opiniones sobre la gestión gubernamental

	1982	1983	1984	1985	1986	1988	1992
El Gobierno administra bien la mayor parte del dinero	12	27	20	24	19	15	10
Desperdicia algún dinero	42	35	35	37	45	46	44
Tira por la ventana una gran parte	26	20	24	20	20	24	39
NS/NC	20	18	21	19	16	15	8

FUENTE: De 1982 a 1985, banco de datos del CIS. El tercer ítem («Tira por la ventana una gran parte») desde 1983 a 1985 se formula como «Malgasta una gran parte»; desde 1986, barómetros Demoscopia-*El País*.

Resulta difícil imaginar una expresión de fuerza más condensada acerca de cómo han funcionado en estos años en la construcción social de la realidad los criterios de eficacia, austeridad y honestidad en la gestión del gasto público. Véase cómo la simple llegada de los socialistas al Gobierno revoluciona la forma de ver el manejo del Erario *(fase teológica);* hasta 1988 se mantiene una creencia mayoritaria en un nivel moderado o limitado de manejo incorrecto de esos recursos *(fase secular),* y en 1992 se experimenta un cambio drástico: casi constituye el valor modal el de quienes piensan en un generalizado derroche. Vincular este importante cambio a la salida a la luz pública de «casos» de muy variado pelaje, pero que tienen en común un manejo —en el mejor de los casos— poco cuidadoso de los recursos públicos, no parece demasiado arriesgado como hipótesis. En ese sentido, estaríamos asistiendo a una tercera fase del «ciclo del cambio». Tras las fases teológica y secular, ¿estaríamos entrando en una «fase escatológica»?

No se puede aún afirmar. Lo que sí cabe decir, y este es el segundo aspecto a que antes me refería, es que el deterioro de la visión de los gobernantes y de las expectativas que estos generan no parece trasladarse a deterioro del principio de gobierno democrático en la opinión española. De hecho, en el grueso del período que estamos analizando, la legitimidad social del principio democrático no ha hecho otra cosa que crecer. En 1980*, el 49 por 100 de los españoles de dieciocho años en adelante pensaban que «la democracia es preferible a cualquier otra forma de gobierno», mientras un 10 consideraba en «algunas circunstancias un régimen autoritario o una dictadura pueden ser preferibles al sistema democrático», en tanto que para un 8 valía la afirmación de que «a las gentes como yo lo mismo nos da un régimen que otro», y un tercio exacto de los consultados (33 por 100) no tenían opinión sobre asunto tan central de la cultura cívica. Diez años más tarde, la primera opinión, la de la preferibilidad absoluta de la democracia, la sustentan el 80 por 100 de los consultados, el 7 consideran en algunas circunstancias preferible el régimen autoritario, el 8 se manifiestan indiferentes a la cuestión del régimen político y, lo que probablemente sea más significativo, hay apenas un porcentaje de 5 sin opinión. Esto es, la vigencia del principio democrático ha llevado a la marginalidad al

---

* Banco de datos del CIS.

autoritario, al accidentalismo y al indiferentismo político. Parece justo reconocer que esta propedéutica democrática es un saludable fruto de estos años.

El cambio del cambio. Cambio cultural y transformación de las bases sociales del apoyo al PSOE

Antes de finalizar este repaso sería preciso intentar contestar con un poco de perspectiva la cuestión acerca de la «prueba de maternidad» de España tras este decenio, es decir, si la conoce o no «la madre que la parió».

No es fácil contestar (o el autor no se reconoce perspectiva suficiente para hacerlo) a esa pregunta. De un lado, desde el punto de vista de los valores públicos y las actitudes hacia lo colectivo, el cambio ha sido innegable. Pero, a su vez, y tal como al principio apuntaba, la hondura del *cambio cultural* experimentado por las sociedades occidentales en la última década, con la emergencia generalizada de valores posmaterialistas y la condición coincidente del mismo en sociedades sometidas a estímulos políticos diversos, hace poco plausible la hipótesis de que sean fundamentalmente debidos a la acción de los gobernantes.

Por un lado, tenemos una sociedad con algunas orientaciones básicas socialdemócratas que conectan bien con el mensaje «de fondo» que ha lanzado —con mayores o menores dosis de retórica— el PSOE, pero que son hijas (legítimas e ilegítimas) de varias cepas. Desde el punto de vista de los valores es la nuestra una de las sociedades más estatistas de Occidente en el sentido de la prevalencia del *Welfare State* sobre la expresión de autorresponsabilización individual, una de las que más se decantan por la igualdad en el conflicto hipotético entre esta y la libertad, y una de las que mantienen más vivos elementos de rechazo de la cultura del éxito individual a cualquier precio y la prevalencia del dinero sobre los valores morales. Pero, a mi juicio, ese cuadro de valores resulta de la interacción de vectores histórico-culturales de varia significación, es el *coupage* de cepas tan diversas como el sustrato de la cultura católica, la retórica del Estado paternalista del régimen anterior y hasta de los valores culturales tradicionales del desinterés (aparente) por lo material y el desapego hidalgos. En ese sentido, tengo para mí que algunos de los que se analizan como valores posmaterialistas presentes en nuestra sociedad son en realidad más residuos de escalas de valores premodernas que se han «posmodernizado» sin pasar por la modernidad.

En todo caso, no hay una España, sino varias desde la perspectiva que estamos considerando. Y, en conexión específica con la cuestión de los cambios político, quizá lo más interesante sea ver cómo han cambiado las referencias sociodemográficas del apoyo al partido que ha hegemonizado políticamente este decenio. Desde ese punto de vista, si no es seguro que «la madre que la parió» reconozca o deje de reconocer a España, a quien es seguro que no se reconoce es al electorado del PSOE.

El cuadro que sigue —expresivo de la composición por una serie de criterios sociodemográficos— de la base electoral del PSOE es a este respecto de una contundencia demoledora. Veamos sus datos:

Composición sociodemográfica del electorado del PSOE
(Porcentaje que representa cada categoría sobre cada cien votantes/personas con intención de votar al PSOE)

	1982	1992
Sexo		
Hombre	54	45
Mujer	46	55
Edad		
18-24	19	11
25-34	23	17
35-44	20	16
45-54	17	15
55-64	12	19
65 y más	9	22
Hábitat		
Menos de 10.000	26	31
Entre 10.000 y 50.000	23	25
Entre 50.000 y 100.000	10	11
Entre 100.000 y 500.000	21	18
Más de 500.000	20	16
Estudios		
Menos de primarios	25	42
Primarios completos	19	23
FP/Bachillerato	37	26
Univ. Grado Medio	5	3
Univ. Superiores	14	4

FUENTE: Los datos de 1982 proceden de la encuesta postelectoral de Edis; los de 1992, de la pregunta de intención de voto de tres encuestas de Demoscopia.

La expresividad de la transformación que ha experimentado el electorado del PSOE dispensa de comentarios, aunque queda abierta a las interpretaciones. Lo cierto es que un apoyo social más masculino, juvenil, urbano y con más nivel de educación, es decir, representativo de los sectores emergentes de la sociedad, se transforma en uno de predominio femenino, envejecido, ruralizado y, en consecuencia, con menor nivel educativo, esto es, un colectivo con más peso de los sectores declinantes de la formación social.

La correlacción de esta transformación se ha tenido ya ocasión de experimentar en los procesos electorales más recientes. En concreto, en las elecciones de 1991, el PSOE obtuvo el 30,7 por 100 de sus votos en las capitales que, en conjunto, agrupan al 36,3 de los electores, mientras el PP obtenía en ese mismo ámbito el 41,6 del total de sus saufragios. Si tomamos en cuenta las cinco ciudades mayores de España (Madrid, Barcelona, Valencia, Sevilla y Zaragoza), la evolución electoral en las tres últimas elecciones municipales es igualmente de gran fuerza explicativa:

Evolución del voto municipal en las cinco mayores capitales
(Penetración electoral bruta) *

	1983	1987	1991
PSOE	32,6	27,6	21,9
PP	19,7	15,6	18,3
IU	4,7	4,3	4,9
CDS	1,7	6,9	1,2
Abstención	32,2	31,1	41,7

* La penetración electoral bruta (PEB) consiste en el porcentaje que los votos a un partido representan sobre el total del censo analizado. Los censos son de 5.171.000 en 1983, 5.197.000 en 1987 y 5.455.000 en 1991.

Evidentemente, dentro de las relativas certezas que el análisis estadístico del comportamiento electoral de los agregados permite, parece claro que el problema del PSOE entre los electores urbanos es muy grave: su penetración electoral ha descendido más de un 30 por 100 en ocho años y su pérdida de PEB resulta incluso superior al crecimiento de la abstención.

La interpretación es otra cosa. Una que me parece plausible es la de que entre los votantes urbanos hay un memorial de agravios al PSOE relacionado con la escasez, mala calidad o ambas cosas a la vez de los servicios públicos, combinada con la sensación de una fuerte presión fiscal y un amplio despilfarro de recursos públicos. En cambio, la penetración del PSOE entre sectores menos críticos de la sociedad, como jubilados, amas de casa, población rural o semirrural habría mejorado no sólo en función de la proclividad de estos sectores hacia el voto clientelar o deferente, sino también como consecuencia de una mejora objetiva en sus condiciones de vida a lo largo de estos años y, por qué no, de la intuición de estar gobernados (bien o mal es otra cosa), el sentido de Gobierno fuerte, que, al menos hasta ahora, los socialistas han transmitido con eficacia.

Por tanto, es posible que estemos ante un escenario doble. Según una intepretación, el cambio en el comportamiento de los electores urbanos prefigura a modo de anticipación o «profecía» un vuelco en el conjunto de los electores que se materializaría en los próximos procesos dando fin al período hegemónico que se abrió en 1982. Según otra interpretación, el cambio en las bases sociales de apoyo al PSOE y la naturaleza de ese apoyo «cristaliza» las posiciones y es apto para mantener unos años más su predominio en la escena política nacional.

Siempre, en este oficio nuestro, ha sido preferible predecir el pasado que aventurarse en conjeturar el futuro. Los signos de fatiga que la opinión manda no son inequívocos, no mandan señales políticas demasiado claras. Lo que sí parece seguro es que, en su conjunto, la sociedad le va tomando cada vez más gusto a la libertad, por utilizar la feliz expresión de Rafael López Pintor. En este sentido, siguiendo a este autor, la idea de que «... la relación entre gobernantes y gobernados —o entre dirigentes y ciudadanos de a pie— se reduce a muy pocas cosas: el disfrute o amenaza de la paz civil, el dinero que cuesta sostener el aparato que la hace posible y el grado de sensatez o razonabilidad con que se resuelven las injusticias sociales más notorias», parece haber ganado espacio de vigencia en la opinión. Y, de esta forma, los próximos equilibrios van a depender mucho de la percepción de estas importantes y a menudo olvidadas cuestiones...

Tercera parte:
Una gestión de gobierno

Del malestar en el Derecho

Juan Antonio Ortega Díaz-Ambrona

Masificación y Derecho

Las páginas que siguen pretenden aportar datos y perspectivas para enjuiciar la política del PSOE en relación con la justicia y el Estado de Derecho en la década 1982-92. Durante este período, la sociedad española experimentó una evolución (común a otros países de nuestro entorno europeo) caracterizada por una profunda transformación en el papel tradicional del Derecho. Muchos ingredientes en este cambio aparecen como paradójicos.

Así, en estos diez años se ha *duplicado* la «masa normativa» aprobada cada año como si se profesara una fe sin fisuras en las virtualidades transformadoras de la sociedad del lenguaje normativo que anida en los boletines oficiales. Pero, sorprendentemente, esa «inflación normativa» (cuadro adjunto) ha propiciado una sensible desvalorización del Derecho, una opacidad creciente en el ordenamiento y un mayor incumplimiento de lo mandado, aunque sólo fuera por la dificultad de saber en qué consiste. El gráfico se ha elaborado midiendo en ese período de tiempo el número de páginas del repertorio legislativo más comúnmente usado. Al volumen de normas allí recogidas habría que añadir las autonómicas, que se editan ya en volúmenes separados. Nos encontramos así en estos diez años, más que en cualquier momento anterior, con una «sociedad de producción masiva de normas».

La masa normativa creada cada año llama la atención no sólo por

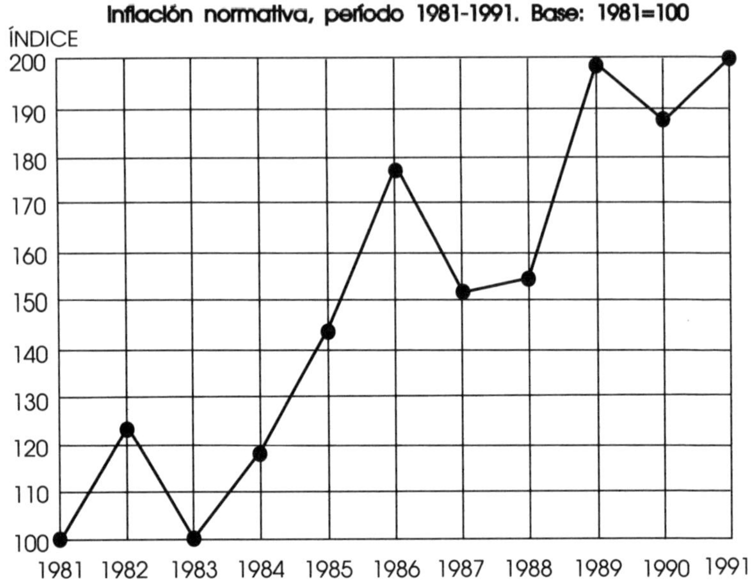

su cantidad creciente (salvo ciertos respiros postelectorales), sino también por algunas características cualitativas: predominan, por ejemplo, las regulaciones muy pormenorizadas en normas de rango secundario, que pretenden muchas veces reglamentar *in toto* aspectos muy determinados de la vida social y económica, cada vez más separados entre sí. Su lectura resulta difícil: llenas de remisiones externas e internas, con definiciones *ad hoc* en exceso, dudosa sintaxis y contenido crecientemente técnico y esotérico. No pocas de ellas terminan en largos anexos y decisivos modelos de impresos que habrán de rellenar sus destinatarios. Los conceptos jurídicos, decantados por una dogmática multisecular, raras veces son respetados, sino que sufren, por lo general, fuerte agravio y distorsión. De añadidura, esas regulaciones —que ahora se llaman «normativas»— resultan sobremanera fugaces y cambiantes. Ni siquiera la reina de las normas —la ley aprobada por las Cortes— tiene mejor suerte, y raras veces cabe encontrar en ella un *corpus* en el que todos sus artículos tengan contenido normativo en sentido estricto. Por lo común, un porcentaje no desdeñable de ellos desempeñan en realidad una función semántica diferente: desiderativa, admonitoria, informativa y ¡hasta de pura interjección!

Esta sociedad actual de producción en masa de normas tiende además a convertirse en una sociedad contenciosa y, más concretamente, de *contenciosos en masa*. Ante ella, el aparato tradicional de la justicia fracasa necesariamente y alimenta en la conciencia pública una sensación de incomodidad e insatisfacción. Los juicios sobre la Justicia como institución son, no sólo en España, sino en muchos otros países, por lo general negativos. Se creen percibir los síntomas del fenómeno muy fácilmente: justicia lenta, hermética, incomprensible para la generalidad de los ciudadanos, azarosa, errática y, por si fuera poco, costosa.

La inadaptación estructural entre el modo masivo de producción de normas y contenciosos, de una parte, y, de otra, la limitada respuesta de un aparato judicial casi artesanal, que aún funciona bajo parámetros decimonónicos, origina un desgaste claro en la justicia y en la labor de las instancias de «objetividad» social. Ocurre así que un fallo final, sea en la más alta instancia del Tribunal Constitucional o del Supremo, sea en otros juzgados o tribunales inferiores, no es, muchas veces, reconocido por el perdedor como declarador «del derecho», con la *auctoritas* que ello conlleva, y se considera, más bien, fruto de la confluencia casual de factores de hecho más o menos turbios, ideológicos, interesados o azarosos.

La mencionada inadaptación de la maquinaria judicial se hace más notoria a consecuencia de uno de los elementos más característicos conformadores de esa misma sociedad de masas: los medios de comunicación. No crean ellos, ciertamente, el descontento sobre el Derecho. Pero son, en todo caso, un amplificador de juicios y casos individuales. En esta sociedad «mediática», como dicen los sociólogos, la justicia se encuentra hoy desorientada. La prensa, la radio y la televisión, durante años sujetas a censura, no reconocen inmunidad a personas o cuerpos relacionados con la justicia. Así, en los últimos años hemos leído, oído o visto en los medios, casos de jueces y magistrados nada edificantes, con sus nombres y apellidos. Y se han aireado los grandes *affaires* de políticos y gente relevante y de pro, con la inevitable secuela de sospecha sobre la rectitud e imparcialidad de este juez o de aquel fiscal o magistrado.

Los medios de comunicación han comenzado a ejercer en la práctica buena parte del «control social» antes reservado al Derecho. El tremendo impacto de los medios se advierte en el efecto de dos minutos de telediario sobre el procesamiento de tal o cual personalidad (aunque sea, hasta el momento, sólo «presunto» culpable) o sobre la posible contaminación (no comprobada) de un agua mineral o la noticia del descubrimiento de un fraude en el IVA o en el gasóleo agrícola.

En todos estos casos, la noticia adelanta el efecto de una sanción, aún no impuesta, con fuerza disuasoria mayor que la pena misma, en ciertos casos, y daño patrimonial, en otros, derivado de la inmediata pérdida de clientela o prestigio social.

Ante todo este fenómeno, la justicia tradicional se encuentra inerme. Las reacciones tradicionales, que eran las del silencio, la alusión al «secreto del sumario» y a que el asunto está *sub judice* son insuficientes. La respuesta adecuada está por venir. En tiempos en que los políticos, los banqueros, los presidentes de grandes empresas públicas y privadas invierten cuantiosas sumas en «imagen» resulta un anacronismo que la justicia viva de espaldas a esta realidad característica de nuestra sociedad.

La «mala» situación de la justicia

El cuadro que acabo de pintar puede parecer a alguno exagerado. Pero descontando todo lo que hay en él de esquematismo y, si se quiere, descargando tintas resulta aún un punto de referencia interesante para comprender la situación de fondo de la justicia.

Así, el 13 de mayo de 1992, en su comparecencia ante la Comisión de Justicia e Interior del Congreso, el presidente del Consejo General del Poder Judicial, Pascual Sala, hubo de esgrimir su mejor dialéctica ante los diputados para llevar a su ánimo que la Administración de Justicia española no estaba en situación «caótica» o «desastrosa», sino simplemente «mala». La verdad es que la necesidad de escoger precisamente esta línea argumental tan defensiva resulta de por sí bastante elocuente (y triste). Como lo es también el reconocimiento dentro de la misma comparecencia de que muchas de las imputaciones a la justicia son ciertas: «lentitud, alejamiento de la vida social, falta de ejemplaridad en las sentencias» y, por supuesto, la «falta de medios».

El lugar común de la «mala» situación de la justicia, la persistencia de esta creencia en la conciencia pública conduce a veces a magros consuelos. Así, el ministro de Justicia, Tomás de la Quadra-Salcedo, fundamentó en el Congreso, el 16 de abril de 1991, la mejora de la Justicia basándose, entre otros argumentos, en una encuesta entre jueces y magistrados, según la cual, en 1987, el 46 por

100 de ellos pensaban que había empeorado, mientras que tres años después —en 1990— *sólo* el 24 por 100 de los jueces y magistrados opinaban que había seguido deteriorándose.

Como quiera que sea, la *communis opinio* de los profesionales sigue siendo bien negativa. La justicia arrastraría «carencias estructurales» que seguirían vivas en 1992. Según el Informe del Defensor del Pueblo presentado al Congreso el 25 de abril de 1992, las carencias detectadas serían del siguiente tenor:

> ... inadecuación de los vigentes instrumentos procesales, falta de medios materiales y personales o defectuosa organización de los mismos; insuficiente preparación de jueces, fiscales o personal auxiliar; excesiva movilidad de los mismos; inadecuación de los edificios judiciales; falta de desarrollo de las previsiones legales sobre planta judicial...

Como se ve, al pesimismo de partida, ya aludido, se une un diagnóstico fundamentalmente «carencial», muy extendido, que tiende a resumir los males de la justicia en *falta* de jueces, de medios económicos, de edificios o de nuevas leyes. Esta aproximación, en mi opinión, solo es parcialmente adecuada. Si es válido el cuadro dibujado por mí al principio, el problema de las carencias en la justicia es consecuencia solo del más profundo de inadaptación de la maquinaria judicial y jurídica en general a las características y requerimientos de nuestra sociedad actual.

Es más: el «mal» funcionamiento de la justicia, se da por sentado, requiere bastantes matizaciones, so pena de caer en generalizaciones simplificadoras. Así, por ejemplo, si se examina el crecimiento de la litigiosidad a lo largo de la década se comprueba que no ha habido un empeoramiento sensible en la situación de la jurisdicción civil, sobre todo en los pleitos de tipo más tradicional basados en la aplicación de las normas del Código civil y del derecho privado más asentado. Tampoco cabe hablar con justicia del «mal» funcionamiento de la jurisdicción laboral ejercida por las antiguas magistraturas y Tribunal Central de Trabajo en pretensiones de carácter individual de trabajadores frente a empresarios.

Donde se aprecia una situación enormemente deteriorada es en los casos que enfrentan, no a particulares entre sí, en plano de igualdad, sino a un particular y a una organización investida de poder público y con potestades exorbitantes. Ese es el caso del contencioso administrativo, pero también de los pleitos contra la Seguridad Social. En todos estos supuestos quizá no haya sólo un problema *de* y *en* la justicia, sino en gran medida *previo* a ella. Una mayor claridad, concisión y estabilidad del ordenamiento ayudaría a la reducción de contenciosos en estas materias. Pero, sobre todo, un mejor funcionamiento de la Administración, un mayor respeto en su actuación al derecho objetivo y al de los particulares aliviaría sensiblemente el problema antes de plantearse los asuntos en sede judicial. Por el contrario, la tendencia, demasiado acusada en estos diez años, de actuar la Administración sin los asesoramientos jurídicos necesarios (o sin seguirlos), fijándose sólo en la finalidad política, económica o técnica de la actuación y sin parar mientes en los requisitos jurídicos a que debería ajustarse la acción emprendida, ha supuesto un auténtico semillero de pleitos, llegando a colapsar los tribunales de justicia.

En resumen, el funcionamiento de la justicia tras estos diez años de gobierno del PSOE no es ciertamente bueno; pero acaso mejor del que cabría temer, dado el contexto de «malestar en el Derecho» antes descrito y los reducidos objetivos de la política gubernamental en el período.

Las prioridades del Gobierno del PSOE

Gobernar significa, entre otras cosas, establecer prioridades entre diversos objetivos deseables. Hay prioridades que se consumen en su pura expresión verbal: retóricas o, si se prefiere, semánticas. Hay también prioridades reales, que resultan de la lectura de la realidad misma. Para un gobierno con mayoría parlamentaria absoluta a lo largo de diez años, sólo el examen de lo realmente sucedido conduce a la determinación de las verdaderas prioridades.

Partiendo de estos supuestos, cabe afirmar que la justicia no ha sido para el PSOE una de las prioridades más altas en su acción de gobierno durante esta década. Ello no quiere decir que no haya habido en este período logros derivados de la acción gubernamental. Significa simplemente que ha conferido mayor importancia a otras áreas de la acción política hacia las que recondujo mejores y más continuados esfuerzos. Tres ministros de Justicia para una década no son en absoluto muchos, pero, en todo caso, sí son más que los responsables habidos en otros sectores clave del Gobierno, como Economía, Interior, Asuntos Exteriores o Defensa. Pero lo significativo es que al examinar en conjunto el decenio se perciben vacilaciones, cambios de marcha y orientación y, sobre todo, falta de un diseño conjunto de altura que pudiera haber sido la respuesta global a esta situación de «malestar en el Derecho» de la que vengo hablando.

Con mayor o menor éxito —en esto ahora no debo entrar—, el PSOE mantuvo con coherencia, en otras áreas, determinados diseños globales, entre los que destaca la clara ubicación de España en el mundo occidental, con su inserción en la Comunidad Europea, o el esfuerzo de modernización de las estructuras económicas, a pesar de sus limitaciones y deficiencias.

Pues bien, en el campo de la justicia, creo que ha faltado justamente ese diseño de altura que trascendiese los tratamientos puramente sintomáticos o de apoyos vitamínicos a carencias concretas. La aprobación de la Constitución de 1978, potencialmente muy rica para un salto cualitativo en el área de la justicia y el Derecho, no estimuló suficientemente al Gobierno del PSOE a la hora de establecer sus prioridades reales. Así, no se ha aprobado en estos diez años un nuevo Código penal —el Código penal de la democracia—, a pesar de meritorios y sucesivos anteproyectos de Landelino Lavilla, aún en la época de UCD (1980), de Fernando Ledesma (1983) o de Tomás de la Quadra-Salcedo (1992). Tampoco se ha abordado con ambición un Código jurisdiccional que diese unidad a las muy diferentes normas procesales existentes en materia civil, penal, contencioso administrativa, etc. Ha faltado aliento global innovador y han sobrado retoques, parcheos, medidas «urgentes» varias y algunas veces contradictorias. En particular ha sido deficiente la preparación paciente y sistemática de las infraestructuras que podrían hacer funcionar esos códigos —penal y procesal— innovadores. Así, cuando el inminente Código penal se apruebe, no habrá infraestructura aún para los arrestos de fin de semana. Así, también la aplicación de la informática en la oficina judicial ha permanecido en estado embrionario.

No obstante estas reservas, los intentos de mayor calado abordados en la década han sido, en mi opinión, la Ley Orgánica del Poder Judicial, de julio de 1985, y la Ley de Demarcación y Planta Judicial, de diciembre de 1988. El juego conjunto de ambas ha supuesto una renovación muy importante en los efectivos, cualitativa y cuantitativamente considerados, de las carreras judicial y fiscal.

El motor inicial pudo ser estrictamente ideológico. Es patente que para el PSOE una de las preocupaciones reales ha sido neutralizar el «excesivo conservadurismo» de la carrera judicial y fiscal. La modificación del sistema de elección del Consejo General del Poder Judicial; el absurdo adelanto de la edad de jubilación de un importante número de magistrados en un momento de enorme déficit judicial; la apertura de turno de juristas-abogados para entrar sin oposición en la carrera judicial, etc., fueron medidas muy criticadas por el trasfondo ideológico que podían comportar.

Pero, en conjunto, los aumentos de plantilla derivados de la Ley de Planta han supuesto un refuerzo saludable de efectivos y una auténtica renovación de las carreras judicial y fiscal. En mayo de 1992, el presidente del Consejo, Pascual Sala, recordaba ante el Congreso que en los últimos siete u ocho años se había renovado un 40 por 100 de la carrera judicial. Y el ministro de Justicia, Tomás de la Quadra-Salcedo, indicaba un año antes que, en 1986, el número de jueces titulares ascendía a 1.326, siendo en 1991, 2.312; añadía que desde ese mismo año de 1986 habían ingresado 610 fiscales, casi el 50 por 100 de los existentes. En esta misma línea —según el propio ministro—, en 1990, el total de efectivos de la Administración de Justicia (carrera judicial y fiscal, secretarios, forenses, oficiales, etcétera) era de 37.081 personas, frente a 18.222 en 1982.

En este proceso de crecimiento y renovación, creo, pues, que predominan los aspectos positivos. Con independencia de las críticas varias que se puedan formular (incluida la de bisoñez y deficiente formación en ciertos casos, por lo general curables), el aumento de efectivos ha dado ya y debe seguir dando en el futuro sus frutos. La Ley de Planta y Demarcación tiene, por tanto, que ser bienvenida, a pesar de que su puesta en práctica se haya retrasado dos años por razones económicas y de calidad en la selección.

El objetivo de la Ley de Planta era el establecimiento de 3.570 puestos de jueces y magistrados, lo que supondría un miembro de la carrera judicial por cada 10.800 habitantes aproximadamente. Este incremento supuso una notable mejora respecto a la situación anterior efectiva de sólo unos dos mil jueces. Pero aun contando —que no es aún el caso— con los 3.570 jueces de la Ley de Planta, la situación española queda a la cola de los principales países europeos. Según resulta del cuadro adjunto, España ocuparía en 1989 el penúltimo puesto en número de jueces por habitante, sólo por delante de Dinamarca (17.068 habitantes por juez), muy alejada de Alemania (3.464) y por debajo de la media de la CEE (6.306).

Número de jueces por habitante	
	Habitantes por juez
Francia	9.234
Grecia	3.124
Portugal	8.199
España	11.768
Alemania	3.464

FUENTE: Dr. Johann-Friedrich Staats en la *Revue française d'Administration Publique*, núm. 57.

Con todo, la Ley Orgánica del Poder Judicial y la mencionada Ley de Planta han constituido factores positivos del período estudiado. Este juicio positivo no puede extenderse, como se ha dicho, al ámbito de la legislación penal y procesal que ha seguido esa pauta nada recomendable de modificaciones atomizadas y dispersas, cuando no contradictorias. El caso del Código penal es especialmente lamentable por la reincidencia a lo largo del decenio en el procedimiento de «parcheo», con numerosísimas modificaciones relativas tanto a la parte general (Ley Orgánica 8/1983) como a muchos tipos penales creados o modificados al hilo de problemas del momento y que han conllevado más «efectismo» que efectividad (delitos relacionados con escuchas telefónicas, terrorismo, incendios, tráfico de drogas, tráfico de influencias, delitos fiscales, etc.).

Igualmente, la técnica de las modificaciones atomizadas se ha hecho sentir en el campo procesal, tanto en el ámbito civil y penal como en el laboral y contencioso-administrativo. Esta técnica rechazable ha culminado con la Ley de Medidas Urgentes de 30 de abril de 1992, que, pese a su buena orientación, vuelve a desperdiciar la oportunidad apuntada de un Código general de enjuiciamiento.

Un Consejo en busca de identidad

Un elemento relevante para enjuiciar el período que contemplamos ha sido el papel del Consejo General del Poder Judicial. Institución nacida de la Constitución de 1978, no ha encontrado aún —es lo menos que se puede decir— su madurez e instalación apropiada en el edificio constitucional. Diríase, con todos los respetos, que no ha superado aún una cierta crisis de adolescencia y se debate a impulsos contradictorios de rebelión y sumisión, como buscando su verdadera y definitiva identidad. Así, mientras el primer Consejo

—nacido con anterioridad al Gobierno del PSOE— llegó hasta a plantear un pulso jurídico al mismísimo Parlamento ante el Tribunal Constitucional, el nuevo sistema de elección parlamentaria de sus miembros ha llevado al Consejo —en la conciencia pública, al menos— a una posición de sumisión o confusión con el Gobierno.

El sistema de elección de todos sus miembros por las Cortes Generales, consagrado en el artículo 112 de la Ley Orgánica del Poder Judicial de 1985 fue, quizá, una reacción frente al proceder del anterior Consejo y acaso también una manera de calmar la obsesión del Gobierno del PSOE por la excesiva influencia del «conservadurismo» judicial que, en su opinión, derivaba del sistema implantado por UCD en 1980.

La elección exclusivamente parlamentaria del Consejo, que se aparta de los sistemas próximos de Italia, Francia o Portugal, fue polémica e impugnada ante el Tribunal Constitucional; mal signo para un órgano sobre el que debería haberse concitado el más amplio consenso. La sentencia del Tribunal Constitucional 108/86, de 29 de julio, rechazó ciertamente la tacha de inconstitucionalidad. Pero lo hizo en términos que eran casi una invitación a volver a un procedimiento de elección parecido al que se acababa de suprimir. El Tribunal Constitucional, después de examinar cuál habría de ser el fin a perseguir mediante la elección de los consejeros, llega a decir que esa finalidad se alcanza más fácilmente atribuyendo a los propios jueces y magistrados la facultad de elegir a doce de los miembros del Consejo y dejando los ocho restantes a la elección parlamentaria. No obstante, la nueva fórmula puramente parlamentaria no resulta inconstitucional según el Alto Tribunal, aunque no carece de riesgos. El Fundamento de Derecho, 13, dice:

> Ciertamente se corre el riesgo de frustrar la finalidad señalada de la norma constitucional si las Cámaras, a la hora de efectuar sus propuestas, olvidan el objetivo perseguido y, actuando con criterios admisibles en otros terrenos, pero no en éste, atienden sólo a la división de fuerzas existentes en su propio seno y distribuyen los puestos a cubrir entre los distintos partidos, en proporción a la fuerza parlamentaria de estos.

La preocupación del tribunal era justamente que se impusiera en la elección la «lógica del Estado de partidos» con olvido de que es conveniente «mantener al margen de la lucha de partidos ciertos ámbitos de poder, y entre ellos, y señaladamente, el poder judicial».

El riesgo al que apuntaba el tribunal tiene nombre en otros países. Los italianos lo llaman *lottizzazione*, con una curiosa connotación semántica a lotería. En España se ha venido a designar «sistema de cuotas». Un tal sistema se adapta especialmente bien a la cultura política de tipo clientelístico predominante en España y conlleva el peligro de agusanar la credibilidad e imparcialidad ante la opinión pública de lo que podríamos llamar «instancias de objetividad», entre ellas, por supuesto, el Consejo, pero también otras, como el propio Tribunal Constitucional.

En los dos Consejos elegidos con la mayoría parlamentaria del PSOE este riesgo se ha hecho presente, si bien no sólo por responsabilidad del partido del Gobierno, sino también por la actitud aquiescente del principal partido de la oposición.

El nuevo sistema de elección no ha favorecido demasiado a la imagen pública de la institución: la ha presentado en muchos casos como escindida en su seno, siguiendo justamente las líneas partidistas de elección de sus vocales. Así, un vicepresidente del Consejo, procedente del «lote» de la oposición, llegó a afirmar públicamente que el Consejo estaba absolutamente muerto. Afirmación imprudente, cuando menos, que poco ayuda a que el Consejo encuentre su sitio en el sistema político vigente. Otras veces, como el caso polémico de nombramiento del fiscal general del Estado, en un asunto tan aparentemente técnico y anodino sobre la interpretación del requisito legal de contar el candidato con quince años de «servicios efectivos» en la carrera fiscal, las opiniones fueron divergentes (lo que en sí mismo no debe escandalizar), pero las divergencias siguieron en la práctica casi matemáticamente las líneas de procedencia partidista de los vocales. Este hecho sí que es preocupante, porque da a entender que no predomina una «racionalidad jurídica» autónoma, sino que gravita sobre el Consejo esa «lógica de los partidos» frente a la que prevenía el Tribunal Constitucional.

Por estas y otras razones, el Consejo da la impresión de no haber encontrado su sitio. Gobernar el poder judicial puede ser una tarea imposible si por el mismo se entiende, como también ha dicho el Tribunal Constitucional en su sentencia, la «potestad de ejercer la jurisdicción» *cada* juez y *cada* tribunal con «independencia» y libertad. Pero el Consejo, para ser fiel a su razón de ser, debería centrarse más en desempeñar, frente a todos los poderes públicos, la función institucional básica de garantizar la independencia del poder judicial así entendida. Y para ello, más que tratar de hacerse responsable ante la sociedad de la justicia como «servicio público», solicitando competencias para ello, debería cuidar casi obsesivamente una imagen pública (y, claro está, una realidad) de *auctoritas* e imparcialidad por encima de las contiendas políticas y las presiones que ellas necesariamente desencadenan.

Atonía del Estado de Derecho y del respeto a la ley

La Constitución, en su artículo 1.°, declara que España se constituye en un Estado social y democrático de Derecho. Así se quiso en 1978 y así sigue siendo en 1992, afortunadamente. Cosa distinta es que el ideal Estado de Derecho haya sufrido en los últimos años una cierta astenia o atonía, con algún deterioro del respeto a la ley.

Durante la década de gobierno del PSOE las libertades públicas se han mantenido, pero no se han desarrollado ni desde el punto de vista material ni procesal. No se ha aprobado una Ley Orgánica de Libertades Públicas definidora del contenido esencial de los derechos fundamentales. Un cuerpo legal de esta naturaleza, que fue intentado en tiempos de UCD y que figuraba en antiguos documentos programáticos del PSOE, ha sido olvidado por considerarlo innecesario y contrario incluso a la libertad. Pero en la práctica este argumento ha quedado desautorizado al abordarse los desarrollos de las libertades, en normas restrictivas.

Así, por ejemplo, las leyes orgánicas sobre Derecho de Asilo, de 1984, y de Extranjería, de 1985, dieron un tratamiento más bien limitativo a una materia ciertamente delicada, que no dejó de suscitar dudas a la hora de su aplicación (véase sentencia del Tribunal Constitucional de 7 de julio de 1987, 115/87). Así, también la Ley Orgánica de Seguridad Ciudadana, de febrero de 1992, en una «redefinición» harto discutible del concepto de «delito flagrante», ha hecho un «desarrollo» del derecho a la inviolabilidad del domicilio de dudosa constitucionalidad.

Tampoco en el plano de la protección procesal de los derechos fundamentales se ha experimentado un avance. La Ley 62/78 de protección jurisdiccional de los derechos fundamentales de la persona, que rindió indudables frutos, debía haberse sustituido por una regulación del «amparo ordinario» en desarrollo del artículo 53.2 de la Constitución. Esta lamentable omisión ha sobrecargado e inundado innecesariamente al Tribual Constitucional en una tarea que no le es propia. Resulta, en efecto, muy significativo el enorme crecimiento de los recursos de amparo constitucional durante el decenio considerado. De una cifra en 1982 de poco más de cuatrocientos recursos de amparo constitucional se llegó a cerca de tres mil planteados sólo en 1990. La situación iba alcanzando extremos tan insostenibles, que hubo que modificar en términos restrictivos la ley del Tribunal para permitir una más fácil inadmisión de recursos (L. O. de 9 de junio de 1988).

El papel del Tribunal Constitucional, que, a pesar de las críticas, me parece globalmente muy positivo, se vio por lo demás disminuido con la supresión del recurso previo de inconstitucionalidad (L. O. de 7 de junio de 1985). Esta supresión, ciertamente no contraria a la Constitución y que pudo explicarse por el inmoderado uso que del recurso previo hizo la oposición parlamentaria, supone la eliminación de un instrumento que, curiosamente, ha sido incorporado en parte al sistema del Consejo Constitucional francés en junio de 1992.

En lo tocante al cumplimiento de la ley, se aprecia a lo largo de los últimos años un incremento de la criminalidad aparente, medida por el número de diligencias previas incoadas. Entre 1981 y 1989 se ha más que duplicado (212 por 100) la comisión de delitos, según este índice, que resulta inutilizable a partir de 1990 por las modificaciones introducidas en el proceso penal. El crecimiento ha sido especialmente elevado en los delitos contra la propiedad, en particular robos y atracos, contra las personas y contra la libertad y seguridad. No obstante, este aumento de la criminalidad ha sido acompañado por un incremento muy notable de la población reclusa y una situación de insuficiencia en infraestructuras penitenciarias.

Criminalidad aparente

Años	Variación interanual del número de diligencias (%)
1980	— 2,23
1981	— 2,76
1982	+ 4,99
1983	+ 25,84
1984	+ 17,27
1985	+ 5,54
1986	+ 8,30
1987	+ 8,19
1988	+ 6,37
1989	+ 6,93

FUENTE: Memoria del Fiscal General del Estado. Año 1990.

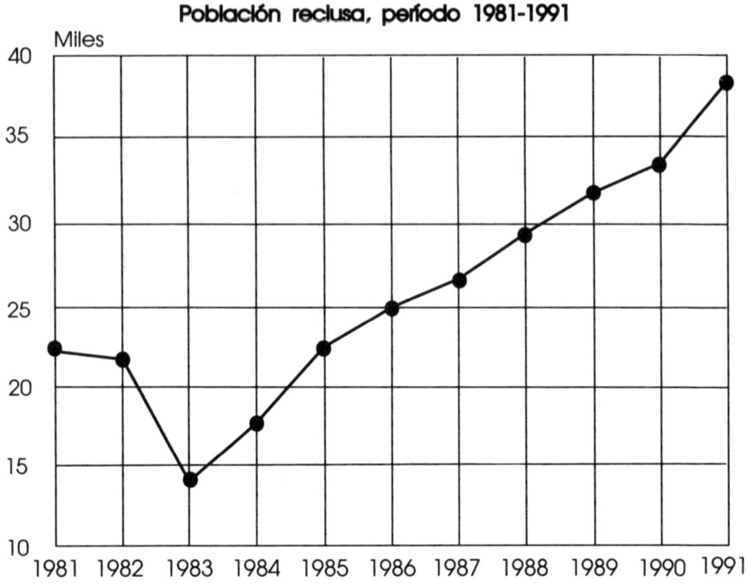

Finalmente, se ha de señalar que el principio de sumisión de la Administración a la ley ha evolucionado en forma preocupante. La litigiosidad contencioso-administrativa se ha disparado, sin que los tribunales de este orden jurisdiccional puedan dar una respuesta «sin dilaciones excesivas» como ordena la Constitución. Un asunto contencioso puede demorarse en su tramitación hasta una sentencia definitiva en torno a los tres o cuatro años, y hasta diez o más en determinadas materias fiscales, de urbanismo o de expropiaciones. Entre 1983 y 1988, la carga de estos asuntos se multiplicó por dos, y en los últimos diez años, como subrayó con acierto ante el Congreso el ministro Tomás de la Quadra-Salcedo, la litigiosidad en estas materias se ha multiplicado por diez. La Sala Tercera del Tribunal Supremo quedó sepultada por el ingente número de recursos y, pese al esfuerzo de sus magistrados, tenía en 1992 del orden de 30.000 (!) recursos en trámite.

La necesidad en esta materia de una nueva distribución procesal de la carga de trabajo es reconocida ya por todos y se han anunciado las reformas necesarias, pero no se han llevado a efecto, salvo las medidas urgentes de 1992, que reservan a la Sala Tercera del Tribunal Supremo sólo la casación contenciosa. Entre tanto, siguen sin ponerse en marcha los juzgados unipersonales contencioso-administrativos, y el clima que se advierte en la Administración es de una cierta falta de respeto por esta jurisdicción. Así, la propia Administración tiende a hacer oídos sordos a los requerimientos judiciales y remolonea de forma llamativa en su colaboración con la justicia, sea ya en la remisión de los expedientes administrativos, o en la práctica de pruebas o incluso en el puntual cumplimiento de las sentencias, como acreditan las abundantes quejas que llegan al Defensor del Pueblo, especialmente acentuadas en el caso de ministerios concretos, como el de Educación y Ciencia.

Tanto lo anterior obliga a hacer un diagnóstico poco entusiasta de la situación actual del Estado de Derecho, que debería cobrar en el futuro próximo un nuevo vigor.

Seguridad ciudadana y terrorismo: lo que el viento se llevó

Antonio Alemany

Cuando el PSOE accede al poder, en octubre de 1982, está en estado de gracia política y moral. Y no es sólo el hito histórico que supone que un gobierno y partido de izquierdas se alcen democráticamente con el poder, tras los largos años del franquismo y tras un ayuno que ha durado, con breves y agitados paréntesis de sobra conocidos, cien años, sino porque el socialismo nuclea todo el utopismo y voluntarismo progresista que nunca tuvo oportunidad en la España moderna de contrastar sus recetas políticas con la realidad y la responsabilidad de gobierno. Ello explica el alto componente moral de su discurso y el entusiasmo sinceramente ilusionado de quienes habían declarado la obsolescencia de la derecha, de toda la derecha, más allá de franquismos residuales y otras etiquetas al uso.

A pesar del proceso de moderación que llevaba viviendo el PSOE, su triunfo fue un triunfo «ideológico»: de ahí el voluntarismo aludido y de ahí el fuerte doctrinarismo que, aunque temperamentado, subyacía en la cultura política de los nuevos inquilinos del poder. La convicción de que con la irrupción del socialismo en la España democrática se iba a iniciar una nueva etapa de connotaciones históricas quedó resumida en el eslogan magistal de la campaña electoral: «Para que España funcione». España, tras una transición ejemplar y tras unos honestos gobiernos de una UCD que, sin embargo, no fue capaz de articular sólidamente el centro-derecha español, «no funcionaba» a juicio de los socialistas y de muchos otros que no eran socialistas. La rotundidad de la victoria y la juventud política de los nuevos gobernantes iban a hacer que «España funcionara».

Y debía funcionar de forma especialmente eficaz en dos parcelas que constituían el más serio peligro para la incipiente democracia: la seguridad ciudadana y el terrorismo. Especialmente la primera, puesto que el terrorismo no era percibido por la opinión pública tanto como una responsabilidad imputable al Gobierno como un problema estructural español que era independiente del régimen político. Pero la seguridad ciudadana sí era una de las grandes pruebas de la democracia y, a juicio de algunos sectores de población —especialmente entre el franquismo residual, pero no únicamente en él—, una consecuencia de la democracia. Era importante desactivar este argumento y mostrar que el orden público y la seguridad ciudadana eran compatibles con una democracia y con un Estado de Derecho, más legitimado que cualquier otro régimen para ejercer con eficacia el monopolio de la violencia dentro de la legalidad y el respeto a las libertades y derechos humanos.

La etapa «ideológica»

Frente a la inseguridad ciudadana suelen producirse dos posturas extremas. Para unos, la inseguridad es un problema de dimisión o de debilidad del Estado. Por olvido y dejación de sus responsabilidades y de su función primigenia, la ley es sustituida por la ley de la selva, al ser incapaz el Estado de garantizar el imperio de la ley, que tiene en el orden público una de sus expresiones más visibles para la ciudadanía. De ahí que para estos sectores, la inseguridad ciudadana es, ante todo y sobre todo, un problema de represión. De represión desde la legalidad —cuando se es demócrata—, pero de represión.

Para otros, en cambio, la inseguridad ciudadana no puede ser aislada de las causas que la generan. Desde un orden social injusto hasta la marginación, con frecuencia generada por un sistema represivo, pasando por la criminalización de conductas que deben ser despenalizadas, todo apunta a un desplazamiento de la responsabilidad por los actos ilícitos del delincuente a la sociedad. En consecuencia, la delincuencia no es tanto una cuestión de represión —aunque también lo sea— como de prevención, erradicando las causas que la hacen posible.

Ni que decir tiene que los socialistas, en su primera etapa perfectamente encarnada por el ministro de Justicia Fernando Ledesma, se apuntan a la concepción llamémosle «humanitaria» que, por otro lado, enlaza con la tradición penológica española que, ya en tiempos de UCD, había aflorado en dos excelentes directores de Instituciones Penitenciarias, Haddad y García Valdés. Y con el fervor de los novicios, los socialistas, cuando llegan al poder, hacen lo que piensan. Y lo que piensan es que la española es una sociedad represiva, nada tolerante y, desde el punto de vista penológico, «primitiva». Son los momentos en que se banaliza, desdramatiza y despenaliza la droga blanda, con exhibición de haberla consumido por parte de políticos socialistas. Se producen demasiados testimonios públicos —al estilo «yo también he abortado» de las feministas— como para no pensar en una acción deliberada y consignada, destinada a trivializar el hecho de la droga blanda.

Esta permisividad y lenidad —que escandaliza e inquieta a nuestros vecinos europeos— se extiende también al ámbito de la población reclusa, con la famosa «suelta» de presos por parte del ministro Ledesma. Ya sólo falta la Policía para acabar de redondear este nuevo espíritu contemplador de la inseguridad ciudadana. Es entonces cuando se produce, dentro del primer año de gobierno socialista, una auténtica «purga» en la Policía, que es descabezada —trece comisarios destituidos de una tacada— en sus mandos. La Policía heredada de la UCD es, a juicio de los socialistas y en lo esencial, la Policía franquista, es decir, inapta para comportarse en un régimen de libertades.

Las consecuencias

Las consecuencias de todos estos planteamientos ideológicos y, sin duda, sinceramente sentidos, no se harán esperar. E irrumpirán de forma brutal hasta el extremo de producir un cambio en profundidad en un gobierno y en un partido que, en movimiento pendular, pasarán al otro extremo, rozando zonas que difícilmente rozaría un demócrata convencido.

En efecto, frente a los 445.587 delitos cometidos en 1982, se pasa, en 1983, a 588.700, es decir, se produce un incremento del 32 por 100, coincidiendo significativamente con la «suelta» de presos, que en 1982 eran 23.264, y pasan, al año siguiente, a 14.050. No volverán a repetir la experiencia. En 1984, la población reclusa ya asciende a 18.200; en 1985, ya iguala, superándola levemente, la cifra de presos de 1982; en 1986, ya son 26.046; en 1987, 27.656; en 1988, más de 30.000; en 1989, 31.918; en 1990, 33.911 y en 1991, 38.383. Como en tantas otras cosas, la rectificación socialista ha sido espectacular. Hoy están en las antípodas de aquel «humanismo» penitenciario de Ledesma.

Sin embargo, las tasas de criminalidad no solo no han disminuido, sino que se han incrementado de forma casi escandalosa. De los 445.587 delitos de 1982 se pasa a 588.700 en 1983, a 607.315 en 1984, a 639.599 en 1985, a 728.203 en 1986, a 806.746 en 1987, a 795.925 en 1988, a 824.331 en 1989 y a 827.401 en 1990. Es decir, que en menos de una década la criminalidad que existía en tiempos de la UCD ha sufrido un incremento de casi el 100 por 100. Obviamente, «España no ha funcionado» en materia de seguridad ciudadana.

Lo más preocupante, sin embargo, de toda esta década socialista, y en materia de seguridad ciudadana, no es el fracaso de una gestión que las cifras e índices de criminalidad subrayan con especial crudeza, sino el «cambio» que se produce en la filosofía inspiradora de la política de orden público, en las antípodas, como se ha dicho más arriba, del sistema de creencias con que abordan el poder.

En efecto, tras desconfiar profundamente de la Guardia Civil, la «descubren». También, por lo visto, descubren otras cosas bastante menos serias y gratas. Aquellos jóvenes utópicos que con su discurso moral y con la bandera de la ética encandilaron al electorado español, son los mismos que, años después, se verán salpicados por el fenomenal escándalo de un presunto «terrorismo de Estado» y advertirán cómo instancias policiales están complicadas en la banda terrorista del GAL o cómo un presunto delincuente —*el Nani*— «desaparece» de una comisaría. ¡Qué lejos estamos de aquel regeneracionismo que propugnaba un Felipe González menos encanecido, en el pelo y en el alma!

También estamos lejos de los grandes principios democráticos que proclamaban la compatibilidad del orden público, la persecución del crimen y el respeto a las libertades. Son los mismos que decían todas estas cosas los que, diez años después, aprueban una ley que, haciendo mangas y capirotes con la flagrancia, permite la entrada en las casas con una patada policial y no con un mandamiento del juez. Hubiera sido impensable que un gobierno de UCD hubiera elaborado semejante ley.

El balance

Ni antes ni después, es decir, ni cuando aplicaron una política ni cuando han aplicado la contraria, la seguridad ciudadana «ha funcionado». Al revés, ha empeorado. Los delitos se han duplicado, las cárceles no cumplen función rehabilitadora alguna, la sociedad empieza a autodefenderse recurriendo a cuerpos de vigilancia privados y la vida de nuestras ciudades ha cambiado radicalmente por mor de esta irresuelta inseguridad. Como con el terrorismo, la ciudadanía ha acabado por incorporar a su cotidianiedad la inseguridad ciudadana, «convive» con ella, la padece y constata que, tras diez años, las cosas no es que están igual, sino que están peor.

El terrorismo que no para

El PSOE de la pretransición y de la primera transición no es que fuera contemporizador con el terrorismo etarra, pero, si no lo justificaba, sí pensaba que era la consecuencia de la represión del anterior régimen y de la torpeza de los gobiernos de la transición. En este capítulo, el cambio de actitud socialista ha sido tan radical como que el GAL ha surgido durante su mandato y también ha sido durante su mandato cuando se ha negociado directamente con los terroristas y se ha hablado de derecho de autodeterminación, de integración de Navarra en el País Vasco, de amnistía de presos y terroristas. Ningún gobierno de la democracia había llegado tan lejos de como llegó el socialista en 1987 y 1988, cuando se produjeron varias entrevistas en Argel con dirigentes de la cúpula etarra. Y, sin embargo, fue también en 1988 cuando se produjeron los atentados más sangrientos de ETA: 21 muertos en Hipercor y 11 en la casa cuartel de la Guardia Civil de Zaragoza. Sin embargo, los españoles no perciben la cuestión terrorista como un problema imputable a los distintos gobiernos de la nación. El Gobierno del PSOE, no obstante, insinuó que su «hermandad» socialista con el Gobierno francés iba a dar sus frutos. La realidad, irónicamente, mostró que fue mientras gobernó la derecha de Chirac cuando se produjeron las mayores colaboraciones en materia de persecución de los etarras.

En definitiva, la cuestión terrorista dependerá siempre de los niveles de colaboración francesa. Es en los últimos tiempos cuando esta colaboración ha sido más sincera, leal y eficaz, con notables éxitos en la desarticulación y detención de los terroristas. Por desgracia, la naturaleza urbana de nuestras sociedades y las asistencias morales y logísticas de parte de la población vasca hacen muy difícil la erradicación total del mal. Un mal que también ha entrado a formar parte de nuestra cotidianeidad, sea la izquierda o sea la derecha quien nos gobierne.

Las drogas

Uno de los ejemplos que mejor explica la discrepancia entre lo que se dice y lo que después se hace es el de la persecución del narcotráfico, una de las fuentes principales en la actualidad de delincuencia en todas sus manifestaciones, pequeñas y grandes.

Es en el año 1984 cuando, una vez curados del sarampión «progre», desmitificador del consumo de droga blanda, se produce la creación de la Fiscalía Especial para la Coordinación de las Actividades Relacionadas con el Tráfico Ilegal de Drogas, más conocida como Fiscalía Especial Antidroga. El objeto de esta nueva institución era plausible: se trataba de constituir esta fiscalía especial como instrumento principal de la persecución del narcotráfico, coordinando medios materiales y legales para la consecución de sus fines.

Ocho años después, el panorama que nos ofrecen las Memorias anuales de la propia Fiscalía es desolador. Sólo cuatro policías especializados integran la Policía Judicial a las órdenes de dicha Fiscalía, cuya indigencia en materia de rastrear todo el entramado financiero que se mueve tras el mundo del narcotráfico es total.

Es decir, que una buena idea y una excelente medida queda después en nada por falta de voluntad política de dotar de medios adecuados lo que en su momento se creó. Parece como si lo que importara no fuera tanto la persecución de la delincuencia que está tras la droga como dar la impresión de que se hace.

Probablemente volverá a ocurrir lo mismo con la semi «probation» que el futuro Código penal —en fase de anteproyecto en el momento de redactar esta líneas— establece para los drogadictos condenados y a los que el juez puede suspender la condena mientras se someten a un proceso de rehabilitación. Naturalmente, esta interesante posibilidad judicial, a la hora de contemplar casos de delincuencia en los que la imputabilidad se ve debilitada por la condición de drogodependencia, sólo será operativa si se produce una acción enérgica y generosa a favor de las instituciones dedicadas a la rehabilitación. Estos procesos curativos son largos y caros. Lo más probable, y a la vista de experiencias conocidas, es que el Gobierno socialista, tras proclamar esta posibilidad judicial en el Código penal, se quede de brazos cruzados, convirtiendo en inoperante una plausible disposición.

Lo último

Poca repercusión va a tener el nuevo Código penal que se anuncia en los actuales niveles de inseguridad ciudadana. Por el contrario, es inevitable que se incremente el temor ante las nuevas hipótesis recogidas en el anteproyecto del Código penal de la condena condicional y los arrestos de fin de semana para los casos de primera condena, inferior a dos años, y para los casos que no entrañen, a juicio del juez, especial peligrosidad, respectivamente. La incidencia negativa que pueden tener estas interesantes nuevas posibilidades de cumplimiento de condenas en los niveles de seguridad ciudadana son parecidas a lo que se produjo tras la famosa «suelta» de presos por parte de Ledesma: que se disparó la delincuencia de forma espectacular. Máxime si se tiene en cuenta la lógica resistencia de los jueces a enviar a según qué personas a la cárcel, fieles al principio de que las condenas lo son de privación de libertad, no de que le contagien el sida, le violen, lo chantajeen o lo apalicen, que todas estas y más cosas se producen en las cárceles españolas.

Una vez más, en consecuencia, nos encontramos con una buenas iniciativas legislativas como estas referidas al cumplimiento de las penas, que pueden convertirse en calamidades públicas por todas estas cosas que los socialistas no han arreglado en diez años. Y es que la política en materia de seguridad ciudadana debe ser, como todas las políticas, sistemática, es decir, abarcar todo el «sistema» relacionado con la seguridad, desde las cárceles hasta la política antidroga. Lo contrario —que es lo que ha ocurrido con estos diez años de socialismo en el poder— es puro voluntarismo, retórica hueca, mala política en definitiva.

Reflexiones sobre el tema autonómico

Sebastián Martín-Retortillo

El análisis del tema autonómico en la última década requiere una serie de precisiones iniciales. Lógicamente, para perfilar la situación en la que se encontraba ese mismo tema en el momento que se asume como punto de partida: el comienzo del Gobierno socialista. Sólo así puede valorarse en su justo alcance la evolución experimentada en el período que nos ocupa.

Antecedentes

En primer lugar, como es lógico, algunas referencias al propio período constituyente. La ordenación que en este ámbito introduce nuestra Ley Fundamental es obligado tener muy en cuenta que va a ser una de sus más importantes novedades. No se trata sólo de una distinta y nueva reordenación de sus competencias; configura un nuevo tipo de Estado que, prácticamente, nada tenía que ver con el que había aparecido hasta ahora a lo largo de toda nuestra historia constitucional. Una realidad que requería —requiere— un auténtico *cambio de mente* en la configuración del poder y del propio Estado, superando hábitos y formas de pensar arraigadas, y de lo que no sé si, en efecto, somos todavía suficientemente conscientes. Organización territorial del poder, que resultaría polémica por demás. Recuérdese que fue la única cuestión que, desde el principio, en mucho menor grado lo sería más tarde el tema educativo, estuvo a punto de hacer quebrar el consenso de las diferentes fuerzas políticas que elaboraron la Constitución. Resultó ser, además, un auténtico condicionante de todo el proceso de la transición política. La credibilidad del sistema que trataba de establecerse, en la práctica, se supeditó a la solución del problema regional. La aceptación de esta, en gran medida, suponía, la aceptación misma del sistema que la Constitución trataba de sancionar.

El resultado alcanzado sería el título VIII de la Constitución Española (CE), que, en cualquier caso, es obligado asumir desde la perspectiva que ofrece su artículo 2. En este punto, además, no será ocioso recordar que en el debate constituyente expresamente se rechazó la fórmula federal. El título VII de la CE perfila dos tipos distintos de acceso a la autonomía, con variables transitorias en las competencias de las correspondientes Comunidades autónomas, pero con un evidente horizonte de equipación de las mismas. Título VIII de la CE, cuya valoración crítica ha pasado a ser también un auténtico lugar común. No se olvide, sin embargo, que su intencionada y casi obligada imprecisión debía irse contemplando posteriormente a lo largo del sucesivo proceso normativo previsto en la propia Constitución.

Dos notas, reiteradamente señaladas, caracterizan la ordenación constitucional del fenómeno autonómico. Por una parte, y muy en síntesis, es sabido que la CE sanciona un sistema en el que se posibilita y se permite el establecimiento de una determinada organización política, la de las Comunidades autónomas; no se impone con carácter general. La CE es muy explícita en este punto: prevé unas hipótesis que, en su caso, pueden alcanzarse, pero a cuya puesta en práctica nos obliga necesariamente. Junto a ello, hay que hacer notar que el *contenido competencial* de las Comunidades autónomas, cualquiera que sea el procedimiento por el que se creen, no *aparece* predeterminado por la Constitución. Esta asume el *principio dispositivo*, según el cual, y dentro de los límites que aquella permite, cometidos y funciones de cada Comunidad quedan remitidos a lo que puedan establecer los distintos Estatutos de autonomía, cuya elaboración tiene un marcado sentido pactista.

Las consecuencias efectivas y reales que se alcanzaron fueron bien distintas de las previstas. Por una parte, la generalización del planteamiento autonómico: «café para todos»; por otra, la corrección del citado principio dispositivo —la autonomía, se había dicho también, «es como el plato de quesos del que cada uno se sirve lo que quiere»— como consecuencia del efecto imitación que de modo tan notable condicionó siempre el desarrollo del tema de los ámbitos competenciales, en las dos fórmulas en que se planteó, la del artículo 151, competencias máximas, y la ordinaria del artículo 148.

Unas últimas consideraciones, completando lo dicho, para concluir esta exposición introductoria, referentes a la elaboración de los Estatutos. Dos notas caracterizaron el momento. En primer lugar, la urgencia, auténtica premura, con la correspondiente improvisación, con la que debía abordarse el tema. Era lógico pensar que la primera legislatura, antes de abordar la discusión de aquellos, hubiera debido establecer fórmulas de carácter general que, obviamente, habrían facilitado muy mucho la puesta en marcha del proceso autonómico: sistema de transferencias; criterios para llevar a cabo las valoraciones de los servicios y de sus medios materiales y personales; criterios de financiación, etc. En definitiva, que se hubieran regulado una serie de aspectos *institucionales* que, al objetivizarlos, habrían facilitado muy mucho el proceso autonómico. Lo hubieran hecho, además, más operativo y, también, mucho menos polémico. No fue posible adoptar ninguna de estas fórmulas instrumentales. El solo hecho de plantearlas se entendía como «perfeccionismo» inútil; y, en cualquier caso, como un intento de demorar el planteamiento de la cuestión autonómica. Una insospechada y acuciante premura concurrió, una vez más, en la ordenación del tema regional. Hoy en día, transcurridos más de diez años desde aquel entonces, es fácil advertir el retraso que para el ejercicio efectivo de las funciones de las Comunidades autónomas representaron a la postre todas estas urgencias, que impidieron disponer de ese conjunto de normas intermediarias e instrumentales que, conforme a criterios generales, hubieran permitido objetivizar el tema, que, por el contrario —y el dato es importante—, quedaba remitido a las relaciones singulares del Estado con cada una de las Comunidades autónomas. Junto a ello, y en segundo lugar, recordar la soledad, absoluta soledad con la que el Gobierno hubo de abordar inicialmente el proceso autonómico. En unos momentos, además, quizá, los de mayor tensión de toda la transición política. No hubo al respecto consenso alguno. El Gobierno, un gobierno minoritario, tenía que enfrentarse solo con unos proyectos de Estatutos de muy acentuado carácter autonomista, y que con frecuencia contenían soluciones abiertamente anticonstitucionales, que fue preciso rectificar. La aprobación de los Estatutos abrió un camino cierto a la esperanza. Es difícil entender el proceso autonómico y, más en concreto, el proceso de transformación del Estado, sin tener muy en cuenta el extraordinario esfuerzo que supuso su puesta en marcha. Es cierto. No obstante, era muy superior la marcada voluntad, la muy marcada buena voluntad de llegar a un acuerdo en el diseño del tipo de Estado previsto en la Constitución. Se pactaron unos textos con todas sus consecuencias. Es un dato que precisamente quiero recordar en estos momentos. Nunca se formuló reserva alguna a las soluciones que resultarían aprobadas. No las hubo cuando se cancelaron las referencias que los proyectos contenían a la idea de nación referida a las distintas regiones españolas. Jamás se habló tampoco de que los textos aprobados fueran sólo Estatutos de mínimos. Las soluciones alcanzadas, en general, lo fueron con honda satisfacción; incluso, y de modo muy explícito, por parte de los grupos políticos nacionalistas. Sabían muy bien que, en no pocos puntos, aquellas iban más allá, mucho más allá de lo que se había esperado alcanzar. Así, cuando en la discusión de los dos primeros Estatutos surgían, en ocasiones, escollos insalvables para continuar con el texto que se debatía, el ministro Pérez Llorca, que presidía la Delegación del Gobierno, ofrecería en distintas ocasiones asumir por la vía del acuerdo los textos de los Estatutos elaborados al amparo de la Constitución de 1931; tal posibilidad fue siempre rechazada sin vacilación alguna. Los Estatutos que resultarían aprobados sancionaban evidentemente un marco de autonomía notablemente más amplio que el recogido en esos textos y desconocido en la historia constitucional española.

Más tarde, fracasados los intentos de plantear la cuestión de modo gradual y progresivo en las desafortunadas experiencias gallega y andaluza, la generalización de la iniciativa autonómica y la heterogeneidad de las formas que adoptaba obligó a los *pactos autonómicos*. Generalización que hacía necesario proceder a una reordenación *global* del tema. No podía quedar remitido, obviamente, a fórmulas de carácter negocial que operaran además caso por caso. Era obligado.

Ocurrió, sin embargo, que la instrumentación que al efecto se asumió —el desafortunado intento de la LOAPA—, además de esa lógica reordenación, tenía un inequívoco alcance limitativo del proceso autonómico. Además, no solo trataba de ordenar el proceso a seguir, sino que, de modo muy notorio, incidía innecesariamente en situaciones estatutarias ya reconocidas. En cualquier caso —y el dato es significativo—, al amparo de los referidos pactos autonómicos nacieron, nada menos, que doce Comunidades autónomas. Lo harían ciertamente en términos de transitoria desigualdad con las ya constituidas. La forma en la que, por su generalidad, debieron ser alumbradas, fue quizá, en aquel entonces, la única posible. También, la más lógica. Lo que ya no lo ha sido tanto, sin embargo, es el proceso seguido en estos diez años. No sólo no se han reducido tales diferencias, sino que, innecesariamente, se han ido acentuando; y con ello, también, el recelo entre las distintas Comunidades.

El Gobierno socialista

Es muy poco después de formarse el Gobierno que resulta de las elecciones del 28 de octubre de 1982, que la muy discutible sentencia del Tribunal Constitucional 76/1983, de 5 de agosto, declaró la inconstitucionalidad de parte importante de la LOAPA. Esta circunstancia iba a producir, lógicamente, un auténtico desarbolamiento de cualquier intento de ordenar en tema estableciendo una política autonómica de carácter general. Una consecuencia relevante por demás se deduce de ello: aquel va a seguir siendo desarrollado mediante relaciones singularizadas, no de conjunto, entre el Gobierno de la nación y cada una de las distintas Comunidades autónomas. Las diferencias en el tratamiento que unas y otras reciben se acentuarán. Veremos más adelante las consecuencias que de ello se derivan. En cualquier caso, y aunque sea adelantando posibles conclusiones, es obligado reconocer que el desarrollo autonómico habido desde entonces —y las consiguientes transferencias de competencias— ha sido desde luego muy considerable. Un dato por demás expresivo puede avalar lo que digo. En este año de 1992, el Presupuesto de gastos de las Comunidades autónomas asciende a la cifra no despreciable de seis billones de pesetas, lo que lo sitúa en torno al 25 por 100 del gasto de todas las Administraciones públicas, porcentaje significativo por demás, y que ahorra cualquier comentario. Junto a ello, quiero insistir en que el proceso autonómico ha ayudado también a la consolidación de las instituciones democráticas. Asimismo, a la afirmación de una conciencia regional, extremo notablemente positivo, aunque no siempre aparezca integrado en la de la nación española. Igualmente, en la prestación de algunos servicios concretos ha sido importante la labor de la Administración autonómica.

Las consideraciones últimamente expuestas quisiera que quedaran recogidas sin reserva alguna. Ahora bien, junto a lo dicho, es obligado precisar que esos resultados se han alcanzado de forma un tanto saltuaria y sin responder a una política autonómica de carácter general. No la ha habido hasta los pactos autonómicos de este año, que, sin prejuzgar su contenido, constituyen la única expresión en todo este período de una acción política global y de conjunto en este campo. Además, y en relación con el tema de las competencias, se han acentuado las diferencias de las transferidas a unas y otras Comunidades. También el costo económico que ha supuesto ha sido notablemente desorbitado; básicamente, mediante un irracional incremento del aparato organizativo de todas las Administraciones públicas y de modo muy singular de los gastos de personal. El tema, además, se ha mantenido en un casi permanente estado de desconfianza y de crispación. Y lo que en mi opinión resulta prácticamente más significativo: no se han hecho efectivos con la debida operatividad los procesos de relación y coordinación de los distintos niveles del poder. En definitiva, entiendo que es poco lo que se ha avanzado en estos diez años para consolidar institucionalmente un determinado tipo de Estado en un proceso que partiendo de la CE resulta obligado concluir. Sobre alguno de estos extremos en particular querría reflexionar a continuación.

Las Comunidades autónomas y sus competencias

La CE establece, como es sabido, un distinto nivel competencial entre dos diferentes Comunidades autónomas según el procedimiento de su constitución. El planteamiento, de carácter transitorio, fue necesario y resultó plenamente válido para la puesta en marcha del sistema. Ello no quiere decir que, conforme el procedimiento previsto en el propio texto constitucional, se mantengan y acentúen esas diferencias competenciales entre las distintas Comunidades autónomas. No es este, ciertamente, el horizonte que la Constitución prevé. Frente a la progresiva y obligada equiparación, las diferencias entre unas y otras Comunidades se han ido acentuando. La circunstancia de que las relaciones entre el Gobierno y las distintas Comunidades, lo sea con cada una de ellas en concreto, ha sido además cauce para que la atribución competencial se haga realidad singularmente y de forma bastante indiscriminada. Una situación cuyas últimas consecuencias, en ocasiones, se evidencian en aquellos supuestos en los que la responsabilidad del Gobierno de las distintas Comunidades autónomas ha recaído en fuerzas políticas distintas a las del Gobierno de la nación. Realmente, y asumida la generalización del fenómeno autonómico, resulta difícil explicar no sólo que tales diferencias no se reduzcan, sino que, incluso, se acentúen.

El Estado, en general, ha sido bastante reacio a ceder sus competencias en los términos a que obliga el proceso autonómico. Quizá, creyendo que por ello perdía fortaleza y poder. Una realidad que acaso podría encontrar una explicación genérica en la actitud de algunos dirigentes nacionalistas, vascos y catalanes, que, siempre insatisfechos, en ocasiones, han introducido factores notoriamente independentistas. No lo sé. Lo cierto es, sin embargo, que paradójicamente han sido estas dos últimas Comunidades las más favorecidas, y los partidos políticos mayoritarios en ellas mismas los que más reiteradamente han dado su apoyo parlamentario al Gobierno. Este, en muchas ocasiones, ha reiterado que no pretendía imponer soluciones unilaterales en la tramitación de no pocas leyes. Y aun no necesitándolo, ha solicitado el apoyo de otros grupos parlamentarios que, de forma reiterada, le han ofrecido los grupos nacionalistas. El resultado ha sido que no pocas leyes han excepcionado expresamente su aplicación en determinadas Comunidades autónomas para las que el Gobierno ha venido manteniendo una actitud casi reverencial.

La nivelación competencial es tarea por demás necesaria. Generalizando el tema autonómico, y asumida en las distintas Comunidades una estructura organizativa semejante, no hay ya razón, ni jurídica ni política, en la que apoyar la discriminación competencial existente. Equiparación, nivelación de sus distintos ámbitos es, sin duda alguna, la primera de las tareas a llevar a cabo. Y ello, naturalmente, en los aspectos más comunes. Nunca habrá dificultad en que se mantengan aquellas peculiaridades —lingüísticas, culturales— que puedan resultar propias de cada Comunidad. Equiparación competencial que, obviamente, puede llevarse a cabo por distintos procedimientos. Posibilidades ciertas de las que los portavoces oficiales se aferran al unísono en relación con las que ofrece el artículo 150.2 de la CE. La fórmula es técnicamente posible. Es la que resumen los pactos autonómicos de 1992. Entiendo, sin embargo, que el único procedimiento razonable y justo es el de la reforma estatutaria, que evita que la ampliación de competencias se realice por vía de delegación, revocable en todo momento. Admitida la nivelación competencial, no hay justificación alguna que, con consistencia, pueda aducirse para que la misma no se alcance por el cauce del artículo 148,2. Ninguno de los argumentos que de contrario se aducen puede decirse seriamente que tenga peso bastante. Además, sería la única solución que quitaría al tema el sentido reivindicativo que viene teniendo. Cualquier otra, dígase lo que se diga, mantendrá la cuestión abierta y, por tanto, sin concluir.

La organización de las Comunidades autónomas

Están también los aspectos referentes al planteamiento organizativo asumido por las Comunidades autónomas, muy en consonancia por cierto con los habidos durante este mismo período en la Administración del Estado. No parece que desde ninguna de las muy diferentes perspectivas desde las que es posible valorarlo puede decirse que las soluciones alcanzadas hayan sido ni medianamente satisfactorias. Ha habido un mimetismo tremendo para reproducir, sin más, la organización de la Administración del Estado. No se ha cuidado siquiera de rectificar aquellos esquemas cuya disfuncionalidad era notoria y había sido ya ampliamente denunciada. Simplemente se ha tratado de reproducir unos esquemas acrecentándolos y de que, en ningún caso, los de la Administración autonómica tuvieran menor realce que los de la del Estado. No se ha sabido crear el modelo de Administración que requerían sus propios cometidos: así, la centralización que muy frecuentemente se ha llevado a cabo en el ámbito de muchas Comunidades; también, la proliferación de organismos autónomos, o el recurso a las fórmulas de las llamadas empresas públicas; soluciones que patológicamente han caracterizado en los últimos tiempos a la Administración del Estado, son planteamientos, entre otros muchos, que hemos visto reproducirse en no pocas Administraciones autonómicas, hasta extremos que cabe calificar de demenciales.

La situación, además, ha conducido a la creación de un importante y, en gran medida, improvisado aparato burocrático. La vieja equiparación, tradicionalmente señalada, que hacía coincidir centralización y burocracia no resulta aplicable, ciertamente, en este caso. Una burocracia nutrida, establecida además, con demasiada frecuencia de acuerdo con los más estrictos criterios de atención a la clientela política. El análisis de la jurisprudencia contencioso administrativa de los últimos años sobre los sistemas de reclutamiento de personal por parte de algunas Administraciones autonómicas conduciría, desde luego, a conclusiones sorprendentes sobre este punto. Es cierto que, en principio, hubo una reiterada negativa por parte de la Administración del Estado a llevar a cabo transferencia alguna en materia de personal. Tal circunstancia, sin embargo, en modo alguno puede justificar la auténtica ocupación política que de la función pública autonómica se ha llevado a cabo en muchas Comunidades autónomas. Realidad, además, cuidadosamente planteada y que cada vez resulta más difícil rectificar.

En cualquier caso, y desde los distintos aspectos que el tema presenta, el estrictamente organizativo y el funcionarial, es notoria la situación que refiero. La compulsa de datos objetivos sobre estos extremos nos permite hablar de un auténtico e irresponsable despilfarro de caudales públicos, que en modo alguno es ajeno al momento económico que vive el país.

Estado y Comunidades autónomas

La nota más condicionante que, en mi opinón, ha caracterizado la actual situación del fenómeno autonómico es la de la desconfianza —mutua desconfianza— entre el Estado y las Comunidades autónomas; en ocasiones, también, entre algunas de estas entre sí. Con frecuencia, en este circuito de recelos entra también la Administración local. Situación de deconfianza, consecuentemente, manifiesta falta de relación y, naturalmente, de coordinación entre las actuaciones de los distintos poderes públicos territoriales. Las relaciones entre ellos son con frecuencia de mantenida oposición. El reiterado recurso al TC es indiciario por demás de lo que señalo. En otras ocasiones, si no de oposición, sí lo son, al menos, de permanente confrontación. En cualquier caso, los diferentes poderes públicos territoriales se asemejan a vecinos de una misma escalera que no se dirigen la palabra; se ignoran.

Falta, y falta notablemente en muchas Comunidades autónomas, mentalidad de Estado. Este, por su parte, poco hace para que aquellas, de acuerdo con las previsiones constitucionales, participen de forma efectiva en la determinación y establecimiento de las decisiones políticas a nivel nacional: tampoco, para establecer el cauce adecuado con el fin de que tales relaciones puedan llevarse a cabo. Falta de relación y de coordinación entre los distintos poderes públicos. Nota cierta que caracteriza en demasía la actual realidad del fenómeno autonómico.

Frente a ello es preciso insistir en que el sistema requiere de modo imprescindible el planteamiento conjunto de las actuaciones de las distintas Administraciones territoriales: participación de las Comunidades autónomas en el establecimiento y determinación de las opciones políticas de carácter nacional; también, necesidad de un cauce para formalizar las relaciones de aquellas con el Estado, y de ellas entre sí, cauce institucional, con el fin de que algo tan lógico y normal —algo, también, tan necesario— no se convierta en conspiratorio. Asimismo, es obligado postular una eficaz y radical descentralización de los cometidos de la Administración autonómica en las Administraciones locales, un terreno que prácticamente permanece inédito; incorporación de estas últimas a la urdimbre organizativa del propio sistema autonómico. El carácter bifronte de la Administración local, en los términos que señalara la sentencia del Tribunal Constitucional de 23 de diciembre de 1982, permite tal posibilidad. Mejoraría igualmente, sin duda alguna, la prestación de los servicios y, en cualquier caso, reduciría su costo de forma notable.

Es, pues, obligado reducir ya el pesado aparato burocrático de las Comunidades autónomas, haciendo entrar en juego precisamente las posibilidades que al respecto cabe derivar de la colaboración de las Administraciones locales. Es este un tema que hay que plantear como condición auténticamente indispensable para alcanzar el grado efectivo de descentralización política que la Constitución prevé. Resulta desde luego comprensible que a la Administración autonómica le resulte más fácil —y más cómodo— crear su propia Administración periférica, frecuentemente con criterios de estricta oportunidad o de conveniencia política, o incluso crear su propia Administración local, que no integrar en ella otras Administraciones ya existentes, gobernadas con frecuencia por fuerzas políticas de signo muy distinto. Hay, por ejemplo, una marcada insistencia en que las Comunidades asuman las llamadas fórmulas de ejecución autonómica de la legislación del Estado. Un principio que, consecuentemente, debería proyectarse, emplazando también a que las Administraciones locales —ayuntamientos, diputaciones, cabildos, concejos insulares— asumieran las lógicas tareas en la gestión de los cometidos autonómicos. La eficacia que ello supondría para la actuación pública y el notable menor costo que ello representaría, abogan de forma inequívoca por soluciones como las que señalo.

Situación de desconfianza; muy frecuentemente de auténtica crispación. Y ello, por las dos partes. En muchas ocasiones, no puede por menos que obligar a plantearse si, de verdad, se cree en el sistema. He venido insistiendo con reiteración, y lo recordaba al comienzo de estas páginas, que la estructura del Estado establecida en la CE requería un auténtico cambio de mente en la concepción misma del poder. Y esto es lo que no parece se haya logrado todavía. Diríase que el Estado-aparato no cree realmente en lo que puede suponer el fenómeno autonómico. Y es curioso también que muchas Comunidades tampoco parece que siquiera creen en el sistema: tratan de sortearlo, sin aceptar tampoco lo que sus propios Estatutos establecen. Ahí está, por ejemplo, en relación con lo que antes señalé, el rechazo a las fórmulas de colaboración con las Administraciones locales que muchos de ellos prevén *explícitamente* al configurar a estas últimas como auténticas ejecutoras de buena parte de las decisiones de las Comunidades. Situación cierta, frente a la que resulta obligado, imprescindible, plantear el tema en términos muy distintos a lo que hasta ahora han sido habituales; también, con un talante muy diferente. Hay que evitar recelos, suspicacias, crispaciones; evitar, asimismo, que el proceso autonómico discurra, diferenciado, como consecuencia de la identidad o no de las fuerzas políticas que a nivel nacional y regional puedan ostentar el gobierno de los diferentes poderes públicos o, singularizado, en relación con algunas Comunidades autónomas concretas.

Las diferencias y tensiones entre los distintos poderes territoriales son desde luego inevitables. Diríase que entran dentro de la lógica del sistema. La experiencia de países de estructura regional o federal así lo acredita. Posibilidad que, sin embargo, es algo muy distinto a que la situación de confrontación resulte la habitual y sea la característica determinante de las relaciones entre el Estado y las distintas Comunidades autónomas. Es preciso para ello de ese esfuerzo, de ese cambio de mente al que antes aludía y que, desde luego, debe operar a muy distintos niveles. El Estado ha de abandonar la generalizada creencia de que la consolidación del fenómeno autonómico, la normalización del proceso de transferencias y la reducción de competencias que ello comporta, conduzca a su debilitamiento. Las Comunidades autónomas, por su parte, ya se señaló, deben dejar de creer que la mejor forma de afirmarse es combatir el poder de aquel desde un permanente y reivindicativo victimismo, siempre insatisfecho. Cambio de talante que, en definitiva, requiere un gran esfuerzo para plantear el tema en términos de rigurosa lealtad, que permita fijar así, con hondura, los parámetros en los que es preciso situarlo para, desde ellos, proceder después a su desarrollo y consolidación. Un planteamiento que es, en definitiva, al que también responde el principio de la *Bundestreue* (fidelidad federal) elaborado por la doctrina alemana y reiteradamente argumentado por la jurisprudencia. Fidelidad que no cabe aducir, como frecuentemente se hace entre nosotros, requiriéndola únicamente a las Comunidades autónomas respecto al Estado; es también exigible a este respecto de aquellas con el mismo vigor. Un principio que une, expresa y recíprocamente, «a las partes», y que limita el libre ejercicio de las propias competencias, en cuanto obliga a respetar los intereses de cada una de ellas. Auténtica ética constitucional objetivizada.

Las relaciones entre los distintos poderes públicos son siempre dinámicas; en ellas hay, debe haber también siempre, se dijo ya, algo de tensión. Lo que no es lógico, sin embargo, es que ese proceso permanezca permanentemente abierto en un mantenido e interesado estado de indefinición. La situación que sobre ello ofrecen todos los sistemas políticos que territorialmente adoptan una estructura plural resulta al respecto clara por demás. Es preciso, de una vez por todas, establecer el sistema, cerrarlo, definirlo; concluirlo. En definitiva, saber qué tipo de Estado es el que resulta de la CE. Y luego, tratar de que funcione lo mejor posible. En los términos en los que Voltaire finaliza su *Cándido*, dejemos ya de divagar —y de reclamar o de negar— y pongámonos a cultivar el huerto. A que el Estado y los otros poderes públicos funcionen.

El Parlamento y el Gobierno

Pablo Castellano

Alguien dijo, para definir las relaciones entre ambas instituciones, el Gobierno gobierna y el Parlamento controla. Cuando el Parlamento trata de gobernar, malo. Cuando el Gobierno no se deja controlar, peor. Aunque siempre se estará en esta tensión dialéctica, no es bueno que sea tan frontal, y debe tener sus dosis y sus grados.

En las primeras legislaturas, la constituyente y la de 1979, era obvio que el Parlamento gobernaba el país a golpe de iniciativas insuficientes del Gobierno y carísimos consensos o presiones de la oposición, y, al decir oposición, es lógico reducirla al partido de don Felipe González, pues la antigua Alianza Popular era meramente testimonial, el Partido Comunista estaba obligado a alinearse con el PSOE, y las minorías nacionalistas practicaban su habitual estrategia parlamentaria de, en Madrid, mande quien mande, hay que ver lo que sacamos. No era cuestión caprichosa, sino la lógica a que conducía un Gobierno de mayoría minoritaria, más fruto de la transición política y sus condicionantes, que de una situación más normalizada.

Cierta debilidad y mala conciencia hizo de los gobiernos de antaño auténticos hitos en el desarrollo de las libertades, obsesionados por no ser tildados de cicateros o restrictivos cuando la negación de estas estaba tan próxima, y era tan fácil la alusión al pasado.

Pactos políticos, para sacar adelante la Constitución; económicos, para trampear la crisis; autonómicos, para ir conjurando viejos resabios nacionalistas, y más que pactos, obligadas renuncias sociales de los sindicatos, a los que el tiempo no ha reconocido lo que al parecer fue un sacrificio inútil, si es que pensaban que en el futuro se verían compensados, fueron la línea directriz política de la época.

Los comentaristas políticos y corresponsales acreditados ante el Congreso de los Diputados recuerdan ahora, quizá idealizándolo, el tono de los debates, la vivacidad del hacer parlamentario, en tiempos en que, sin duda alguna, y no sólo por su novedad, el Parlamento era el centro de atención política de todo el país.

La precariedad del Gobierno era tal, allá por los meses de verano de 1982, que se disolvieron las Cámaras bajo el imperio de un reglamento que en su tramitación había sido devuelto a Comisión, exigiendo un dictamen adicional y que era ya realmente el reglamento que imponía la oposición al Gobierno, reglamento vigente hasta la fecha. El PSOE sabía de sobra, como cualquier ciudadano, que ese sería el texto que regiría su hegemonía parlamentaria.

La estrategia de desgaste del Gobierno que el grupo mayoritario de la oposición supo desarrollar, unida al choque traumático de un 23 - F —suceso que nadie tiene todavía interés en aclarar— el derrumbamiento de la UCD, y el estallido de contradicciones en el Partido Comunista, que incluso le llevarían a apoyar al señor González, fabricaron, bajo el eslogan del cambio, un apoteósico triunfo de la izquierda en las elecciones del 28 de octubre de 1982, bajo una inequívoca sensación de revancha, más que de alternancia, y de auténtico comienzo de la democracia, cual si los tiempos precedentes hubieren sido simplemente un prólogo de «la gran ocasión».

La década socialista

Si se quiere analizar, aunque sea someramente, esta década, es necesario hacer alguna reflexión sobre las tres grandes actividades del Parlamento: la legislativa, la controladora y la pedagógica o ejemplarizante de la institución, tan importante o más que las dos primeras, y de la que extraerá o le será negado el prestigio social, el encariñamiento ciudadano, y pondrá de manifiesto si es realmente la sede de la soberanía nacional, o un artificioso decorado.

Legislativamente, ha sido una década bien fecunda, de tal modo que puede hablarse con propiedad de una legislación de marcada orientación felipista, y entiéndase el adjetivo en el doble sentido descriptivo de su temporalidad, como de su intencionalidad. Cuestión bien distinta es si ese programa legislativo, desarrollado a lo largo de tres legislaturas, tiene algo que ver con el contenido de sus programas electorales.

Desde el programa ambicioso del «cambio» hasta el día de la fecha, ha sido una constante histórica lo que podríamos llamar corrección posterior de lo comprometido con el electorado, que realmente nunca ha sido respetado en lo importante y sí reinterpretado en lo cotidiano. Quizá eso fue lo que hizo exclamar a Nicolás Redondo, el líder de UGT, cuando un militante le hacía patente su disgusto por lo liviano del programa de 1982: «No te quejes, que ni eso van a cumplir.»

En el programa seductor han quedado almacenados, cual en un baúl de los recuerdos, la salida de la OTAN, los ochocientos mil puestos de trabajo, la institución del jurado, la desmilitarización de la Guardia Civil, la cuasi federalización del mapa autonómico y, sobre todo, la profunda reforma administrativa, que tenía que llevar consigo el eslogan de «que España funcione».

En el baúl de los recuerdos han quedado la lucha contra el fraude fiscal, el anhelado aumento de los impuestos directos sobre los indirectos y la eliminación de todo trato favorable a las rentas del capital sobre las rentas del trabajo. El eslogan de la época era aquel de «la pasada por la izquierda».

La única medida legislativa adoptada nada más constituir Gobierno fue el real decreto sobre medidas urgentes de reforma administrativa, pues realmente la legislatura comenzaba en serio el año 1983.

Hubo de cambiarse a toda prisa cuanto se había preparado para la redacción de los estatutos de autonomía que quedaban pendientes, pues la filosofía había de ser distinta, desde la óptica de un partido en la oposición a un partido que controlaría no sólo el Estado central, sino además trece comunidades autónomas. Fueron estatutos de doble tramitación y tuvo cierta gracia ver cómo los defensores de la mayor autonomía frente al Gobierno central cambiaban de libreto y pasaban a ser defensores de la unidad patria, por mor de la razón de Estado.

Fueron estas las primeras leyes que ponían de manifiesto que se había producido no sólo un cambio de gobierno, sino que se iba camino de un cambio en la filosofía del Estado, camino de una cierta homogeneización entre partido-Gobierno-Estado.

Un hito en este período legislativo fue sin duda el llamado asunto Rumasa. Un Real Decreto de 23 de febrero de 1983 producía la expropiación de este *pool* bancario financiero, refrendada por la Ley de 29 de junio. En ese mismo año, y para que poco a poco se fuera enterando el país por dónde iban a ir las cosas, se modificaba el régimen jurídico del cambio de capitales. El nuevo eslogan era el de «podremos meter la pata, pero nunca meteremos la mano», y el de «to pal pueblo».

Fueron estas primeras legislaturas una habilidosa combinación de suaves medidas económicas frente a los poderes financieros y una avanzada legislación en materia de desarrollo de libertades, si reparamos en que, en los primeros días de 1983, se regulaba el derecho de reunión, en una línea que luego ha sido revisada a la baja por la llamada Ley Corcuera; se reformaban los artículos 503 y 504 de la Ley de Enjuiciamiento criminal, con el fin de su aplicación ilimitada, que también fue luego reconducida, dando lugar, en este como en otros muchos temas, a la llamada contrarreforma, que pasada la primera legislatura ha sido ya una constante. En idéntico sentido, la regulación, de esa fecha, sobre incompatibilidades de altos cargos, ha visto también llegar su posterior rebaja, con motivo de la inevitable discusión, que ha atravesado estos diez años, sobre la corrupción, el tráfico de influencias, la utilización indebida de información privilegiada, el nepotismo y el abuso de poder y la influencia política al servicio de intereses bien rechazables.

Mientras se llevaba a cabo una durísima política de reconversión industrial, que algunos han llegado a cifrar en un costo de más de seis billones de pesetas, y de cerca de dos millones de parados, con la que tratar de sanear el instrumento productivo, con expectativas de futuro, hacia la competitividad europea, esta política económica liberal se compensaba, por lo menos entonces, con el desarrollo constitucional en leyes como las de derecho de rectificación, iniciativa legislativa popular, habeas corpus, tipificación delictiva de las escuchas ilegales telefónicas, objección de conciencia, asilo y refugio, defensa de consumidores y la, también luego más que corregida, Ley de la Función Pública.

A los doce meses de la expropiación de Rumasa había que empezar a emitir deuda pública del Estado para sufragar el déficit del órdago Rumasa, mientras los medios de comunicación iban poniendo de manifiesto cómo se almonedaba ese patrimonio, con total falta de transparencia y actitudes de inocultable amiguismo. Es obvio que todo intento de aclarar estos manejos eran tildados de actitud defensora de la indefendible actuación del señor Ruiz-Mateos. El Parlamento, convertido de hecho en acompañamiento del Gobierno, lugar de respaldo y aplauso, dimitía de su obligación controladora y la resituaba en la prensa, y en los tribunales, con evidente alteración de papeles en un sistema democrático, a efectos de depurar responsabilidades políticas.

Fue posiblemente el año 1985 el de más copiosa producción en materia de desarrollo constitucional, pero ya desde una perspectiva más cautelosa, o como decían los responsables del Gobierno, menos ingenua. La Ley de protección del honor se modificó, como en tantas ocasiones para favorecer impunidades políticas, de modo tal que mereció posteriormente el calificativo de inconstitucional; se eliminó el recurso previo de inconstitucionalidad, que lógicamente favorecía a actitudes de la oposición; a través de la Ley Orgánica del Poder Judicial se reformó la constitución de su Consejo General, y mientras su lógico entronque con la soberanía popular eliminaba la anterior forma de elección, posiblemente corporativista, la nueva abría el portillo al sistema de reparto o cuotificación entre el partido del Gobierno y el primer partido de la oposición, que ha degenerado en una inocultable lucha por su control, y empañamiento de su imagen de independencia, alegato que alcanza al Tribunal Constitucional, Tribunal de Cuentas, Consejo de Estado, Defensor del Pueblo, fiscal general del Estado, y de todas y cada una de las instituciones que deberían ser intachablemente independientes, dada su función al servicio de toda sociedad, y no concebidas como delegaciones de Gobierno.

Diose también marcha atrás en materia de penalización del consumo de productos sicotrópicos, congelóse la posible ampliación de supuestos de licitud de la interrupción voluntaria del embarzo, y curiosamente, según se corregían las directrices legislativas, en la línea que iba marcando la presión de la derecha de la Cámara o se cedía a sus presiones para legislar definitivamente la televisión privada, se iba suscitando en el cuerpo electoral un rechazo del que quizá fuera el máximo exponente la renuncia al acta de Diputados de Nicolás Redondo y de Antón Saracíbar, con motivo de la regulación del sistema de pensiones, que no era más que el anticipo de lo que había de ocurrir años después con relación a otras medidas de recorte de las escasas situaciones de protección social, tales como horario de trabajo, seguro de desempleo, estabilidad contractual, higiene y seguridad laboral, y restricciones impensables a la acción sindical.

Resumiendo en lo posible, las directrices legislativas que comenzaron con un espíritu seriamente reformista, comprendido por la mayoría de la población y contestado únicamente desde los sectores a cuyos intereses simplemente arañaba, tal y como ponía de manifiesto el enfrentamiento con los altos cuerpos de elite del Estado, con la Iglesia en materia tanto de educación como de laicización de conductas a la luz de medidas punitivas, fueron sistemática y meticulosamente desmontadas en las posteriores legislaturas hasta el extremo de recorregirse en materia de libertades públicas e individuales y expandirse en la política económica liberal. La regulación del tratamiento informático de datos que afectan a la intimidad, la Ley Corcuera, la nueva redacción del Código penal, con la posible inclusión de un delito de difamación, y el acorazamiento de la Administración frente al derecho de información del ciudadano, que se trasluce en la reforma del procedimiento administrativo y Ley de Régimen Jurídico del Estado, aventuran malos tiempos para la interpretación extensiva de la libertad constitucional. Quizá sea esta la ofensiva conservadora.

Lo que queda del Parlamento

El resultado ha sido el lógico alejamiento de sindicatos, capas populares y sectores más dinámicos de los núcleos urbanos, reduciendo el apoyo a una capa de la sociedad rural y subsidiada, clientelar y caciquil, que se mantiene desde la importante fuente de poder político que supone el dominio y manejo de los fondos del Estado, y se refleja en subvenciones a organizaciones partidarias que viven del erario público: asociaciones de usuarios y consumidores, juveniles, de la mujer, hasta pacifistas, ecologistas, fundaciones culturales, de modo que rara es la actividad social en la que no se tropiece con una organización partidaria mantenida por el Ministerio del ramo, a través de la cual mantener el partido y su burocracia y los sectores sociales más favorecidos, por su proximidad al Gobierno. La llamada política de chequera y carné.

El debate de los Presupuestos del Estado a lo largo de todos estos años ha devenido no en el debate sobre los gastos e ingresos, sino para evitar cierto escándalo en el mecanismo para alcanzar en materia de retribución personal, cambio de estructuras administrativas, regulación de ventajas o recortes sociales, las reformas de leyes tanto económicas como de otro tipo, que se quieren «colar» sin levantar demasiadas ampollas, y hacemos esta digresión para comprobar cómo ni siquiera la más elemental técnica legislativa ha escapado a la concepción de que *porque se tiene la mayoría, todo, absolutamente todo, está permitido*.

El consagrado término del rodillo parlamentario o la desafortunada expresión, por cursi y pedante, de la prepotencia han querido definir la tónica de una forma de legislar, pero es más elocuente aún llamar la atención sobre la complementaria directriz de la búsqueda de privilegios. Desde la creación de la medalla al mérito constitucional, que se otorga graciosamente por el Gobierno, y que de ser necesaria debería ser concedida por las Cámaras, hasta la regulación de exenciones en materia de colaboración testifical con la justicia, incompatibilidades, interpretación restrictiva de la inmunidad parlamentaria, se ha ido creando una imagen de preocupación obsesiva por cuestiones de primacía, privilegio, protocolo, distinción sobre el común de los ciudadanos, hasta llegar a la institucionalización de la situación de ex algo, que no se compadecen con la deseada normalización de la vida política y la vida del político, que es una de las señas características de una democracia normalizada. La clase política, que es lo mismo que la consagración de su tendencia burocratizadora, ha tenido en estos años una buena base de asentamiento. Aunque el eslogan era «por el interés de España», la verdad era que el más significativo fue el de «para seguir avanzando».

Es absolutamente cierto que en determinados sistemas parlamentarios, y con evidente lógica, la iniciativa legislativa sólo deba corresponder al partido-gobierno que gana las elecciones, pues ha de entenderse que su programa es el que ha sido escogido por los ciudadanos como más favorable a la mayoría y este debe plasmarse en leyes, sin que las propuestas de la oposición, rechazadas electoralmente, sean otra cosa que una alternativa comparativa.

Por ello es a la oposición a la que corresponde el papel, bien importante, de seguimiento en el cumplimiento del programa gubernamental y control de su forma de realización, así como la traslación a la Cámara de los problemas de la cotidianeidad sobre cuya resolución ha de pronunciarse quien tiene la responsabilidad de la gobernación del Estado. En suma, el Parlamento controla a través de las iniciativas de la oposición, que equilibran toda tentación de abuso o exceso. Ha de hacerse realidad el principio democrático de la responsabilidad política.

En este importante test democrático, las legislaturas transcurridas desde el acceso al poder del Estado por don Felipe González y sus seguidores arrojan el más negativo balance. No sólo no han sido aceptadas enmiendas, que arrancando desde la propia filosofía del partido gubernamental trataban de matizar o perfeccionar textos, sino que el papel de la oposición en el Parlamento se ha ido desarrollando contra toda clase de trabas.

La más elemental base de todo control es la información rigurosa y objetiva del diputado, representante de la soberanía popular. El acceso a la misma ha sido de tal manera impedido y obstaculizado que sólo el papel de una prensa de investigación ha permitido que la oposición pudiera tener material sobre el que actuar en cuestiones de control de la acción política. La prensa fue la primera en desvelar qué estaba ocurriendo con los bienes del «emporio» Rumasa, a quiénes se estaba adjudicando, en condiciones de auténtica donación, financiada complementariamente, y aun conocida la notoriedad de estas actuaciones administrativas, una interpretación del Reglamento de la Cámara, e incluso de la propia legislación, ha dejado inermes a representantes de la ciudadanía, no pertenecientes al partido del Gobierno, ante sus abusos y ocultaciones.

Todo intento de investigación en materia de corrupción, Rumasa, privatización de bienes del patrimonio del Estado, actuación basada en la utilización de información privilegiada de la banca pública y sus gestores, financiación de partidos políticos, política de subvenciones, avales del Estado, concesiones administrativas en materia de juego, casinos, loterías, medios de comunicación, recalificaciones de terrenos y hasta el conocimiento de empleo de los caudales públicos, so pretexto de la reserva de fondos al discreto o arbitrario uso de sus destinatarios, han chocado con el muro de la negativa y del ocultismo. Sólo dos comisiones de investigación han funcionado en esta década, una de ellas de carácter puramente especulativo para conocer qué reformas habrían de introducirse en la regulación de la financiación de los partidos, y la otra en el llamado caso Renfe.

Y esta actitud de empecinada negación de colaboración con los miembros de la Cámara se ha extendido a toda clase de instituciones, siendo la más grave la mantenida con el propio poder judicial. Es realmente paradigmática en esta materia de política de monopolización informativa la celosa reclusión del Centro de Investigaciones Sociológicas. El Gobierno mantiene secretas las actas de inspección del Banco de España en el caso Ibercorp. A la Cámara se niega la posibilidad de investigar el asunto de las empresas Filesa, Malesa y Time Export, como todo lo relativo a don Alfonso y don Juan Guerra, y sus negocios al amparo de una irregular situación en la Junta de Andalucía.

No puede la Cámara conocer y en consecuencia actuar en temas tan delicados como el espionaje de los partidos políticos, la más que frecuente existencia de escuchas ilegales telefónicas, la actuación de la llamada banda GAL, las mafias policiales, la malversación de fondos en contratación de suministros al Ejército, las cuestiones relativas al tráfico de armas, y ni siquiera conocer las condiciones en que se adquirieron primero los terrenos del proyectado polígono de tiro de Cabañeros y ahora de Anchuras, en cuyas transacciones siempre aparecen nombres vinculados a personajes políticos de dudosa reputación, y lógicamente menos aún las concretas operaciones de políticos que rellenan las páginas de todos los periódicos. El Parlamento no sólo no controla, sino que además ignora.

No distinto es el trato que recibe el poder judicial en la obligada colaboración que la Constitución proclama, hacia él, de todos los poderes, y así se le niegan ahora desde el Parlamento las actas de la Comisión Renfe, o se le niegan desde el Gobierno los fondos reservados en el asunto GAL, cuando no se le usa como coartada para no investigar en las Cámaras, confundiendo responsabilidades políticas y penales o administrativas.

El Parlamento, y entramos con ello en la última de las facetas desde la que queremos hacer esta breve consideración sobre las relaciones y concepción que el Gobierno de Felipe González tiene del mismo, es visto como una inevitable tara que hay que saber soportar con resignación cristiana. Al presidente del Gobierno le parece una pérdida de tiempo ir a la Cámara, y una molesta, mas inevitable carga, el tener que comparecer a responder a las ocurrencias de los indocumentados que allí están deseando incordiarle.

El Parlamento, en la concepción revelada, con hechos, a lo largo de esta década sólo sirve para legitimar la acción del Gobierno. Aquello que pudiere parecer en exceso particularista o privativo de partido es bueno que sea refrendado por el Parlamento para así presentarlo a la ciudadanía como una opción de todo el pueblo español, por encima de diferencias de partido u organización.

El Parlamento ha de ser quien obligue al PSOE a reconducir el tema OTAN, con lo que se pasa a la institución la responsabilidad de tan profundo cambio. El Parlamento se ha intentado incluso, con la ayuda de los buenos oficios del señor Roca, que llegara a impedir la huelga general del 14-D, y las movilizaciones del 28-M. El Parlamento ha sido el decisor de la política de participación en la trágica guerra del Golfo.

El corolario es bien lógico, quien se oponga a la política que el Parlamento legitima se opone al Parlamento, con lo que se alcanza el óptimo de desacreditar como antidemocrático a todo el que discuta las leyes y resoluciones que de él emanan. La aberración no por burda deja de ser eficaz ante una ciudadanía temerosa de que se le tilde de poco demócrata o desestabilizadora.

Es el Parlamento, y no una concreta política legislativa de un gobierno determinado, legítima pero coyuntural, quien impone la condena de los insumisos, introduce la figura de la patada en la puerta, recorta pensiones, y concede a otros toda clase de privilegios y avala todo lo que el Gobierno hace, con lo que incluso se llega a la peregrina interpretación de que aquellas fuerzas políticas que luchan por las modificaciones legislativas, con arreglo a sus propios programas, han de ser consideradas como incitadoras al incumplimiento de las leyes.

La interpretación reduccionista y formalista del Parlamento lleva a practicar una permanente política de exclusión de su uso como lugar de debate, de contrastación de programas y soluciones y marco para el alcance de acuerdos o construcción de consensos. La política real se hace y deshace entre notables y en los pasillos; es la llamada diplomacia o política secreta. Por ello, la figura del diputado como agente político central, no sujeto a mandato imperativo alguno, independiente de criterio pero no de ideología, es en principio sustituida por el colectivo disciplinado del grupo parlamentario, y finalmente por el portavoz. El pleno de la Cámara es el final de un trayecto más que preestablecido desde la Junta de Portavoces, pasando por la Mesa y siempre por el Gobierno. Los más esperados debates acaban siendo las más esperadas frustraciones, y las que un día fueron repletas galerías de ciudadanos asistentes a las sesiones son hoy una ocasión de obligada visita colegial, o atención familiar, cuando no una ocupación de retirados.

A la burocratización parlamentaria ha contribuido de modo destacado esta década, de profesionalización de los políticos, de oligarquización de los partidos, y de alejamiento de las instituciones de la sociedad y sus impulsos. Los ciudadanos perciben cada uno en su estilo que los focos del poder, del decidir y del hacer político no pasan por sus salones, ni por sus discusiones, y que por el contrario lo que sí pasa por sus debates y comisiones es una permanente endogamización de la vida de la mal llamada clase o casta política, obsesivamente preocupada por sus situaciones.

El resultado: la política fuera del Parlamento

De un Parlamento incapaz de controlar políticamente al Gobierno, por su sometimiento al ejecutivo, no se puede extraer un modelo distinto para el resto de instituciones, y el modelo se repite miméticamente en asambleas autonómicas y municipios, incluso en instituciones que se convierten en pequeños miniparlamentos como el Consejo de Radio y Televisión, el Consejo General del Poder Judicial, el Tribunal de Cuentas, el Consejo de Estado, y hasta el Tribunal Constitucional.

El vacío lo acaba llenando el Parlamento de papel, las tertulias radiofónicas, los encuentros sociales e iniciativas de otras instituciones, mas no como prueba de la vertebración social o sensibilidad cívica, sino como expresión de su insuficiencia.

Es por ello lógico que periódicos y periodistas, malévolamente controladores, acompañen al Parlamento en el *ranking* de malquistos del señor presidente del Gobierno y su grupo, que ha sabido desvelar la diferencia entre opinión pública y opinión publicada.

La instrumentalización del Parlamento acaba conduciendo a su trivialización, e interesa más al ciudadano el cotilleo o el chisme político que la profunda razón de ser de unas u otras leyes. La lectura del Diario de Sesiones no pone de manifiesto la profundidad de los problemas debatidos, y en la mayoría de los casos recoge farragosamente el informe leído, que el diputado del grupo que apoya al Gobierno ha recibido del ministro de turno para despachar el expediente. A través del Diario de Sesiones se logra saber lo que los diputados tienen en los papeles, pero no lo que puedan tener en la cabeza. Para no obrar con precipitación o improvisadamente, las preguntas al Gobierno se hacen con la suficiente antelación para que sus técnicos preparen la «adecuada» respuesta.

El último debate sobre la Ley de Presupuestos de 1992 constituyó una denuncia pública de una forma poco racional de acometer la discusión de esta importante ley, al renunciar la totalidad de portavoces políticos de la oposición a sostener sus enmiendas, con la total ausencia de todos y cada uno de los miembros del Gobierno, y ante la actitud de su grupo parlamentario de rechazar sistemáticamente todo intento de perfeccionamiento o aclaración. Tan escandalosa situación pareció crear una actitud crítica que culminara en la reforma reglamentaria que pusiere fin a una práctica de inutilización de la institución. Poco ha durado tal empuje, y llegado el momento de discutir esa posible reforma, el Gobierno y su partido han insistido en rechazar toda posible comisión de investigación que ellos no apoyen, así como el posible derecho de información *in situ* de diputados, aun cuando hubiere previo aviso de visita. Se ha rechazado, asimismo, la posibilidad de llevar a cabo las sesiones de preguntas al Gobierno, en la persona de su presidente, con inmediatez; en suma, se congela toda expectativa de reavivamiento institucional.

En la imperante situación de confusión de linderos entre partido-Gobierno y Estado no tiene lógicamente cabida una concepción parlamentaria de control, ni la existencia de instituciones arbitrales-imparciales que respondan a una auténtica razón de Estado distinta de la razón de gobierno. No ha lugar a una razón de Estado social y democrático de Derecho, distinta de la razón del Gobierno. Desde esta concepción es ilusorio aspirar a la independencia e imparcialidad de la Administración, del Defensor del Pueblo, o del fiscal general del Estado.

Para finalizar y que nadie pueda albergar alguna duda acerca de esta crítica, como nacida de una no aceptación del libre juego de mayorías y minorías, que constituye la legitimidad del sistema parlamentario, se hace preciso aclarar que esta situación calificable de degradada o perversa no nace de esa dinámica, sino de la forzada construcción de unas mayorías y minorías deformadas por una Ley Electoral que a todas luces hace desigual el voto, y primando exageradamente unas formaciones sobre otras produce de hecho distancias que no se corresponden con el apoyo electoral, pero que al favorecer al partido ya mayoritario es ilusorio creer que pueda ser reformada.

De esa Ley Electoral se deduce la composición de una Cámara en la que un grupo político con un respaldo del treinta y tantos por cien del electorado tiene una presencia del 50 por 100, y fuerzas políticas con un respaldo del 10 por 100 del electorado obtienen un 5 por 100 del número de diputados.

Este fenómeno, tan favorecedor de mayorías artificiales, del que dimanan secuelas, cuales son la partidización de los órganos constitucionales, no es sostenible con la sinrazón de la razón de la gobernabilidad, sino desde la óptica de la pura defensa del poder y la concepción de la política como mero botín, o apropiamiento de las instituciones del Estado. Puede ser que se haya de seguir luchando por el sufragio universal, libre, igual, directo y secreto y por la proporción que establece el número 2 del artículo 68 de la Constitución Española.

Medios de comunicación: estamos casi en donde estábamos

Justino Sinova

Si hubiera que resumir en una sola frase la actitud de los distintos gobiernos de la década socialista con respecto a los medios de comunicación y la actividad informativa, el diagnóstico sería así de simple: «Felipe González y su gente han mostrado miedo a la información.» Es un síntoma revelador que el líder del Partido Socialista Obrero Español haya empleado desde el poder expresiones despectivas para los periodistas antagónicas a las que les dedicaba desde la oposición. González ha recorrido el camino de un sinfín de políticos que un día se encandilaron con la prensa, cuando favoreció sus intereses, y al cabo de un tiempo la rechazaron porque no admitieron su crítica o se incomodaron ante la simple información independiente y descomprometida. Hay un ejemplo histórico de esta gran rectificación. Un ejemplo que se utiliza parcialmente, como si, en el caso de González, nos quedáramos sólo con sus declaraciones de hace unos años. Thomas Jefferson, redactor de la Declaración de Independencia de los Estados Unidos y presidente en los inicios del siglo XIX, es citado abusivamente por haber dicho que prefería «periódicos sin gobierno a Gobierno sin periódicos», pero se oculta, o más bien se ignora, que en 1807, tras siete años en la presidencia, destilaba rencor hacia la prensa. En una carta a un ciudadano de Virginia que le había comunicado su propósito de crear un periódico, le escribía estas amargas palabras: «La triste verdad es que la supresión de la prensa no podría privar a la nación de sus beneficios más de lo que ya la priva su sumisión prostituida a la falsedad. Hoy en día no puede creerse nada de lo que publican los periódicos. La verdad misma se hace sospechosa cuando aparece en ese vehículo contaminado. Sólo quienes están en situación de confrontar los hechos que conocen con las mentiras del día pueden saber hasta dónde llega este estado de desinformación. (...) Un hombre que jamás mire un periódico estará mejor informado que quienes los leen.»

Felipe González, salvando las distancias, se asemeja hoy al Jefferson del final de su mandato en su disgusto por la labor de los medios de comunicación. En el ecuador de su larga estancia en el palacio de la Moncloa lanzó aquella bomba dialéctica que ha quedado como ejemplo de los ataques políticos a la prensa, cuando calificó a ciertos periodistas, que no identificó, como «gusanos goebbelianos» (dijo «goebbelianos», no «goebbelsianos»). Y cierra la presente legislatura, tercera de su mandato presidencial y final de una década en el poder, no con unas simples palabras más, sino con un intento de endurecer la persecución penal a los periodistas mediante la introducción del delito de difamación en el nuevo Código penal, propósito que, a la hora de enviar estos folios a la imprenta, había recibido un matiz formal (se eliminaba el delito) pero no de fondo (las conductas tipificadas como difamación pasaban a engrosar el tipo de la injuria).

Cualquier observador podría extraer la conclusión de que los gobiernos de Felipe González han estado sometidos a un cerco cruel de los medios de comunicación. Pero, más bien, lo que hay que preguntarse es: «¿De qué se quejan?» Sí, de qué se quejan cuando lo que realmente ocurre en España, visto el problema de un modo desapasionado, es que los poderes públicos controlan los principales medios de comunicación hasta el punto de que la inmensa mayoría de los ciudadanos españoles utilizan medios conectados de un modo u otro al Gobierno central o a los gobiernos regionales, la mayor parte de los cuales son del mismo color político que aquel.

Cualquiera diría, al escuchar al presidente, que hay un gravísimo problema de opinión pública en España por la incapacidad o la maldad de los periodistas, que hay que correr en auxilio del presidente y sus equipos antes de que sean acorralados y sepultados por los medios de comunicación. Y, en realidad, el problema es a la inversa. Quienes necesitan una mano son los ciudadanos, porque creen que reciben información independiente del Gobierno y con frecuencia obtienen información orientada principalmente a satisfacer los deseos del Gobierno. Jefferson se quejaba porque no tenía los periódicos a su servicio. González se queja, pero con una palabra suya muchos medios públicos, esos que de verdad crean opinión en grandes espacios geográficos, cambian una programación o un informativo.

La verdad es que la situación de los medios de comunicación en España aparenta lo que no es. Un observador extranjero que llegara hoy a nuestro país e hiciera unas catas superficiales con intención de averiguar el estado de la libertad de expresión, podría obtener la impresión de que goza de buena salud; incluso, de muy buena salud. Constataría que el lector puede encontrar un número elevado de diarios y revistas en los que se reflejan las corrientes de opinión presentes en la sociedad. Comprobaría que el oyente dispone de una oferta múltiple en el dial de su radio y puede recibir opiniones muy variadas, para todos los gustos y todas las ideologías. Y se cercioraría de que el telespectador puede practicar el «zapping» entre varias emisoras que le sirven noticias, informes, películas de todos los colores (ideológicos) y programas de entretenimiento. Una situación ideal. Por si fuera poco, el observador podría enterarse, a poco que preguntara, de que los gobiernos de Felipe González han privatizado toda una cadena de periódicos del Estado y han legalizado la televisión privada. Miel sobre hojuelas. Y ya, para redondear la magnífica impresión, podría advertir el hecho sobresaliente de que una de las mayores denuncias contra los gobernantes y en general contra la clase política —la exposición constante y detallada de actos de corrupción— ha surtido efecto tras una acción tenaz de los medios de comunicación, que se han manifestado libremente.

El panorama, así descrito, aparentemente no podría ser mejor. Los datos coinciden con los que cualquiera puede encontrar en los frecuentes informes oficiales. Pero ¿las cosas son realmente así? ¿En la década de Felipe González ha mejorado tanto el respeto político a la libertad de expresión en España? Lamentablemente, no. Todo lo que se ha dicho antes es verdad. Pero no es toda la verdad, es una verdad sin matices, una verdad a medias y, en consecuencia, una descripción falsa de lo que pasa. España no es Jauja. Ni se le parece.

Periódicos públicos y televisiones públicas

A la hora de repasar lo que los gobiernos socialistas han dispuesto en el campo de los medios de comunicación hay que apuntar algunas acciones acertadas. Con sentido pragmático y contra las propias declaraciones programáticas del PSOE, en uno de los mejores ejemplos que han ofrecido los socialistas españoles de adaptación a la realidad, el primer Gobierno de Felipe González tomó la decisión de privatizar una bien nutrida cadena de periódicos del Estado, heredera de la Prensa del Movimiento del régimen anterior, y el segundo Gobierno dio luz verde a la televisión privada. Dos importantes actuaciones que los gobiernos precedentes de la Unión de Centro Democrático no acometieron, pese a entrar más correctamente en su oferta ideológica.

La primera de estas dos decisiones fue conducida con eficacia por el ministro Javier Solana: la venta de los periódicos públicos a particulares y empresas privadas se realizó con un general respeto a criterios objetivos. No sucedería así años después con el reparto de emisoras radiofónicas de frecuencia modulada, plagado de favoritismos y exclusiones caprichosas, que ha quedado como ejemplo de cómo no debe actuar un poder público que se estimara objetivo y al servicio de todos.

El alumbramiento de la televisión privada fue una noticia inesperada. El partido socialista se había mostrado radicalmente partidario de potenciar la televisión pública y contrario a la introducción de la privada. El primer director general socialista de RTVE, José María Calviño, resumió perfectamente el criterio dominante en el partido sobre la cuestión cuando dijo que la televisión privada era «la zorra en el gallinero». Pero pudo más el sentido pragmático del Gobierno, que prefirió actuar al margen del propio programa electoral y dar salida a uno de los anhelos más amplios y más reiteradamente expuestos de la sociedad.

Por desgracia, el proyecto no llegó a satisfacer plenamente los anhelos de libertad para el medio televisivo. La televisión privada —cuya ley fue aprobada en el Parlamento con sólo los votos favorables del PSOE y el no de toda la oposición— quedó reducida a tres grandes emisoras de ámbito nacional, cuya fuente de origen es una concesión administrativa temporal, con limitaciones en su composición accionarial, en su ámbito geográfico y en su actividad. Por la vía de los hechos consumados, quedó fuera de la ley, prohibida, la televisión privada local y regional, sin que el Gobierno fuera capaz de exponer razones convincentes que lo justificaran. La única razón de fondo es que el Gobierno temía abrir demasiado la mano y perder el control del medio más influyente. En la práctica, la televisión sigue dominada por el sector público. Las tres emisoras privadas (una de ellas, codificada, tiene una audiencia reducida) han de convivir con dos emisoras públicas de ámbito estatal y otras siete públicas de ámbito autonómico, a las que posiblemente pronto se añadirán otras.

A finales de 1991, el Gobierno de González se decidió a dar cauce legal a la televisión local y por cable, pero se desconoce el alcance preciso de este propósito. El Gobierno socialista se muestra remiso, no obstante, a avanzar por el camino de la dispersión de la televisión privada. He aquí un detalle revelador. En septiembre de 1992 se lanzó al espacio el primer satélite de comunicaciones español, el Hispasat, que ofrece, entre otros servicios, cinco canales de televisión para todo el territorio peninsular e insular. Pues bien, el Gobierno decidió que los pretendientes a utilizar esos canales fueran las sociedades ya gestoras de emisoras de televisión, nadie más. Cuando limitó a tres emisoras las posibilidades de la ley de televisión privada, el Gobierno de turno insistió en que la capacidad tecnológica estaba al borde de sus posibilidades; no «cabían» más emisoras. El Hispasat ha roto esos límites y, sin embargo, el Gobierno no apuesta por ampliar la participación de los particulares en la televisión privada. Eso es miedo a perder el control y miedo a que las emisoras públicas pesen cada vez menos en el conjunto del medio de comunicación más influyente. Ha desaparecido, sí, el monopolio de la televisión pública, y esto es algo que hay que anotar en el haber de González, pero el sector público de la comunicación sigue estando favorecido por la política socialista, que se resiste a arrinconar definitivamente la situación anterior.

La intervención del Gobierno

El principal problema que ha planteado la gestión socialista con respecto a los medios de comunicación es la consolidación de la intervención del Estado en un ámbito que debe estar, por principio y mayoritariamente, reservado a los particulares. La función de los medios de comunicación se entiende por referencia a los poderes públicos. Son instituciones de la sociedad para sus relaciones públicas con la Administración. Cuando la Administración entra en los medios, cuando se pone en el lado de los medios, entonces la relación quiebra, el equilibrio se deshace. Esa presencia del Estado, que sigue siendo el más importante empresario de la comunicación en España, ofrece al Gobierno y a otras instituciones públicas unas oportunidades extraordinarias para intervenir en la elaboración de las informaciones. Y, así, la televisión estatal se mantiene como un reducto dominado por el Gobierno; lo peor que le puede suceder a esa empresa de comunicación es que crece el número de ciudadanos que piensan o sospechan que el Gobierno está detrás de la pantalla, pero el Gobierno sabe que, pese a todo, la televisión ejerce una influencia mágica, y continúa aplicando sobre ella el control más estricto.

Lo lamentable es que se haya perdido la oportunidad de quitar las manos gubernamentales de la televisión pública, que era lo que el partido socialista reclamaba desde la oposición. Uno de los episodios fundamentales de la política socialista de oposición al Gobierno de Adolfo Suárez fue la utilización parlamentaria de una auditoría sobre TVE, que sustentó una moción de censura que debilitó el aparato centrista de un modo irreparable. El argumento básico era la explotación partidista de la televisión pública por los gobernantes de la UCD. Para frustración de muchos, el PSOE ha hecho en el Gobierno exactamente lo que denunciaba desde la oposición como un imperdonable delito político.

Al mismo tiempo, sigue creciendo, por voluntad política de la mayoría, la televisión pública autonómica; ya son ocho (dos en Cataluña, dos en el País Vasco y una en Galicia, en Valencia y Andalucía) las emisoras que mantienen una programación competitiva al tiempo que se endeudan gravemente con cargo al saco de los fondos públicos. El partido del Gobierno controla tres de las ocho (Madrid, Andalucía y Valencia) y participa en el control de las dos vascas. Lo más preocupante de esta situación no es que al final las pérdidas de estas emisoras deban pagarlas los ciudadanos, sino que tales emisoras estén concebidas y gestionadas con finalidad política, para disponer en el momento oportuno de un instrumento de influencia sobre los gobernados.

Esto es un gravísimo problema, cuya degradación hay que imputar a los Gobiernos que han sido durante la década, pero también a los partidos de oposición, en partes proporcionales, porque todos han preferido la propaganda a la razón. Este detalle revela que el problema de la televisión pública no es exclusivamente un problema gubernamental, sino un problema de política general. Los políticos de cualquier color quieren usar de la televisión, y las excepciones son sólo excepciones. José María Aznar, cuando era presidente de la Junta de Castilla y León, intentó reconducir la posible televisión autonómica hacia una televisión privada y encargó al administrativista Gaspar Ariño que descubriera la posibilidad legal de dar entrada a la iniciativa privada en la gestión televisiva autonómica. La ley —según el informe redactado— no le permitía un margen suficiente de actuación y tuvo que renunciar a su propósito y, en coherencia con él, también renunció a la televisión autonómica. Pero su partido, el PP, no ha reaccionado de modo consecuente. En Galicia, Manuel Fraga usa de la televisión autonómica. No fue él quien la puso en marcha, pues se la encontró cuando sucedió a los socialistas, pero la utiliza como los demás gobernantes autonómicos que disponen de un instrumento tan importante, un instrumento que debería ser de información y que es, con lamentable frecuencia, de propaganda.

En este maremágnum de televisiones públicas, la incidencia de las televisiones privadas ha resultado aún muy reducida. También ha influido al hecho de que su labor de compensación haya sido hasta el momento muy débil el que una de las tres privadas haya optado especialmente por la frivolidad y el entretenimiento, otra se haya especializado prácticamente en cine y se emita por codificación, lo que limita su ámbito de influencia, y la tercera haya experimentado cambios en su accionariado y se encuentre en proceso de recomposición.

El último Gobierno de Felipe González ha decidido, en este caso optando por la vía razonable, retirarse de las emisoras de radio de onda media en las que seguía y sigue presente gracias a una disposición del franquismo que sólo al final de su década de hegemonía se ha decidido a revisar. Esa medida franquista obligó a las emisoras a donar al Estado el 25 por 100 de su capital social, lo que permitió a los distintos gobiernos nombrar representantes del Patrimonio del Estado en los consejos de administración de las empresas concesionarias. El último Gobierno de González decidió, por fin, acabar con esa rémora del pasado y empezó por la cadena SER, a la que vendió su participación (una participación que el Estado obtuvo mediante una «donación impuesta»), y continuará con el resto de las emisoras afectadas.

Sorprende que el Gobierno socialista no haya puesto antes el necesario remedio a esa penetración anacrónica del Estado (y, por consiguiente, del Gobierno) en unas emisoras privadas de comunicación y que haya esperado hasta el final de una década, en vísperas de perder su mayoría absoluta y cuando en el propio partido socialista se empieza a prever, como una posibilidad no tan improbable como parecía desde las alturas de las primeras mayorías, la eventualidad de un turno de partido en el poder. Hay un síntoma de precaución ventajista en la medida. De cualquier modo, había que reparar una situación absurda, y en este caso también cabe decir que más vale tarde que nunca.

En otros aspectos, los gobiernos de González se han mostrado, por lo general, poco generosos con la prensa y las entidades privadas. Una de sus primeras decisiones consistió en eliminar las ayudas a los periódicos. No es que estas solucionaran grandes problemas, pero el sector de la prensa escrita, todo él en manos privadas, es estructuralmente débil y no está falto de apoyos y socorros. Han preferido desarrollar y fortalecer el sector público. Y eso es lo que hicieron también con la Ley de Ordenación de las Telecomunicaciones (LOT) y con el Plan Técnico Nacional de la FM, con el que aumentaron la potencia y la cobertura de las emisoras públicas hasta unos niveles que hacían peligrar el trabajo normal de otras emisoras privadas.

Disgustos, secretos, difamación

En general, los gobiernos del presidente González no se han distinguido por su predilección por los medios de comunicación y la información. Han puesto inconvenientes, muchos inconvenientes, y han reaccionado, frecuentemente, con disgusto ante la labor de los periodistas. Habría que preguntarse si todos los periodistas han estado a la altura que se esperaba de ellos y de su misión en la sociedad. Y la respuesta no puede ser otra que los periodistas han sido un colectivo profesional con virtudes y defectos parecidos a los de otros colectivos, los abogados, los médicos, los profesores. Lo que les hace víctimas de la presión política es la trascendencia de su trabajo, que afecta directamente, todos los días, todas las horas, a los gobernantes. El disgusto de González y sus colaboradores ha sido muy patente. Y sus reacciones, muy notorias. González ha cometido el error de dividir a los periodistas en amigos y enemigos. Con unos habla y con otros no. Si un periodista no goza de la amistad de la Moncloa, ya puede ser honesto, responsable, independiente, lo que se quiera, que no conseguirá arrancar unas simples declaraciones de González. El presidente ha exigido carné de amigo; los críticos no han podido sino quedarse a esperar al otro lado de las tapias de su residencia oficial.

El escaso amor a la información se ha evidenciado también en la ampliación del número de los secretos oficiales que ha llegado a declarar el Consejo de Ministros. En la década socialista se han acumulado más materias reservadas y secretas que en ninguna otra. Es un modo de tener lejos a los incómodos periodistas.

Pero lo que sobre todo ha mostrado el hondo disgusto de los dirigentes socialistas por la información ha sido la introducción de un llamado delito de difamación y de la pena de inhabilitación en el proyecto de Código penal que el Consejo de Ministros aprobó a comienzos de 1992. El delito de difamación, con muy escasa tradición en legislaciones de otros países de nuestro entorno, y presente en la legislación española sólo durante la dictadura de Primo de Rivera, era, por encima de su contenido, una confesión de parte. Se trataba de poner freno a la cada vez más abundante labor informativa y de crítica de los medios de comunicación. Sólo tras una casi unánime protesta de los periodistas y el rechazo procedente de la abogacía y de la judicatura, el Gobierno trató de suavizar la persecución penal con la eliminación formal del delito de difamación y su inclusión como refuerzo dentro del delito de injurias. El caso estaba así cuando se empezaba a dudar seriamente de la posibilidad de que pudiera ser aprobada la reforma del Código penal en el curso de una legislatura amenazada por una convocatoria adelantada de elecciones. Pero el Gobierno mantenía incólume su intención de seguir adelante con su propósito, verdadera confesión de su disgusto por la información.

En vísperas del verano, unos movimientos empresariales afectaron seriamente a Antena 3 Televisión y a Antena 3 Radio. En la primera tomaron el control Antonio Asensio, presidente del Grupo Z, que se quedó en su día fuera del reparto gubernamental de la televisión privada, y Mario Conde, presidente de Banesto y hombre que despierta indeterminadas expectativas políticas. En Antena 3 Radio entró Jesús de Polanco, socio mayoritario del grupo «El País», quien pactó con quien ha sido diez años hombre fuerte de la empresa, Javier de Godó, propietario del diario *La Vanguardia,* en el que también entró Polanco. Estas sacudidas empresariales provocaron la salida de estas empresas de algunos profesionales que habían marcado durante años la pauta informativa, en algunos casos de fuerte crítica al Gobierno. Este detalle llevó a algunos a denunciar una maniobra gubernamental tendente a acallar unas fuentes informativas incómodas. Los profesionales más destacados en la denuncia recalaron poco después en la cadena COPE, de la Conferencia Episcopal, desde la que continuaron realizando su labor. Con independencia de este controvertido asunto, que habrá que juzgar con algo más de perspectiva, lo que sí se puede afirmar sin duda es que los traspasos de acciones ocasionaron una mayor concentración de medios, tendencia ya advertida el año anterior, con los efectos negativos que ese fenómeno puede producir sobre el esquema de la libertad de expresión.

Como digo, lo más notable de todos estos episodios apuntados es que el Gobierno se revela incómodo ante la labor informativa y de crítica. La verdad es que en los medios de comunicación se han planteado todos los temas y todas las críticas posibles, y desde todos los ángulos también posibles, a los gobiernos socialistas. Pero si se ha hablado de todo, no se ha hablado de todo en todos los medios. El Gobierno se ha quejado en este caso, como reza el dicho popular, de vicio. La realidad de los medios de comunicación en España es que, si nos atenemos a su difusión y su impacto, que es lo que a fin de cuentas interesa, siguen formando minoría los medios y los espacios que actúan con independencia del Gobierno. El Gobierno controla todavía muchos instrumentos de comunicación y, por tanto, puede decirse sin lugar a error que en España no se puede formar una opinión pública libre con suficientes garantías. El peso del Estado y la presencia del Gobierno son muy fuertes y trastocan el normal juego de la comunicación en la sociedad. Los gobiernos socialistas no han hecho lo suficiente para corregir esta irregularidad; por el contrario, sus retoques no han limitado en la práctica su capacidad de acción, su enorme e injustificada capacidad de acción.

Las infraestructuras: obras son amores

Pedro López Jiménez

La mañana del 29 de octubre de 1982, los quioscos lucían titulares de prensa espectaculares. «El PSOE consiguió ayer una contundente e histórica victoria electoral», se podía leer en *Diario 16*. Atrás quedaba la campaña electoral en la que, bajo el lema «Por el Cambio», las intervenciones de Felipe González habían tenido un tono regeneracionista que recordaba los discursos en campo abierto, de Azaña, cincuenta años atrás. El regeneracionismo y la voluntad de hacer funcionar al país eran intenciones que, quizá, permitían presagiar una mejora espectacular de las infraestructuras.

Definir la España de 1982, desde el punto de vista de la infraestructura física del país, probablemente puede ser más objetivo que hacerlo en otros aspectos. A fin de cuentas, el nivel de dotación de las distintas infraestructuras es susceptible de ser reflejado a través de parámetros simples, a veces de mayor significado que los propios parámetros macroeconómicos.

Desde un punto de vista histórico, las infraestructuras son parte de los registros perdurables de cada etapa. La dotación existente en la España de 1982 era, entre otras cosas, parte del sedimento de un siglo XX trágico y atormentado. En las primeras tres cuartas partes del siglo, en las que la democracia había sido la excepción y no la regla, destacaban, en primer lugar, las infraestructuras realizadas por la dictadura de Primo de Rivera, que, con sus programas de firmes especiales en carreteras, la creación de las confederaciones hidrográficas y los desarrollos en ferrocarriles, había respondido, por una parte, a los aspectos no negativos del cirujano de hierro que pedía Costa y, por otra, había sentado un precedente del futuro modelo del franquismo.

El final de aquella etapa pudo calificarse, en infraestructuras también, como «otro error Berenguer», consistente en parar bruscamente las inversiones al llegar al poder en el año 1930, agravando el impacto de la gran depresión de 1929 y generando un paro que, sin duda, contribuyó al colapso del sistema.

Tras el breve paréntesis republicano y su trágico final, el franquismo respondió al tópico de que las dictaduras construyen. En su primera etapa tuvo que reparar la destrucción consecuencia de la guerra civil, existiendo Dirección General de nombre tan significativo como la de Regiones Devastadas. Posteriormente, en los años del desarrollo, las infraestructuras tuvieron protagonismo destacado, como durante la etapa del llamado «Ministro eficacia», con su red de itinerarios asfálticos. Durante los cuarenta años hubo una permanente presencia, en los noticiarios cinematográficos de obligada proyección, de las inauguraciones de obras. Cuando eran hidráulicas, el tono era de lucha contra la sed ancestral de los hombres y las tierras de España.

La transición democrática y los gobiernos centristas, desde el 1975 al 1982, se movieron en un entorno particularmente difícil. Por una parte, la crisis del petróleo del 1973, y la falta del ajuste económico necesario entre el 1973 y el 1975, habían puesto la economía española contra las cuerdas. Por otra parte, el cúmulo de demandas insatisfechas de una sociedad en eclosión hacían doblemente escasos los ya parcos recursos existentes. Además, la respuesta a necesidades en Educación y Sanidad, en las que los gastos recurrentes son altos respecto a la inversión inicial, dejaban poco margen para las inversiones en infraestructuras físicas. Los Pactos de la Moncloa presionaron en esta última dirección. La carencia de recursos para obras imprescindibles pudo permitir que, en el traspaso de poderes al nuevo Gobierno socialista y ante algunas manifestaciones sobre el levantamiento de alfombras para buscar basura bajo ellas, alguien recordara, con cierto humor negro, la afirmación del alcalde del pueblo en la película de Berlanga *¡Bienvenido, míster Marshall!*: «De las arcas municipales nadie se ha llevado nada, porque en las arcas municipales nunca ha habido nada.»

El conjunto de la panorámica permitía referirse a la arritmia en la construcción de infraestructuras, de que habla el profesor Fuentes

Quintana. A lo largo de ochenta años, dos series cortas muestran un crecimiento de las dotaciones en infraestructuras muy superior al resto del período. Desgraciadamente, ambas etapas, 1923-1929 y 1965-1975, no correspondieron a períodos democráticos.

Bien es cierto que el nivel de dotaciones se correspondía, más o menos, con el nivel de desarrollo económico del país. Calificable como triste herencia recibida, o como déficit secular desde los tiempos del acueducto de Segovia, lo cierto es que el retraso de España, respecto a nuestro entorno, en cuanto a infraestructuras y equipamientos, era notable, como puede verse en el siguiente cuadro:

Comparación de las dotaciones de I + E en España y la CEE 1982

	Carreteras		Autopistas		Ferrocarriles		Viviendas	Hospital	Teléfonos
	km/ 100 km^2	km/ 100 hab	km/ 100 km^2	km/ 100 hab	km/ 100 km	km/ 100 hab	1000 hab	Camas/ 1000 hab	Núm./ 1000 hab
Alemania	191	8	2,9	129,7	11,5	461,9	423	11,5	509
Bélgica	376	—	3,9	—	13,0	—	400	9,4	402
Francia	145	15,0	0,9	101,7	6,3	651,7	448	12,1	544
Italia	95	5,2	1,9	105,9	5,4	285,9	319	9,8	379
Países Bajos	220	—	5,2	—	7,0	—	361	8,3	371
Reino Unido	138	6,6	1,0	48,1	7,4	314,2	388	8.9	516
MEDIA CEE ...	148	8,8	1,7	98,2	7,1	411,7	392	10,2	472
ESPAÑA	29	4,2	0,4	54,4	3,1	367,3	393	5,5	338
Porcentaje	20	48	24	55	44	89	100	54	72

El análisis de la década socialista (quizá primera década socialista) ha de hacerse, por tanto, desde la perspectiva de la situación relativa respecto a los países más desarrollados de nuestro entorno. El resultado de avance o retroceso, en relación con la situación de partida, ha de medirse teniendo en cuenta los recursos disponibles, el entorno económico general, el grado de eficacia en las realizaciones y el acierto en las prioridades. Ocasión oportuna para mencionar que quien esto escribe tuvo responsabilidades públicas sobre estos temas en la etapa de la transición, lo que, en ningún caso, ha sido motivo para establecer comparaciones ni originado una perspectiva deliberadamente crítica, puesto que si de algo sirvió la experiencia fue para comprobar la enorme dificultad de llevar adelante los programas.

Cuando todo va, la construcción también va

El concepto de infraestructuras y equipamientos sociales es demasiado amplio y, por tanto, equívoco. Casi siempre hablaremos de las infraestructuras físicas básicas, es decir: carreteras, ferrocarriles, puertos, aeropuertos, obras hidráulicas, urbanismo y vivienda, pero, a veces, nos referiremos a volúmenes totales de actividad del sector de la construcción.

La política de infraestructura es, por definición, política de Gobierno. No cabe atribuir de forma individualizada a un Ministerio de Infraestructuras —cualquiera que sea su nombre, cambiante a lo largo de la década—, lo que, en definitiva, depende de las prioridades del Gobierno y su consecuente asignación de recursos. A la hora de la verdad, el ministro de Obras Públicas siempre es el ministro de Hacienda.

La situación económica, durante la década socialista, ha sido básicamente positiva. El entorno mundial ha mostrado unos años de crecimiento económico que con toda la relatividad de estos calificativos permitirán hablar de los felices ochenta, por lo menos, con la misma propiedad con que se habló en su día de los felices veinte. Durante la década ha habido sólo dos responsables de la política económica dentro del Gobierno, el primero durante tres intensos años de ajuste, y el segundo, a través de siete largos años de crecimiento. La propia evolución económica puede ser sintetizada en forma simple: ajuste 1982-1984, expansión 1985-1990, y negros nubarrones 1991-1992.

En tal marco económico, la construcción de infraestructuras ha presentado un *boom* relativo. Si se observa el cuadro adjunto, puede deducirse que el notable crecimiento de los últimos años es, en realidad, la salida de un pozo profundo. Desde 1975 a 1985 se produce una disminución del 23 por 100, en términos constantes. A partir de 1985, se produce un cambio. La evolución se acelera y las tasas de crecimiento en la construcción llegan a superar el 23 por 100 anual en 1989. La interrelación con la situación económica general es evidente, porque la construcción supone el 60 por 100 de la formación bruta de capital fijo y aporta el 9 del Producto Interior Bruto, absorbiendo el 10 de la población ocupada. Sin embargo, la aportación al PIB, apenas alcanzaba el 5,5 por 100 en el año 1984, lo que muestra la magnitud de la crisis previa y, por tanto, el retraso existente en las dotaciones necesarias. En magnitudes absolutas, sólo al final de la década se superan las del año 1974, con algún aspecto adicional señalable como el dato de que las inversiones en mantenimiento y modernización sean sólo del 17 por 100 en España, comparado con el 33 en la CEE, lo que añade una cierta sensación de fragilidad en los avances.

Evolución de la construcción
Producción en pesetas constantes de 1980

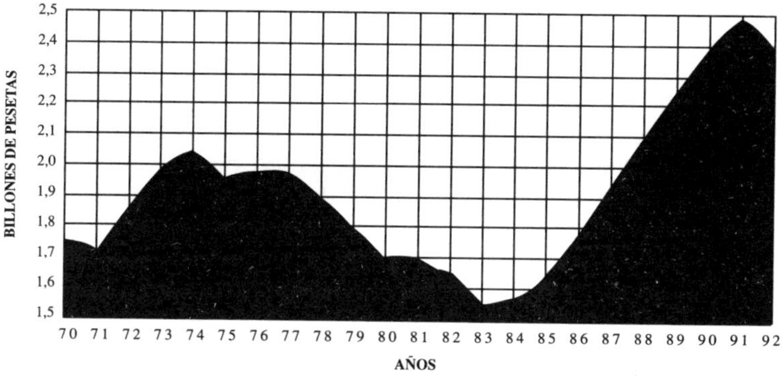

En resumen, el fuerte crecimiento arranca de la profundidad previa de la caída, el volumen de actividad corresponde a la bonanza económica y el resultado es la recuperación de retrasos sin que disminuya la distancia relativa con los países más avanzados del mismo entorno. Todo ello, matizado con una cierta precariedad derivada de la insuficiencia de recursos destinados al mantenimiento y modernización. Al final de la década, el nivel de dotaciones se encuentra al 70 por 100 de los países avanzados de la CEE, sin que ello represente un significativo avance respecto a la situación de partida en 1982, porque los demás también aprovecharon sus recursos, generados por los años de crecimiento sostenido.

Merece la pena señalar algunos aspectos adicionales. En primer lugar, la capacidad de gestión de la Administración encargada de las infraestructuras ha sido y es, en términos relativos, mejor que la de otras áreas de la Administración Pública. Las políticas de la Función Pública no han contribuido, en general, al estímulo de estos funcionarios, más bien desmotivados por las condiciones retributivas igualitarias, a las que ha tendido un confuso activismo sindical. En segundo lugar, el ambiente «intelectual», el conjunto de ideas dominantes en la política económica ha favorecido la valoración del esfuerzo en la dotación de infraestructuras, ya que al escepticismo acerca de la eficacia de acciones sobre la demanda agregada, consecuencia de la crisis del keynesianismo, ha sucedido la «política de oferta» con sus postulados de que la actuación pública proveedora de infraestructuras para la actividad económica es más eficaz para su potenciación que las políticas sectoriales o de promoción directa de puestos de trabajo. Por último, la frase francesa de que «quand la construction va, tout va» es de interpretación reversible y, en este sentido, los últimos años han mostrado, no que la economía pudiera dinamizarse a través del estímulo de la construcción, sino que los años de bonanza económica han sido también años de crecimiento espectacular de la construcción; lo que no obsta para que, ante alarmantes descensos de la actividad, como en los «nubarrones» de 1992, el mantenimiento del nivel de inversión en infraestructuras sea imprescindible para que, vía paro, no se originen males mayores.

El diputado y el puente

Si la interrelación entre economía e infraestructura es evidente, no menor es la influencia mutua entre infraestructura y política.

El «Barrel Pork» de EE.UU. suele referirse a la pelea política por la localización de centros de investigación, industrias de tecnología avanzada o incluso bases militares. En España, el menor desarrollo hace las cosas más prosaicas. En Galicia, durante los años de la transición, en que proliferan las votaciones, se dio la historia de un diputado que, cada pocos meses, aparecía en campaña por el mismo pueblo. En la cuarta o quinta visita, uno de los asistentes a la reunión electoral le dijo al diputado: «Mire, usted no se preocupe, porque, como siempre, le vamos a votar. Pero, por favor, no nos vuelva a prometer el nuevo puente.»

Las infraestructuras van ineludiblemente unidas a la política. La existencia de planeamiento puede limitar los efectos negativos derivados de que las prioridades se establezcan como resultante casi exclusiva de presiones, en lugar de responder a la gravedad de las necesidades, o basarse en la rentabilidad de las realizaciones potenciales.

La influencia de la política se ha manifestado en determinados aspectos, si no sectarios, al menos ideológicos y, en cualquier caso, con efectos negativos. La incompatibilidad aparente entre socialismo y autopistas de peaje ha hecho perder unos años preciosos para haber completado una red nacional de este tipo, similar a la de los países avanzados europeos y que, a su vez, hubiera debido influir en las decisiones sobre otras infraestructuras. La privatización total o parcial de puertos y aeropuertos hubiera debido ser, al menos, analizada. La participación de la inversión privada, a través de concesiones administrativas, eficaz fórmula liberal de prestación privada de servicios públicos, no ha sido utilizada. Al final del período se habla de peaje en autovías y de inversiones privadas. Si las fórmulas eran malas, ¿por qué equivocarse al final? Y si son buenas, ¿por qué no haber empezado antes, sin perder una década?

La década socialista ha coincidido con una etapa auténticamente revolucionaria en la redistribución del poder público económico. Aparece una nueva distribución del poder, que incrementa el peso político, respecto a las hipótesis técnicas, en el proceso de toma de decisiones. En el cuadro adjunto puede observarse la influencia sobre la titularidad de las inversiones públicas del desarrollo del Estado de las Autonomías.

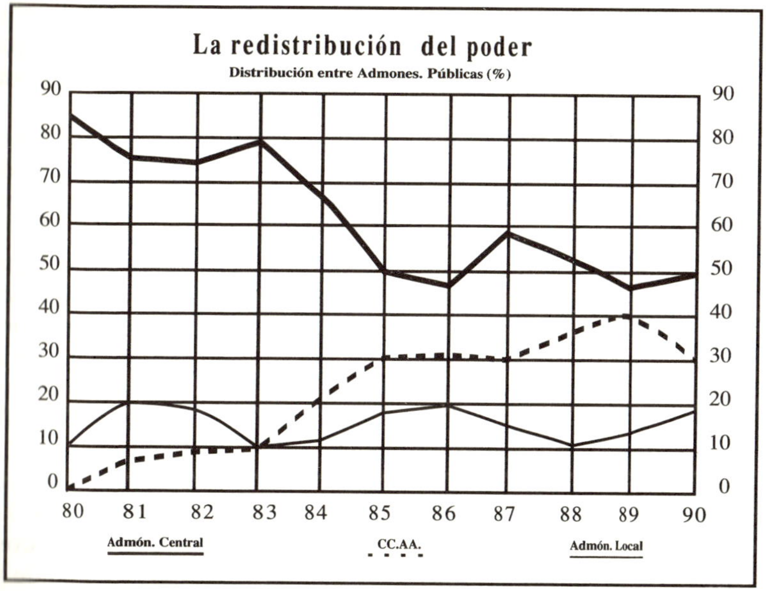

La redistribución del poder y el proceso de maduraci
nuevas administraciones también influyó en la profundi
crisis. Hasta el ejercicio de 1988 no se consiguió recuper
minos absolutos, las cotas de licitación oficial de 1971 y
1989 y 1990 se registran aumentos ficticios, en parte, que r
a que las corporaciones locales mejoraron la informació
pecto; pero lo cierto es que el incremento durante los añ
1991 superó el 130 por 100. En 1990, mientras la Admin
central presenta un aumento del 49 por 100 en la licit
administraciones autonómicas y locales sólo crecen al 16.
porcentajes, la Dirección General de Carreteras juega un in
papel, ya que aumentó la licitación un 172 por 100, en pes
tantes, durante el ejercicio de 1990. Este incremento de lici
carreteras explica que el grado de descentralización (lici
las administraciones periféricas sobre el total) alcanzad
fuera del 49 por 100, cinco puntos por debajo del cons
1989. En 1991, Galicia y Cataluña fueron las comunid
mayor descentralización.

En general, la descentralización viene condicionada ta
la mayor o menor presencia de iniciativa privada. Un ej
mayor fortaleza de la inversión privada y, por tanto, de d
lización lo constituyen las Comunidades autónomas de
Cataluña y Canarias. Mientras que, por el mismo motiv
presentan menor índice de descentralización son Cantab
rra y Asturias.

El final de la década viene marcado por lo que podríam
el Plan Marshall del 92. La coincidencia de los Juegos Olím
Barcelona y la Exposición Universal de Sevilla han motiv
mes inversiones.

Cataluña, donde se está elaborando un plan estraté
permita captar inversión privada para que el 92 no agote el
inversor, ha absorbido una inversión del orden de cien mil
de pesetas, en proyectos directamente relacionados con la
ción de los Juegos Olímpicos. En cuanto a los proyectos i
la cifra estimada se acerca a trescientos cincuenta mil mi
pesetas. El total real debe superar el medio billón de pe
tradicional política catalana de reivindicación ha contrib
duda, a las inversiones estatales relacionadas con la Olim
alegría con la que políticos de todos los partidos, y no
acogieron en su día el anuncio por Samaranch de la conce

plementariedad entre las distintas infrae
enlazados a autopistas o autovías, urba
cercanías ferroviarias, puertos sin espec
hidráulicos, descoordinación entre carret
han faltado ni planes de detalle contradi
de rango superior.

Por su propia naturaleza, las infraest
público, se encuentran en un área cuy
achacados al mercado y cuyo impacto s
es evidente. A nivel global son, y debe
neamiento, y el propio Gobierno lo ha re
la década se integran los Ministerios de C
y el de Transportes, dando paso al MOPT
una Secretaría General de Planificació
guntarse si es que se está creando un o
ciendo la carencia, durante los largos a
orientadora, al primer nivel, del conjun

La carencia de planeamiento global b
la ausencia de un soporte lógico para e
tribución del poder, mencionada con an
do, sin duda, a descoordinar las invers
nitiva, debe haber producido una rentab
de los recursos, siempre escasos, invert

Respecto a la ausencia de planeam
hablar, también, del intervencionismo
clusivamente socialista, y tan generaliza
de los males del siglo. Las evidencias d
siva genera escasez, y consecuentemen
Alhambra fue construida sin plan parcia
representar el límite de lo absurdo, con su
en medio de una inmensa llanura desie
merosos empedradores del camino del i
intenciones. A lo largo de la década s
infinitos planes generales urbanos sin
abaratar el coste del suelo mediante m
creación, y la dotación de eficaces con
haya tenido la oportunidad de demostra

Sobre las carencias de suelo urbano
blemas de la vivienda. Pero se añaden o
han bastado para que el proceso de mo

table en tantos ámbitos, haya producido un mercado secundario de hipotecas con liquidez y eficacia. La negación de la evidencia al revisar anualmente los módulos de coste en viviendas de protección oficial, ha terminado por la eliminación de un sistema de operativa eficaz durante el período. Por su parte, las ayudas fiscales a la vivienda han dado bandazos, atendiendo a veces a criterios recaudatorios en lugar de contribuir a la resolución del problema. En conjunto, falta de planeamiento global y criterios realistas en el ámbito del urbanismo y la vivienda, que conducen a una situación de difícil desbloqueo en la crisis del 92.

Tratamiento propio merece el tema de la España húmeda y la España seca. Personalidades de prestigio profesional, y con proyección pública por otros motivos, como Juan Benet, claman en el desierto por la falta de una auténtica política de Estado que contribuya a equilibrar la España húmeda y la España seca, la España en crecimiento y la España estabilizada. Tema en el que, sin duda, la implantación de las autonomías, tan positiva en muchos aspectos, contribuye a dificultar las posibilidades de planteamientos radicales, que el tiempo puede acabar mostrando como inevitables.

En el campo de las telecomunicaciones hay que mencionar el corsé que ha supuesto la Ley de Ordenación de las Telecomunicaciones y las políticas restrictivas de aplicación. Son comprensibles las razones de Telefónica, que, en defensa de su cuenta de resultados, no desea asumir los costes marginales de los servicios menos rentables, sin aprovechar los servicios de mayor valor añadido de las nuevas tecnologías. Pero también es evidente que, en la realidad diaria, se han frenado las posibilidades de explotación, por todos los agentes económicos, de los avances de la revolución telemática. Al final, probable esfuerzo inútil de ponerle puertas al campo, pero, de momento, obstáculos al desarrollo de un sector trascendental para la modernización.

A la ausencia de planeamiento global le sucede la improvisación y las decisiones sobre la marcha. En el AVE, se comienza por hablar de una inversión de 125.000 millones de pesetas, se pasa a 250.000 millones y acaba siendo de 460.000 millones de pesetas. Primero se opta por los 200 km./hora, luego se rectifica a 250 km./hora y, más adelante, por el ancho internacional y la ampliación del trazado inicial.

En el I Plan de Carreteras 1984-1991 se preveían inicialmente inversiones de 800.000 millones de pesetas. Los 568.000 millones a invertir a partir del año 1988 se vieron incrementados hasta más de un billón de pesetas. La ejecución del plan se retrasa hasta 1994, y el ministerio responsable evalúa su coste total en el orden de 1,5 billones de pesetas.

Dentro de este plan se incluye el programa de Autovías, que se concluirá en 1993. Se trata de construir 3.500 km. de autovía, con un trazado inicial en conexión con los 2.200 km. de autopistas existentes. El plan se basaba en un cálculo inicial de coste por km. de autovía terminada de 100 millones de pesetas. Se trataba de desdoblar las carreteras nacionales respetando, casi totalmente, su trazado. Sin embargo, en los últimos proyectos se tiende a modificar el trazado en profundidad, y el coste medio oscila entre los 300 y los 500 millones de pesetas el kilómetro.

Se especula con que el II Plan General de Carreteras 1992-2000, que se incluirá en el Plan de Infraestructuras en fase de elaboración, suponga una inversión de 2,5 billones de pesetas y 4.000 nuevos kilómetros.

Si tal plan se lleva a efecto, España iniciará el siglo XXI con una red de autopistas y autovías de 8.000 kilómetros, parámetro similar al de otros países europeos, ya que la red de autopistas comunitaria tiene unos 32.000 kilómetros, de los que 8.500 corresponden a Alemania, 6.500 a Francia, 6.000 a Italia y 3.000 al Reino Unido. Naturalmente habría que resaltar la diferencia entre autovías y autopistas.

De momento, al recorte de las inversiones que se inicia en 1991 y que el propio ministerio no ha cuantificado, se añade el problema que supone el insuficiente mantenimiento de las carreteras. En 1985, del total presupuestado, el 48 por 100 se destinó a conservación, y el resto, a construcción de vías nuevas. En 1991, el 89 por 100 de la inversión se destinó a vías nuevas, 370.000 millones, y sólo un 11 a conservación, 40.000 millones de pesetas.

Algunos estudios apuntan a que el deterioro entraña un gasto adicional potencial cercano al medio billón de pesetas, sin añadir que España es el país europeo con mayor índice de siniestralidad, tras Portugal. A ello puede contribuir que hay 4,2 kilómetros de autopista por cada 1.000 kilómetros cuadrados, mientras que Alemania, por ejemplo, cuenta con 34 kilómetros por $km.^2$ Cifra destacable, por estar demostrado que las autopistas ofrecen mayor seguridad que otras soluciones viarias.

La demanda continúa en aumento. La Comunidad Europea considera que el tráfico en los grandes ejes de las carreteras europeas se duplicará en los próximos veinte años como consecuencia de la creación del mercado único; por ello, ha instado a España para que a los actuales 6.200 kilómetros de autopistas y autovías sume otros 2.500 kilómetros en el plazo de diez años.

En cuanto a obras hidráulicas, España cuenta con cerca de 1.000 grandes presas, con una capacidad de embalse de 43.000 hm.^{3} Sin embargo, la capacidad para atender la demanda de agua es de 23.900 hm.^{3} con un déficit de 2.600 hm.^{3} En sequías, el déficit supone, en algunas áreas, desabastecimientos de la población. Los estudios sobre la capacidad de embalse española señalan que podría situarse en torno al 70 por 100 de la escorrentía total de 72.000 hm.^{3} El programa de construcción de presas en ejecución data de 1983 y preveía la construcción de 92 nuevas presas con un coste total cercano a 350.000 millones de pesetas y una capacidad de embalse de 14.524 hm.^{3} Una tercera parte del programa ya se había realizado en 1990.

En 1987, las organizaciones del sector elevaron una propuesta de inversiones públicas a medio plazo que requerían más de 600.000 millones de pesetas. En esta cifra no se incluía la inversión privada, ni la conservación o los trasvases entre cuencas; tema este último que requiere tanto solidaridad regional como el consenso político. Baile deslizante de cifras, que no suelen relacionarse con la programación precedente.

La sequía registrada al final de la década, en 1992 es la más acusada de los últimos años, viniendo precedida por varios años de escasa hidraulicidad. Su alternancia con riadas locales pone de manifiesto la vigencia del problema secular del agua, uno de los retos más importantes de España. Fuentes oficiales han adelantado que en el Plan de Infraestructuras, que contiene un voluminoso anteproyecto de Plan Hidrológico Nacional, se contemplan inversiones, públicas y privadas, de un billón de pesetas. Sin embargo, diversas fuentes estiman que la inversión requerida para afrontar lo que, genéricamente, podríamos definir como el problema del agua, es del orden de medio billón anual durante veinticinco años.

En aeropuertos, se maneja la cifra de un billón de pesetas. Los aeropuertos españoles han sufrido importantes remodelaciones que, sin embargo, no han podido atender el aumento de la demanda. El transporte aéreo español ha pasado de 45 millones de personas en 1980 a 73 millones en 1990. Las carencias de autopistas, junto con las presiones políticas, han producido una proliferación de aeropuertos que hace que tengamos el doble que Francia. Naturalmente, es malo políticamente decir los que sobran.

Según un informe del Instituto de Estudios Económicos, la infraestructura aeroportuaria y el control del tráfico español no podrá absorber los incrementos de tráfico si no se invierten aproximadamente un billón de pesetas en la década presente, 650.000 millones de pesetas en infraestructura aeroportuaria y 250.000 millones en mejoras de navegación.

Hasta 1989, el sistema de infraestructuras aeroportuarias mantuvo una situación económica de ligero superávit, pero a partir de ese año comenzó el aumento de inversiones y el déficit. En junio de 1991 se creó el ente público Aeropuertos Nacionales y Navegación Aérea, que se ocupa de la gestión aeroportuaria. Las previsiones de la Administración son que el sistema aeroportuario se autofinanciará y dejará de recurrir a los Presupuestos del Estado en un plazo de cuatro años. Tal dependencia va, en efecto, disminuyendo. El tiempo dirá si se cumplen las previsiones o si son proyecciones clásicas del tipo rojo-rosa-gris-negro deslizante, desgraciadamente frecuentes en el sector público.

Carreteras y aeropuertos ven aumentar su demanda. Paralelamente, los ferrocarriles pierden importancia en el tráfico de pasajeros y mercancías en largos recorridos. Independientemente del amor por el coche de la sociedad española, la calidad del servicio y la baja agresividad comercial comparten responsabilidades.

Con excepción del AVE, las inversiones en ferrocarriles han sido pequeñas. España es uno de los países comunitarios con menor número de kilómetros de vías férreas por cada millón de habitantes, pero el problema no es la baja densidad, a veces excesiva, sino la escasa rentabilidad de muchos de estos kilómetros. Junto a la mejora en calidad de servicio, el reto que se presenta es el de clausurar líneas cuya rentabilidad es nula y dispara el déficit; reto similar al de varias de las compañías europeas de ferrocarriles. El Plan de Transporte Ferroviario 1987-2000, en vigor, contempla una inversión del Estado de 700.000 millones de pesetas, y con cargo a Renfe de 1.400.000 millones de pesetas. En total, más de dos billones a invertir a lo largo de quince años. Plan que no aborda el problema de conexión con las redes europeas y que, por otra parte, supone el cierre de unos 900 kilómetros de líneas existentes. No se contempla el futuro AVE Madrid-Barcelona.

El primer gestor de la década al frente de Renfe, Ramón Boixadós, ha sostenido que los malos resultados se debían a las cargas financieras debidas a inversiones que debiera efectuar el Estado en la infraestructura física de la red. A ello hay que sumar la discutible función social que cumple por delegación, a través de precios políticos y servicios con poco tráfico que debe mantener en zonas deprimidas, función social discutible, por poder realizarse con otros medios de transporte. En realidad, buena parte de los problemas se deben al carácter de gran empresa, con una importante carga burocrática, difícil de gestionar.

El panorama produce cierto vértigo. La compañía supera en 1992 el billón trescientos mil millones de pesetas de endeudamiento, pierde cerca de 300.000 millones al año y debe potenciar las cercanías, para hacer vivibles las grandes ciudades. Pero las inversiones en el AVE han absorbido en 1988 el 26,7 por 100 de lo invertido en el sistema ferroviario, el 38,1 en 1989, el 59,2 en 1990 y el 56,6 en 1991. De hecho, el AVE ha retrasado la solución de las cercanías. El aumento de la inversión del AVE en 1991 ha coincidido con las restricciones de gastos. En 1991, el 56 por 100 de la partida presupuestaria destinada a cercanías fue absorbida por el AVE; 2.200 millones de pesetas sobre 3.911 se aparcaron en la estación de Atocha madrileña. En el presupuesto de 1992, el programa de acceso a las grandes ciudades pasó de más de 20.000 millones a 5.000 millones, y en las redes arteriales se redujeron de 5.400 millones a 4.600 millones.

Mejor aspecto presentan las inversiones en puertos. La continuidad del equipo produce planes con coherencia interna, aun cuando carezcan, frecuentemente, de entronque efectivo con otras infraestructuras.

El Programa de Inversiones Públicas para el período 1988-1992 contiene las inversiones de los Organismos Portuarios. Las cifras de inversión han evolucionado entre 1988 y 1992 entre los 20.000 y los 35.000 millones de pesetas anuales.

Con la nueva Ley de Puertos se prevé que los puertos funcionen como empresas independientes, con patrimonio y recursos propios. El ente público Puertos del Estado sustituirá a la Dirección General. Los puertos competirán entre sí, pero con un fondo de financiación, gestionado por el ente público, para aportar todos los puertos a las inversiones.

En lo que respecta a la vivienda, España presenta características peculiares porque, en números absolutos, tenemos mayor número de viviendas por habitante que en la CEE (446 por cada 1.000 habitantes, frente a 415 en la Europa más próspera). Por otra parte, las segundas residencias suponen un porcentaje elevado, un 15 por 100 en 1990. En buena medida, el número de viviendas por habitante, en principio positivo, recoge tanto unas condiciones climáticas favorables, como la existencia de hacinamientos urbanos.

El sector vivienda había alcanzado su máxima cota en el año 1973 con 410.000 viviendas iniciadas; final de unos años de crecimiento económico, en los que el empleo crecía progresivamente y las rentas aumentaban con regularidad. La demanda se generaba incluso con los ahorros de la emigración, cuyo primer objetivo solía ser la compra de vivienda para el regreso.

Cambian las tornas con la crisis de 1975-1984. La demanda se retrae como respuesta a la incertidumbre y la elevación de los tipos de interés. Si en la etapa 1971-1974 se inician, en promedio, 380.000 viviendas anuales y se terminan 340.000, en la etapa 1975-1984, las cifras bajan hasta 273.000 iniciadas y 278.000 concluidas anualmente. El trienio 1984-1986 arroja mínimos históricos en el inicio y terminación de nuevas viviendas. Cuando de nuevo el crecimiento económico acompaña a la economía española, en la buena racha que comienza a finales de 1985 y se extiende hasta 1989, el aumento de la inversión en edificios es notorio e incluye una importante contribución extranjera. La inversión externa viene a sumarse a la demanda de viviendas que se reactiva con los incrementos salariales y el aumento de la población empleada.

La Vivienda de Protección Oficial (VPO) ha seguido fórmulas implantadas en 1978 que han resistido hasta 1991, aunque 1988 marcó una inflexión importante en el número de viviendas iniciadas. Ya en 1987 comenzó a considerarse muy elevado el peso de estas promociones en los Presupuestos del Estado, y las entidades financieras dejan de suscribir los convenios por los que aportaban financiación a tipos menores que los del mercado. Los promotores, públicos y privados, abandonaron esta promoción, dado que el módulo que permitía fijar el precio máximo resultaba inviable ante la evolución de los costes del suelo y de la construcción. A ello vino a sumarse que la Ley de Haciendas Locales de 1990 afectaba a exenciones fiscales de que gozaba la promoción, transmisión y uso de las VPO.

Durante este período debe señalarse, también, que son los incentivos fiscales a la adquisición de viviendas, que desde 1985 se recogen en el IRPF, los verdaderos incentivadores en un país en el que, como ha hecho notar Joan Rafols —uno de los 22 expertos requeridos por el MOPT para realizar «informes sobre la vivienda»—, se destina el menor gasto público a vivienda de toda la OCDE.

En cuanto a la inversión privada, presentó un componente especulativo tanto la nacional como la extranjera. La inversión extranjera en inmuebles pasó de 70.000 millones de pesetas anuales al comienzo de la década, hasta un promedio de 270.000 millones en los años del *boom,* 1987-1990. El resultado fue la elevación del valor del suelo y del metro cuadrado edificado, que en cinco años, entre 1985 y 1990, se disparó, según diversas estimaciones, entre un 250 y un 350 por 100. En las ciudades en crecimiento, el coste del suelo ha terminado representando en torno a un 50 por 100 del valor del metro cuadrado construido. Efecto vasos comunicantes de la entrada de la Comunidad Europea en España, pero también fracaso de los intervencionistas, limitadores del suelo edificable.

En el año 1989 se inicia ya una desaceleración, que conduce a un progresivo estancamiento en 1990, año en que, de los 5,8 billones de pesetas que produce el sector de la construcción, sólo un 21 por 100 corresponde a vivienda. Las viviendas iniciadas disminuyen en un 12 por 100, descenso que se acumula al del 15,5 en 1990. El período de recuperación 1985-1990 parece haberse agotado en 1991, en paralelo al cambio de un sector de la construcción que sólo creció un 3,7 por 100, cuando en 1990 había rebasado el 10. Particularmente, la vivienda libre es la que más fuertemente da muestras de desaceleración, sujeta a variables como los costes de financiación, o la estabilidad en el empleo de los eventuales adquirentes. En 1992 continúa el descenso.

El último plan, de 400.000 viviendas sociales, avanza en medio de las dificultades de provisión del suelo por parte de los ayuntamientos, sin que se pueda valorar aún su grado de ejecución.

Los nubarrones del 92

En el segundo semestre de 1990, los Estados Unidos comienzan a entrar en recesión, a consecuencia del desgaste del largo período de crecimiento y de la incertidumbre provocada por la invasión, en agosto de 1990, de Kuwait por Irak. El rápido desenlace de la guerra a primeros de 1991 y el hundimiento de la URSS en el verano posterior no alteran el curso recesivo de la economía USA. Las inversiones se frenan y se produce un efecto de arrastre al resto de las economías. En España, tras ocho años de crecimiento, las cifras comienzan a cambiar de signo en 1991; no se trata de una recesión, pero sí de una crisis de crecimiento.

El comportamiento de la economía española en 1991 muestra una notable desaceleración en el ritmo de crecimiento. El déficit público sigue aumentando y, para su contención, los Presupuestos del Estado para 1992 presentan un recorte en la licitación pública de infraestructuras. La inversión privada disminuye y la crisis del subsector de la vivienda agrava el panorama. El gasto público sigue aumentando y en el primer semestre de 1992 el déficit público supera al correspondiente a 1991 en un 40 por 100. Saltan las alarmas. Respecto a la construcción, se augura, para 1992, un descenso en la actividad constructora de un 1-2 por 100, que se traduciría en una caída del 6,5 en obra civil y en un aumento de solo un 1,5 en edificación.

La licitación oficial en 1991 fue de 1,5 billones de pesetas, lo que supuso un 32 por 100 menos que en 1990 en pesetas constantes. Los incrementos de la actividad de la construcción registrados desde mediados de los ochenta han desaparecido y la crisis de crecimiento levanta la tapadera de las carencias en infraestructuras.

Desde septiembre de 1991, cuando los Presupuestos para 1992 estaban en fase de anteproyecto y las propuestas de recortes en las inversiones en infraestructuras y telecomunicaciones eran de un 30 y hasta un 48 por 100, el MOPU comenzó a frenar la contratación de carreteras. Coyunturalmente, al menos, se presiente una política de derrota; son las inversiones en infraestructuras las que sufren recortes y no los gastos corrientes. Por sectores, durante al año 1991, la licitación en carreteras descendió un 66 por 100 respecto al año anterior. Si bien esto es achacable a la culminación de determinados programas en 1990, no es menos cierto que las obras hidráulicas, sanitarias y urbanización también decrecieron en cerca de un 30 por 100. En los primeros meses de 1992, la caída en la licitación fue de un 50 por 100.

Una vez más, la arritmia produce un nuevo parón. Las carencias en infraestructuras se encuentran nuevamente pendientes, a expensas tanto del cambio de rumbo de la política económica que permita la vuelta a un crecimiento sostenido, como del ajuste del gasto público consuntivo, que recupere los márgenes para las inversiones en infraestructuras.

Una faceta clave de la convergencia

Durante la segunda mitad de la década socialista, la evolución económica permitió una actividad importante, aunque carente de un plan global, en la construcción. La posición relativa del sector de la construcción, respecto al resto de países comunitarios, era favorable, como muestra el cuadro, y su consecuencia, la recuperación de parte de la distancia relativa:

Posición relativa del sector de la construcción español en Europa

	Producción en miles de millones	Porcentaje del total	Porcentaje de crecimiento
Alemania	17,3	29	5
Francia	10,7	18	3
Italia	10,2	17	—2
Reino Unido	8,7	14	—4
España	6,0	10	9
Holanda	3,0	5	0
Bélgica	2,1	4	3
Total CEE	61,0	100	2,5

Datos correspondientes a 1989-1990.

Sin embargo, al final de la década se retorna a los problemas de su comienzo. La economía se encuentra en un punto de inflexión, las distancias todavía son muy importantes, y las inversiones necesarias, de una enorme magnitud.

Las carencias relativas pueden verse en el cuadro adjunto, que refleja las inversiones necesarias en el próximo decenio, para alcanzar el nivel de los países comunitarios avanzados. Se observa que el volumen de inversión debería ser superior al registrado en los últimos años de la bonanza económica, para recuperar el retraso existente.

Conviene señalar la correspondencia real entre la convergencia «a la Maastricht» y las necesidades en infraestructuras. En la mayoría de las inversiones contempladas no se trata de conseguir un nivel o calidad de vida comparable al de países más ricos, lo que sería ciertamente contradictorio, en tanto no se alcanzaran sus niveles de renta. Se trata en realidad de hacer la convergencia posible, porque los déficit en infraestructuras se trasladan, de forma casi directa, a deficiencias competitivas de la economía real.

No se trata de vivir como los países más ricos siendo más pobres que ellos. Por el contrario, tal contradicción se presenta en los ni-

Inversiones necesarias en construcción

Período 1989-2000

(Importes en pesetas de 1988)

Sectores	Billones de pts.	Miles de millones de pts. por año
Infraestructuras	22,8	1.900
— Carreteras	6,0	500
— Ferrocarriles	3,0	250
— Obras hidráulicas	7,2	600
— Otras	6,6	550
Vivienda nueva	16,8	1.400
Equipamiento social y urbanismo	15,6	1.300
Otras construcciones	14,4	1.200
Conservación y rehabilitación edificios urbanos	14,4	1.200
Gaseoductos y oleoductos	12,0	1.000
Totales	96 billones	8 billones/año

veles de consumo y quizá con más gravedad en el gasto público consuntivo. El mejor nivel de infraestructuras, a través de mayores inversiones, es imprescindible para equiparar este aspecto de la situación competitiva y poder aspirar a mayores niveles de renta y en consecuencia, después, a niveles similares de consumo.

Las reiteradas afirmaciones del presidente del Gobierno sobre su compromiso de asignar un 5 por 100 del PIB a inversión en infraestructuras no son un lujo, sino condición necesaria, aunque no suficiente, para hacer viable la convergencia en los parámetros de Maastricht. Adicionalmente, solo la contención del gasto público y el relanzamiento de la inversión podrán permitir a la economía española salir del punto muerto en que se encuentra a mediados de 1992; punto muerto del que, en otras hipótesis, se deslizaría, a corto plazo, hacia tasas de paro intolerables.

Conclusiones provisionales

La década socialista ha dejado profunda huella en su legado de infraestructura. Al menos ha igualado, en democracia, a las dos etapas previas en este siglo, en que las dos dictaduras habían concentrado los esfuerzos en labores de «Fomento». El Gobierno ha contribuido a que España, aunque no funcione demasiado, al menos se haya puesto en movimiento.

La importancia de lo realizado ha permitido, si no avanzar respecto a nuestro entorno, al menos recuperar retrasos recientes. Ciertamente se ha producido en una economía expansiva basada, en parte, en un entorno favorable. Pero ambas cosas son también, en su parte corrrespondiente, labor positiva del Gobierno.

Resulta lamentable, por el contrario, la ausencia de un proyecto global, orientador de todo lo realizado. En nuestra historia reciente, los períodos democráticos no tuvieron gobiernos estables. La segunda República fueron dos años de tejer y otros dos de destejer, reversibles además según la ideología del observador. En el comienzo de siglo se llamó gobierno largo a uno de dos años. Lástima, pues, que diez largos años de gobierno no hayan producido infraestructuras coordinadas entre sí, con posibilidades más ajustadas a las necesidades y mayor rentabilidad. El resultado hubiera podido ser, en lugar de notable, brillante.

En un país como el nuestro, con tendencia al arbitrismo y a la resolución de problemas trascendentes en tertulias de café, no sería anormal la formulación de un esquema rápido de cómo debería ser abordado el planeamiento global futuro. Pero si se manejan billones de pesetas para cifrar las necesidades de carreteras, ferrocarriles, obras hidráulicas, vivienda, comunicaciones y aeropuertos (por no empezar a hablar del medio ambiente), es evidente la necesidad de establecer un esquema de prioridades globales.

Todo considerado, el conjunto de la década socialista deja huellas visibles. Las grandes obras se ven una a una; no es fácil evaluarlas en su relación con sistemas más amplios. De manera que, de acuerdo con el aforismo romano, «Si buscas su monumento, mira a tu alrededor», la década socialista ha conseguido sus monumentos y su sitio al sol de la pequeña o gran historia.

El final de la década es otro cantar. Parece como si, de pronto, todo tendiera a ir mal. El Gobierno se ve forzado a optar por un ajuste rápido y continuación de una política de oferta, con inversiones al nivel del 5 por 100 del PIB, camino de Europa o, por el contrario, a aceptar el estancamiento y el progresivo desajuste del triángulo mágico. El final de la década se presenta con una situación económica que no permite una celebración relajada; en cuanto a las infraestructuras, sigue ofreciendo un formidable desafío.

La educación: logros y fallos de la gestión socialista

Juan González-Anleo

El análisis y valoración crítica, desapasionada, de la década socialista en el ámbito de la enseñanza no universitaria exige echar una ojeada a la prehistoria de esa década a fin de conocer cuál fue el punto de partida de la política educativa del Gobierno de Felipe González y cuáles fueron sus condicionamientos reales. Los siete años que mediaron entre la muerte de Franco y el acceso del PSOE al poder estuvieron marcados, en el terreno de la enseñanza, por una política de consenso, no exenta de tensiones, en la que la participación del grupo socialista tuvo una importancia considerable en el diseño del sistema educativo de la España democrática.

La Constitución de 1978 fue una Constitución de equilibrio entre la tradición conservadora y la innovación progresista, y un sutil producto del consenso de todos los partidos políticos. De ahí las concesiones mutuas, que en el terreno educativo afectaron, exactamente, a la mitad de los apartados. Concisamente:

> La principal concesión del partido centrista al socialista fueron los apartados quinto y séptimo relativos a la participación de los sectores interesados en la programación general de la enseñanza, y al control por parte de los padres, profesores y alumnos de la gestión de los centros sostenidos con fondos públicos.
>
> La principal concesión del partido socialista al centrista fueron los apartados primero —reconocimiento de la libertad de

enseñanza—, sexto —libertad de creación de centros escolares— y noveno —ayuda de los poderes públicos a los centros no estatales.

Este artículo 27 de nuestra Constitución va a condicionar todo el desarrollo educativo posterior, y es de justicia celebrar su presencia en nuestro ordenamiento constitucional, por cuanto consagró la libertad de enseñanza en sus justos términos, constitucionalizó la obligatoriedad y gratuidad de la enseñanza básica, introdujo el principio de democratización de la enseñanza tanto en los contenidos como en lo referente a la participación, reconoció la importancia y los derechos de la enseñanza privada, y consagró la necesidad de la autonomía universitaria.

Tras la proclamación de la Constitución, dos leyes se orientaron a constitucionalizar la educación, es decir, a implantar de hecho en el sistema educativo los derechos y libertades del texto constitucional: la LOECE y la LODE. La primera enfrentó a centristas y socialistas, y aunque hoy sea sólo historia y relicario de intenciones, intervino en el diseño del sistema educativo y condicionó efectivamente la posterior política socialista al provocar al Tribunal Constitucional a sentenciar positivamente el derecho del titular del centro a establecer el ideario educativo del mismo. Consiguió, igualmente, que el Alto Tribunal definiera la libertad de enseñanza como un complejo inseparable de derechos: a crear instituciones educativas, al libre desarrollo por los profesores de su función docente, y a la elección por los padres del tipo de formación moral y religiosa de sus hijos. Fue la LOECE la que diseñó el modelo autonómico de las competencias en educación, fijando como principio la unidad del sistema educativo, tarea encomendada al Estado, así como el establecimiento de las enseñanzas mínimas y la alta inspección del Estado, puntos todos incorporados por la LODE de 1985.

La otra ley de constitucionalización de la enseñanza fue la LODE, ley conflictiva si las ha habido en la historia de nuestra legislación educativa. La LODE reguló los derechos y libertades fundamentales en la educación, desarrolló legalmente el principio de participación educativa delineado en la Constitución, creando los Consejos Escolares y un sistema articulado de consejos municipales, provinciales y autonómicos, culminando en el Consejo de Estado, y reguló la financiación de la enseñanza privada mediante un régimen de conciertos económicos, con determinadas contrapartidas. Fueron estas contrapartidas el aspecto más negativo de la LODE por su exagerado intervencionismo, y dieron lugar a una enconada polémica y a una auténtica «guerra escolar» en la que, en distintos momentos y desde diferentes posiciones ideológicas, participaron los padres de familia y los profesores, hecho inédito en la historia educativa de nuestro país. El intervencionismo de la LODE es congruente con una de las deficiencias de la Constitución en su artículo 27/5: vincular la garantía del derecho de todos a la educación a la *programación general de la enseñanza,* deudora de la ideología planificadora tan querida al socialismo democrático de los años cincuenta y sesenta. La LODE ha facilitado la gratuidad en la EGB de muchos centros privados, mérito indiscutible, pero los conciertos económicos han colocado en una situación financiera muy difícil a no pocos colegios no estatales, por la cicatería con que son calculados por el ministerio los «otros gastos del centro», especialmente. Por esta y otras razones que tienen que ver con las dificultades de contar con profesorado religioso, la Iglesia española ha perdido entre 1978 y 1987 387 centros propios, principalmente en Preescolar/EGB y en Formación Profesional.

La política educativa del PSOE ha culminado, en el terreno que nos interesa, con la LOGSE, a la que se dedicará una breve reflexión al final de este trabajo, cuando hayan sido expuestos los logros y fallos de la gestión socialista, así como los problemas no resueltos o los creados por aquella gestión.

Expansión moderada del sistema educativo

La expansión cuantitativa del sistema educativo español en esta década ha sido patente en dos ámbitos, el de los profesores y el de los gastos educativos, mientras que igualmente patente ha sido la contracción en los efectivos de alumnos, aunque no por razones educativas, sino demográficas.

En 1992, prácticamente la cuarta parte de los españoles están escolarizados en centros de la enseñanza reglada, lo que representa un gran esfuerzo social y una política dinámica del Gobierno. En proporción con los niños y jóvenes en edad escolar, ha crecido la población de escuelas y colegios, es decir, han aumentado las tasas de escolarización, pero el crecimiento absoluto ha sido negativo por efecto de la disminución de la natalidad y el adelgazamiento de los tramos de edades más jóvenes de la pirámide poblacional. Por primera vez han descendido los efectivos de Preescolar y de EGB. La historia educativa es profundamente irónica. En el siglo pasado, J. de Caso aseguraba que el problema de la escuela española consistía en que no había escuelas, profesores ni... *niños,* porque estos últimos tenían que trabajar o no eran enviados a la escuela por la ignorancia o el egoísmo de los padres. En 1992 hay escuelas, está a punto de sobrar maestros, no es problema el dinero, aunque nunca sea el deseado, pero están escaseando los niños. Como contrapartida, los demás niveles de enseñanza han seguido creciendo, especialmente la enseñanza superior:

Evolución del número de alumnos en los niveles educativos anteriores a la Universidad

	1982-83	1991-92
Preescolar	683.220	967.691
EGB	5.633.518	4.743.784
FP	650.929	871.269
BUP/COU	1.117.600	1.653.030

La *expansión del profesorado* ha sido muy considerable en esta década, sin correspondencia con la evolución del alumnado, negativa. Constituye esto una buena noticia para la educación española, pues sugiere que se están reduciendo las tasas alumnos/profesor, lacra histórica de nuestro sistema educativo. La evolución del profesorado ha sido muy diferente en los distintos niveles de enseñanza, con crecimiento notable en Preescolar y EGB, de un 22 por 100, más que notable en FP, a un 54 por 100, y realmente espectacular en el profesorado de BUP/COU, que, con un aumento del 116 por 100, se ha más que duplicado en una sola década:

Evolución del profesorado y del alumnado de los niveles no universitarios en la década 1982-1992

	Profesorado		Alumnado
	1982-83	1991-92	Diferencia absoluta entre 1982 y 1992
Preescolar y EGB	228.269	278.667	— 606.320
FP	42.174	64.860	+ 221.340
BUP/COU	45.642	98.767	+ 535.330

FUENTE: MEC

En relación con los *gastos educativos,* y tomando como indicador único el porcentaje de PIB dedicado a la enseñanza, la situación española a mitad de la década socialista era muy desfavorable en relación con la europea, aunque se iban reduciendo las distancias. En la segunda mitad de la década, el gasto público en educación se ha incrementado en torno a un 25 por 100, pasando a representar el 3,29 del PIB, todavía considerablemente por debajo de la media comunitaria europea, un 6 por 100. En este terreno, nuestro retraso con los principales países de la Comunidad es de más de diez años. La «convergencia» educativa está todavía bastante lejos.

Como nuestras tasas de escolarización son ya muy aceptables en relación con las correspondientes europeas —sólo Holanda nos supera en la tasa de escolarización del tramo de edad 20/24— hay que interpretar nuestras diferencias con la CEE en gasto educativo en clave de calidad de la educación y no de cantidad de alumnos escolarizados. Los sueldos de los profesores, las instalaciones y equipamiento de los centros, y el material escolar son las principales víctimas. En definitiva: la calidad de la enseñanza.

A pesar de la expansión del sistema educativo, el nivel de estudios de la población española sigue siendo bajo, como puede examinarse en el breve apartado siguiente.

El capital humano español

El primer indicador de la excelencia del capital humano de un país es el nivel de estudios adquirido por su población mayor de dieciséis años. La evolución española en la década socialista puede verse en el cuadro siguiente:

Evolución del nivel de estudios de la población española mayor de dieciséis años, 1982-1992

	1982 (%)	1991 (%)
Analfabetos	8	5,25
Sin estudios	15	16,30
Estudios primarios	52	38,07
Medios y FP	20	32,68
Ante-superiores	2	4,23
Superiores	2	3,47

FUENTE: INE: Indicadores Sociales 1991 y EPA, 2.° trimestre 1991.

Cambiar el perfil educativo de una sociedad es una tarea larga y costosa, y nuestro retraso tiene raíces muy hondas en la historia. A los pesimistas e hipercríticos, que denuncian la mínima variación en la proporción de analfabetos o de personas sin estudios, o el escaso aumento en poseedores de estudios superiores, hay que recordarles que la enseñanza primaria en España no superó la tasa real de escolarización del 50 por 100 hasta la década de los sesenta, y que al comienzo de esa misma década sólo teníamos 273.832 estudiantes de Bachillerato. A los triunfalistas, en especial a los que proclaman que la modernidad nos llegó hace exactamente diez años, hay que recordarles que el auténtico despegue educativo español se inauguró a finales de la década de los sesenta: en 1950, la tasa de escolarización en Primaria era del 50 por 100, y en 1968, del 87. En BUP teníamos en 1950 780 estudiantes por 100.000 habitantes, y en 1968, la *ratio* se había elevado a 3.284.

En 1990, el perfil educativo de la sociedad española es tendencialmente moderno, con un 40 por 100 de la población con un nivel de estudios superior al primario. Se va pasando penosamente de la primarización educativa a la secundarización, como ha sucedido ya hace tiempo en la mayoría de los países de la CEE. Este feliz tránsito no puede hacernos olvidar el grave problema de analfabetismo o de carencia de estudios que afecta a casi la cuarta parte de los españoles mayores de dieciséis años, en especial a las mujeres, entre las que la mitad del grupo de edad de cincuenta y más años se encuentran en esa situación. La *educación de adultos,* compromiso especial del PSOE en su segunda legislatura, ha recibido una atención muy precaria. Exactamente al comienzo de ese segundo período legislativo se gastaron 7.500 millones de pesetas solamente, y eso que el presupuesto había crecido espectacularmente en relación con el año anterior, un 92,2 por 100, quizá debido al pesimista informe de la OCDE sobre este sector de nuestra educación, que el curso 1989-1990 atendió en régimen presencial un cuarto de millón de adultos, la mitad, aproximadamente, en centros públicos y la otra mitad en entidades públicas o privadas sin ánimo de lucro.

Otro problema importante de nuestro capital humano es la inadecuación entre los niveles reales de estudios adquiridos por la población y las exigencias de los puestos de trabajo que se ocupan. Todavía en 1991 la cuarta parte de los miembros y personal directivo de la Administración Pública y del grupo de directores y gerentes de empresas sólo tenían estudios primarios, y en el mundo de los trabajadores industriales, el 12 por 100 de los mismos carece de todo tipo de estudios. Un trabajo del CIS de 1988 mostró que los trabajadores de la industria y construcción sólo tienen en su gran mayoría —las dos terceras partes— estudios primarios, y que este porcentaje aumenta en razón inversa al tamaño de la empresa. Los avances conseguidos han sido mínimos, aunque la investigación del CIRES de 1990-1991 ha observado una ligera mejoría en el nivel de estudios de los «directores» y «técnicos», ya que al parecer disminuyen los que sólo tienen estudios medios o primarios.

Una década de consolidación del sistema educativo

Entre la LODE y la LOGSE, que pronto iniciará su andadura, el sistema educativo español se ha ido consolidando, aunque los cambios reales hayan sido de escasa entidad, quizá a la espera de las transformaciones estructurales y de mayor envergadura prometidos por la LOGSE.

La *Educación Preescolar,* convertida ya en necesidad social entre nosotros por los cambios familiares, la incorporación de la mujer al trabajo, al menos en la mente y en las intenciones de las generaciones jóvenes, y la plena vigencia del principio de igualdad de oportunidades, ha crecido lentamente, a pesar de que el punto de partida era muy bajo. Entre 1982 y 1992, este nivel ha visto disminuir sus efectivos en 284.471 alumnos, debido sobre todo a la drástica disminución de la natalidad. En este nivel persisten sin mejora notable cuatro problemas importantes que condicionan el posterior rendimiento en EGB y la proclamada igualdad de portunidades: 1.°, las notables deficiencias de preparación del profesorado, formado en su mayoría en la misma praxis educativa; 2.°, la ausencia de centros específicos de Preescolar en muchas localidades, rurales sobre todo; 3.°, el bajo techo de escolarización de los niños de 2-3 años, en torno a un 10 por 100 a mediados de la década, y 4.°, las deficiencias de equipamiento escolar y de instalaciones apropiadas.

El proyecto de reforma concedió una importancia primordial a la etapa infantil, y ya en 1983 una publicación oficial del PSOE destacaba su necesidad para el desarrollo igualitario de los niños, necesidad discutida en algunos sectores, sobre todo por el riesgo de que, en la práctica, se convierte en un mero adelantamiento de la enseñanza básica, y de que de esta forma se haga más temprana aún la competitividad del futuro estudiante. A propósito de su proclamada neutralidad ideológica, se subraya también el respeto máximo debido a los padres en esta etapa educativa, la necesidad, no suficientemente reconocida en la LOGSE, de que exista una total coherencia entre la familia y la escuela. Las líneas generales de la reforma en marcha confluyen hacia una plena integración de esta etapa en el sistema educativo como un nivel específico más, con objetivos y características propias. Se pretende concentrar los esfuerzos en la extensión vertical y horizontal de la educación infantil, especialmente en la población de cuatro y cinco años, estimular mediante convenios la acción educativa de otras instituciones, coordinando las ofertas educativas, ubicar los centros en las zonas de menores recursos sociales y culturales, crear especialistas en educación infantil, que serán sólo maestros en el ciclo de tres a cinco años, conseguir una *ratio* niños/profesor de ocho a diez años en la primera subetapa y de quince en la segunda.

Al proyecto educativo del MEC se le puede reprochar, esencialmente, la debilidad de su compromiso económico y su falta de voluntad política para conseguir la gratuidad de los últimos años de esta etapa educativa al limitar, presuntamente, su oferta a los sectores más necesitados, prioridad que no admite discusión, pero que no excluye el derecho de todos los sectores a esta educación.

Al llegar al poder, el PSOE se encontró con una *EGB plenamente consolidada* y, en cierta manera, saturada, con tasas de escolarización prácticamente totales. Pero persiste el problema del equipamiento y de la calidad. Todavía en el quinquenio 1976-1982 se produjo un ligero aumento del alumnado, un 5,6 por 100, pero en la última década el incremento ha sido negativo, debido a la disminución de los alumnos en los últimos cuatro años de la etapa, por efectos de la evolución demográfica. En total, casi un millón de alumnos menos al final de la década.

En la Educación General Básica continúan siendo problema, no resuelto, la ausencia de un sistema real y eficiente de *orientación escolar*, tan necesaria en una etapa como esta en la que se produce realmente la selección escolar: todavía a mediados de la década, una tercera parte de los egresados de EGB no obtenían el título de graduado escolar, y la quinta parte de los que lo obtenían no se matriculaban en BUP, y uno de cada seis no se matriculaban en ningún tipo de enseñanza reglada. Continúa siendo, asimismo, problema no resuelto, quizá a la espera de la aplicación de la LOGSE, el carácter puramente formal o ceremonial de las actividades artísticas y pretecnológicas, cuya finalidad es preparar al alumno para que la etapa siguiente sea realmente una etapa terminal, abierta al mundo del empleo. La deficiencia más denunciada, en particular por los profesores de las etapas educativas posteriores, es la relativa al aprendizaje de las *lenguas extranjeras,* debido a un profesorado mal preparado y especializado en la enseñanza del francés, a contrapelo de la demanda creciente del inglés. La incorporación al plan de estudios del aprendizaje de las lenguas vernáculas en las Comunidades autónomas afectadas ha repercutido negativamente en la ya grave situación, aunque esa incorporación fuera necesaria.

Durante la década ha ido mejorando la *ratio* alumnos/profesor, con mayor éxito en la enseñanza pública que en la privada. En el curso 1991-1992 era de 20 para la primera y de 23,2 para la segunda, en ambos casos superior a la media de la CEE en 1982, de 17. Nuestro retraso con la CEE, pese a los indiscutibles progresos realizados, puede cifrarse en este terreno en unos diez años, y debería atenderse al problema de los centros privados con una mayor generosidad en los conciertos económicos, tan rigurosos, y tan incongruentes con la gran demanda social del tipo de enseñanza que imparten.

El *Bachillerato* ha representado durante décadas el sueño de miles de familias españolas, por diversas y conocidas razones. Impulsados por estas expectativas, los estudios de BUP/COU han conocido un avance espectacular, pasando de contar con 1.117.600 alumnos en el curso 1982-1983 a 1.653.930 en el de 1991-1992, con una tasa de crecimiento del 48 por 100. El *COU* continúa siendo un cuarto curso de Bachillerato, y nada se ha hecho realmente para que, siguiendo lo previsto en la Ley de 1971, la Universidad tome a su cargo la programación y el control del mismo. El índice de fracasos en el primer curso de muchas carreras universitarias alimenta la sospecha de que se trata de un curso de dudosa utilidad, pues no mejora la preparación obtenida en los tres años de BUP ni proporciona una orientación eficaz para la elección de los estudios superiores.

El funcionamiento de los centros de BUP sigue presentando notables deficiencias, y no parece, a juzgar por las protestas de los directores de institutos que llenaron las páginas de los periódicos hace unos años, que hayan encontrado solución las deficiencias que, según el informe de la OCDE de 1985, afectaban al 30 por 100 de los centros educativos de esta etapa. Los profesores se quejan todavía de que los *currículos* están sobrecargados, de que hay demasiadas horas lectivas, y de que las *ratio* profesor/alumnos —de 16,5 en la enseñanza pública y 17,5 en la privada— son demasiado altas. Una nota común al profesorado de BUP, con las debidas excepciones, es la *desmotivación,* provocada en gran parte por el exceso de burocracia en los centros y por las disfunciones de una participación de padres y alumnos traducida en la práctica en una auténtica filosofía del control: supervisar solicitudes, controlar cuentas de gastos, arbitrar medidas disciplinarias, comentar estadísticas de aprobados y suspensos... El resultado ha sido un cierto talante de «desmovilización» en los centros, desgana y falta de incentivos de los profesores, aunque la LODE haya conseguido potenciar la imagen democrática de la política educativa.

El BUP fue diseñado en la Ley General de Educación como una puerta abierta al mundo del trabajo y a la FP de segundo grado, y en esa línea se le incorporaron unas *actividades técnico-profesionales* que, veinte años después, continúan siendo una pura fórmula, debido a la resistencia de los profesores, a la insuficiente dotación de medios y a la saturación de las materias del plan de estudios, junto con el exceso de pormenores reglamentistas. Quizá la coartada de la «reforma que viene» ha contribuido al prolongado alejamiento del BUP de la realidad ocupacional española.

La *Formación Profesional* constituye en el híbrido del bloque de Enseñanzas Medias un sector problemático, para el que diez años de política socialista no han arbitrado soluciones eficaces. El crecimiento de este sector fue sorprendente en el quinquenio 1975-1982, y mucho más modesto en el siguiente, totalizando en la década un 34 por 100 de crecimiento. Persiste con todo su vigor el doble reproche a la FP: su mala imagen y su inadecuación a las necesidades técnicas y profesionales del sistema económico español. En gran medida, esta inadecuación procede de la conversión de este nivel educativo en un nivel académico más, no corregido en esta década, aunque denunciado en incontables ocasiones. El academicismo de la FP se hace patente en el sistema de horarios, asignaturas, programas y funcionarización del profesorado. La política del MEC no ha conseguido colmar los vacíos dejados por la supresión de instituciones que funcionaron en su momento con eficacia reconocida: la Extensión Agraria, la Formación Profesional Marítima, el mismo INEM, cuya dimensión formadora ha descendido notablemente en los últimos años.

La *Formación Profesional de segundo grado,* configurada inicialmente como un híbrido articulado con la FP 1, el BUP y la FP 3, ni desarrollada ni operativizada esta última, no ha conseguido su pleno desarrollo. A mediados de la década, la FP 2 no llegaba a representar el 40 por 100 del total de la Formación Profesional.

Diez años de política educativa de un partido «obrerista» no han conseguido equilibrar la inversión de la pirámide educativa española, con un BUP sobresaturado, que ha crecido en la década el 48 por 100, y una FP que actualmente representa sólo el 50 por 100 del BUP, y que ha crecido 14 puntos por debajo de este. Para mejorar la imagen —y la realidad, ante todo— de la FP, hay que empezar por evitar uno de los obstáculos institucionales más graves al correcto y fructífero funcionamiento de la FP: la dispersión de esfuerzos y la no completa confluencia de las líneas formativas de las instituciones que de aquella se ocupan: MEC y Consejerías de Educación de las Comunidades autónomas, Ministerios de Trabajo, Agricultura, Industria y Sanidad, Cámaras de Comercio, Asociaciones de Empresarios y Confederaciones sindicales. Esta coordinación de esfuerzos y de recursos debe traducirse en una mejora cualitativa y cuantitativa de la red de centros de FP, tanto en infraestructura como en personal. Una propuesta más audaz se orienta a seguir los pasos del sistema dual alemán, lo que exige una competencia simétrica del MEC y de las empresas asociadas para crear centros de FP, procedimiento que repercutiría beneficiosamente en una mayor orientación de esta enseñanza hacia la realidad cambiante del sistema productivo.

La política educativa de esta década ha conseguido éxitos indudables en la *elevación de los niveles de escolarización* de la población juvenil e infantil españolas. Los datos del MEC son concluyentes:

Tasas de escolarización

Grupos de edad	1982/83	1991/92	Diferencia
4-5 años	85,8	96,3	+ 10,5
6 a 13 años	100	100	=
14-15 años	76,9	97,7	+ 20,8
16-17 años	51,5	69,9	+ 18,4

Esta evolución de las tasas de escolaridad tienen su repercusión lógica en la realización del principio de igualdad de oportunidades. En esta misma línea hay que citar la política de becas, que en el terreno que nos ocupa, la enseñanza no universitaria, ha beneficiado en el año 1989 a 450.233 alumnos, frente a los 203.214 de 1982. La evolución de ayudas y becas del MEC —Universidad incluida— ha sido muy dinámica, pasando de representar 6.879 millones en 1982-1983 a 73.273 millones en 1991-1992, con un índice de crecimiento del 1.065 en esos diez años.

En otro terreno muy distinto, el de la *organización de los centros,* hay luces y sombras. Se aprecian mejorías en el aumento de la dotación económica, en la variedad de materiales didácticos, en la reglamentación de la participación de los órganos de gobierno, con los problemas antes señalados; en la descentralización y tímido incremento del protagonismo de los mismos centros, pero... está muy generalizada la queja por la excesiva burocratización. La consigna sería desburocratizar, racionalizar tiempos y tareas del personal docente, liberar al profesor de interminables reuniones, llenar de contenido funcional la participación...

Calidad y rendimiento de la enseñanza

No es fácil ponerse de acuerdo sobre el descenso o no descenso de la calidad de la enseñanza en los sistemas educativos de nuestro mundo occidental. La opinión mayoritaria de los expertos en cuestiones educativas se inclina por la tesis del descenso, sobre todo en relación con los «grandes lenguajes»: lectura, escritura y cálculo. Pero no faltan los optimistas «críticos» que aluden a la formidable explosión escolar, a la falta de acuerdo sobre los criterios de calidad, a la falacia de comparar la elite social escolarizada hace una generación con la actual generación entera hoy en la escuela, al mito de la «edad de oro» de la «escuela-de-antes», etc.

En España, la polémica sobre la calidad de enseñanza *hoy* se ha complicado por la resistencia de algunos, estudiosos e ideólogos, a considerar el fracaso y el abandono escolar como un criterio válido de mala calidad educativa y a una cierta obsesión por la igualdad de resultados escolares, mínimos al menos, lo que en ocasiones se vuelve contra la excelencia en la enseñanza. A comienzos de la década se hicieron públicos los resultados de una investigación sobre una muestra de 9.000 alumnos del primer ciclo de EGB en veinte centros públicos y privados, de veinte provincias. El lenguaje de las ciencias sociales y naturales presentó niveles satisfactorios: un 80 por 100 de escolares superaron las pruebas; el dominio del lenguaje matemático acusó serias deficiencias, ya que sólo la mitad de los alumnos alcanzaron la comprensión completa de la suma, la resta y la teoría simple de conjuntos, solo el 40 por 100 fueron capaces de medir objetos, un 13 de identificar polígonos y un 20 de resolver problemas con sumas y restas combinadas; los hallazgos sobre el dominio del primer lenguaje (lectura y expresión) fueron desalentadores: poco más de la mitad fueron capaces de leer e interpretar correctamente un texto, sólo una cuarta parte supieron describir objetos y escenas, y no llegaron al 75 por 100 los componentes en una escritura legible.

Los *abandonos escolares* parecen haber disminuido. En EGB son muy escasos, no llegando al 1 por 100 en los ciclos inicial y medio, y elevándose hasta el 1,7 en octavo. En BUP son también insignificantes, en torno al 1,5 por 100. En FP, el problema adquiere perfiles más serios, oscilando los porcentajes de abandonos desde el 6,1 en FP 2 General hasta el 6,8 por 100 en FP 2 Especial.

El indicador de mayor validez es el éxito/fracaso en la *promoción al curso siguiente*. Las estadísticas del MEC revelan una mejora palpable. En el año inicial de la década de los ochenta acabaron sus estudios de EGB unos 400.000 alumnos, de los que el 62 por 100 obtuvieron el título de Graduado Escolar y el 38 por 100 el Certificado de Escolaridad. En el año inicial de la década de los noventa se pasó del 62 al 76 por 100 de graduados escolares, y algo más de la mitad de ese contingente de alumnos lo logró en los ocho años de duración oficial de los estudios.

En BUP/COU, los resultados no son tan claros. Al comienzo de los ochenta acabaron con éxito sus estudios el 65 por 100 de los alumnos que cursaban tercer curso de BUP, pasaron de 1.° a 2.° el 91 por 100, y de 2.° a 3.° el 86. Al inicio de los noventa, los porcentajes de promocionados al curso siguiente fueron estos: de 1.° a 2.°, el 77 por 100; de 2.° a 3.°, el 77 por 100; de 3.° a COU, el 81, y de COU a selectividad, el 68, disminución esta explicable porque en COU se exige una evaluación positiva en *todas* las materias.

En FP, los resultados son menos brillantes; en el curso 1988-1989 promocionaron el 77 por 100 de FP 1, el 71 de FP 2 General y el 65 de FP 2 Especial.

La sociedad española parece bastante satisfecha con la calidad de la educación que se le ofrece, según se desprende de diversas investigaciones. En la del CIS de 1987, el 85 por 100 de los padres declararon que les gustaba el colegio de sus hijos; el 90 dijeron que sus hijos «vuelven de la escuela o colegio muy o bastante contentos», y el 76, que la enseñanza recibida era «muy o bastante buena»; sólo uno de cada seis la calificaron de «regular», siendo este porcentaje casi el doble entre los padres con hijos en la escuela pública. La impresión general es que la enseñanza ha mejorado en nuestro país en los últimos años: opina así el 61 por 100 de los españoles consultados por el Instituto Demoscopia, en octubre de 1987.

Sondeos de opinión y resultados escolares al margen, el desafío de la calidad sigue sin respuesta eficaz. La LODE centró el discurso socialista en la batalla política, y la praxis del MEC no hizo sino prolongar esa misma línea, necesaria quizá en una sociedad con tantas desigualdades e injusticias, pero cuyo clamor se orienta hoy hacia la calidad de la enseñanza y la plena competitividad de la enseñanza pública frente a la privada, sin merma alguna de los derechos de esta. Y aun teniendo en cuenta los factores de entorno diferencial de la escuela pública y la privada, las diferencias entre ambas son todavía muy llamativas, sin que conserven su validez los viejos argumentos de la diferencia de medios y de recursos, hoy muy igualados o en favor de la escuela pública. Un solo dato, referente a las pruebas de selectividad de la Universidad Complutense en las convocatorias de junio: en 1982-1983 superaban la prueba el 54 por 100 de los alumnos procedentes de la enseñanza pública y el 67 de la privada; en 1991, estos porcentajes fueron, respectivamente, del 50 y 72 por 100.

La LOGSE, aprobada el 3 de octubre de 1990, aparece en el horizonte de nuestra enseñanza como la «gran esperanza». Esta ley responde al clamor por la igualdad que resuena en las cuatro esquinas de nuestra sociedad, rompe los restos del sistema dual y se orienta, con cierta ambigüedad, hacia el modelo comprensivo, con un riesgo evidente de descenso de la calidad, como ha comprobado más de un país. Sin embargo, una de las novedades anunciadas de la ley es su énfasis en la calidad. Es de temer un antagonismo disfuncional entre las demandas de la escolaridad y las procedentes del objetivo de la mejora de la calidad, sobre todo en la enseñanza pública. Todo va a depender de los recursos que se arbitren para cada uno de los dos objetivos y de la aplicación real de esos recursos. Pero es necesario subrayar que la calidad de la educación no depende tanto de las reformas de tipo estructural o curricular, ni de las modificaciones en la formación *técnica* del profesorado o de los gestores, como de la estabilidad del profesorado —erosionada en los centros públicos por los concursos de traslado—, del carácter profesional de la función directiva, perjudicado por el sistema de participación de la LODE, indentificado esencialmente como control, y de la motivación de los profesores, dañada por el síndrome burocrático de los centros, como se ha comentado.

La LOGSE, a la que no sería justo regatear el gran aplauso de habernos colocado a la misma altura que los países europeos más avanzados al extender la obligatoriedad y gratuidad hasta los dieciséis años, acentúa, a juicio de muchos, esa burocratización, como reflejo del intervencionismo disfuncional de que hace gala, con la creación de nuevos organismos de control. Demérito suyo es, igualmente, el que puede ser definitivo adiós al humanismo de nuestra enseñanza, dada su escasa atención a las materias humanistas y la marginación curricular impuesta a la enseñanza de la religión, con el peligro de que, por la vía de los hechos, desaparezca de nuestro panorama educativo. La sociedad, y el MEC, deben comprender que, si la religión ha de estar presente en el nuevo sistema educativo que inaugura la LOGSE, como ámbito de experiencias y de conocimientos, y como exigencia del «pleno desarrollo de la personalidad del alumno» (artículo 1), esa presencia ha de ser mediante su incorporación al currículo básico y obligatorio, siguiendo una modalidad cultural —la religión como hecho y fenómeno histórico y antropológico necesario para comprender nuestra cultura—, y completándola con una modalidad confesional —la religión como sistema de convicciones, con la necesaria pluralidad según cada confesión religiosa—. Pero, en todo caso, una presencia exigida por la propia escuela y no por los acuerdos con la Santa Sede.

Deseando todos los éxitos imaginables a la nueva Ley, una sugerencia: ¿no habría forma de que los poderes públicos, aun a destiempo, reconocieran el papel de la enseñanza privada en España y arbitraran una serie de medidas y estímulos para fomentarla y conseguir así que la sociedad civil haga ese esfuerzo definitivo que nuestra enseñanza necesita? La LOGSE no supo hacerlo.

Los perfiles de la crisis universitaria

Rafael Puyol

Hablar de la Universidad española de los últimos diez años es hablar de la Universidad que ha vivido al amparo (y en parte —mala parte— ha sido creada) por la Ley de Reforma Universitaria de 1983 y los Reales Decretos que la han desarrollado; hablar de la Universidad del último decenio es seguir hablando de la crisis de una institución que siempre parece mantener ese estado de imperfección en el que las variaciones son únicamente de intensidad.

Los últimos diez años suponen para muchos un período de intensificación de la crisis: quizá porque al haber más personas que hablen de ella se ha generado una conciencia colectiva de que tan venerable institución está al borde de la ruina y no tiene remedio; quizá porque por el juego de ciertos factores objetivos y condicionantes legales hay más motivos que nunca para admitir que el organismo aún vivo (nunca morirá) está profundamente tocado de ala.

De los factores de la crisis de la Universidad española actual me ocuparé en breve; pero antes quisiera decir que aun pareciéndome manifiestamente mejorable, no considerao que la Universidad actual sea peor que la que existía hace veinte o veinticinco años, cuando se inicia un período de fuertes convulsiones que sientan las bases y van modelando la Institución que hoy tenemos. La vieja Universidad que algunos añoran e idealizan en exceso se apoyaba en el buen quehacer de unos cuantos «maestros» detrás de cuya sabiduría no había casi nada más: ni equipos humanos, ni medios materiales suficientes y adecuados para la docencia y la investigación. Nadie puede negar que desde entonces se han producido mejoras cuantitativas y cualitativas en los recursos necesarios para que la Universidad pueda llevar a cabo su misión, aunque quede todavía mucho camino por andar, y aun cuando resulte evidente que las reglas del juego disponibles no han permitido, no ya una optimización, sino tan siquiera un uso razonable de tales recursos.

Los condicionantes de la crisis

La Universidad española ha experimentado, ante todo, una fuerte crisis de crecimiento, desordenado y descontrolado, que no ha sabido o no le han dejado encauzar de manera adecuada. Ha crecido desorbitadamente el número de alumnos y ha tenido que crecer, no siempre en las condiciones adecuadas y deseables, el número de centros y profesores. La improvisación ha constituido un rasgo definidor de la andadura reciente del sistema universitario español y es en buena parte responsable del estado de insatisfacción que los propios órganos de la Universidad y la sociedad civil airean constantemente.

La evolución demográfica anterior a 1975, caracterizada por la existencia de fuertes niveles de fecundidad, favoreció, junto con los cambios operados en la sociedad y en la situación económica general del país, el crecimiento de la tasa de escolarización universitaria, que por aquellos años resultaba todavía modesta. Si se observa el incremento del volumen de estudiantes matriculados en la Enseñanza Superior desde 1980 en los distintos países de la CEE, se comprueba cómo España es el segundo Estado con un mayor incremento en cifras relativas, tras Grecia, que como nosotros, y aún más que nosotros, partía de valores muy bajos. Hoy existen en España casi un millón cien mil alumnos, que suponen una tasa de escolarización del 30 por 100, algo inferior a la de Bélgica (32) y Holanda (31,3), pero en línea ya con la francesa y alemana y por encima de la que tienen otros países de la CEE.

Quizá en la Universidad española hay hoy más alumnos de los necesarios, sobre todo en determinadas titulaciones cuyos horizontes laborales son más que inciertos. Seguir permitiendo que cualquier persona pueda, por unas pocas pesetas, hacer una carrera que le proporcione una formación o especialización que nunca podrá desarrollar, no parece razonable.

La masificación de la Universidad es una consecuencia, en parte, del mantenimiento del mito de que la Institución debe estar abierta a todo el mundo.

En modo alguno. Sí debe ser de todos, ya que al fin y al cabo es financiada básicamente por el Estado, pero es un despropósito defender, en aras de oscuros criterios de igualitarismo trasnochado, que deba ser para todos. La Universidad tendría que ser más selectiva, siempre que, paralelamente, se diesen dos condiciones: que nadie fuera excluido de ella por razones económicas y que se ofrecieran estudios de grado medio con horizontes profesionales dignos a los estudiantes que por el sistema de selección no pudieran acceder a la Universidad, o a los que se incorporan a ella como solución no especialmente deseada ante la carencia de alternativas adecuadas. Prestigiar las enseñanzas de formación profesional y utilizar los criterios académicos como único procedimiento de selección para que los más aptos, independientemente de su fortuna, puedan entrar en la Universidad, constituyen soluciones necesarias para aliviar la masificación y evitar que la obtención, mal que bien, de un título se convierta en el objetivo prioritario o incluso único de muchos estudiantes.

El sistema actual de acceso a la Universidad, la tan criticada justamente «selectividad», no sólo no ha resuelto el problema de la masificación, sino que, permitiéndolo, ha creado frustración en muchos estudiantes que por unas décimas en la puntuación se ven obligados a cursar desganadamente estudios no queridos. Sé que buscar un sistema de selección mejor que el vigente tiene grandes dificultades, pero es preciso abordar con urgencia y valentía este problema si no queremos que el desencanto estudiantil que, por supuesto, se nutre de otros ingredientes, siga acentuándose. Y es preciso advertir que de tan evidente mal las Universidades no tienen la culpa, sino que, sujetos pacientes que cada año tienen que admitir más alumnos de los pedidos, sufren directamente sus consecuencias. No todo el mundo va a poder estudiar en los próximos años lo que quiera, independientemente de cuál sea el sistema de reclutamiento que se implante. Pero hay que llegar a la definición de un procedimiento de entrada que potencie el esfuerzo previo y permita, probablemente mediante pruebas específicas, que ninguna vocación auténtica para cursar una determinada titulación se vea limitada. Y hay que reforzar, sin la cicatería inicial de su implantación, el Distrito Único y convertirlo, mediante un adecuado sistema de ayudas, en una alternativa real para muchas familias que no pueden acudir a él (aparte de la insignificancia de las plazas en juego) por motivos fundamentalmente económicos.

Con ser realmente importante y quizá el más grave, la masificación no es el único problema serio de la Universidad española. Con el fin de amortiguar sus efectos negativos, en los últimos años se han multiplicado los centros y los profesores para acoger y enseñar a los miles de alumnos que cada año se incorporan a las aulas. Y en ese afán de crear con urgencia nuevas Universidades e incorporar con celeridad docentes que atiendan las enseñanzas, reside otro de los problemas más preocupantes de la Universidad.

La creación de Universidades

La creación de nuevas Universidades es, en sí mismo, un hecho fácilmente justificable y difícilmente criticable en abstracto. A tenor de lo que acabo de decir, su necesidad no necesita demostración. Pero no resulta tan claro que los centros que han ido apareciendo en los últimos tiempos hayan sido autorizados donde más falta hacían y que su surgimiento haya obedecido prioritariamente a razones académicas más que a injustificables motivos de naturaleza política o prestigio institucional.

Posiblemente, las cerca de cuarenta Universidades españolas actuales fuesen suficientes si estuviesen mejor distribuidas. Crear una Universidad *ex nihilo* es una empresa cara que en un país de nuestro nivel económico exige utilizar como criterios prioritarios la relación costes-beneficios de toda naturaleza. En algunos casos probablemente habría resultado más útil potenciar a las Universidades existentes sobrecargadas de alumnos y con infraestructuras obsoletas que crear, con no muchos medios, centros que recogen una clientela escasa que con un buen sistema de ayudas podría haber encontrado acomodo en otros lugares.

La creación de centros universitarios no estatales cuenta desde la aprobación, el 20 de abril de 1991, del Real Decreto que regula los mínimos exigibles para la constitución de Universidades, tanto públicas como privadas. Es un decreto que desarrolla el artículo 27.6 de la Constitución Española que contempla «la libertad de creación de centros docentes» y la propia Ley de Reforma Universitaria de 1983. Es un texto legal que, aunque sale con injustificado retraso y resulta, en algunos aspectos, excesivamente reglamentista, es preciso saludar con satisfacción por lo que puede significar en la implantación de un sistema de competitividad y de contraste en beneficio siempre de una mejora de la calidad de la enseñanza y la investigación. Ahora bien, como recordaba hace poco Josep Enric Llebot, los poderes públicos están obligados a actuar con las cautelas necesarias para que los aspectos positivos de la libre competencia no tengan la contrapartida de una degradación global y una progresiva mercantilización de todo el sistema universitario. Y, sobre todo, los responsables públicos tienen la obligación moral de que los requisitos exigidos para la aprobación de las nuevas Universidades pudieran cumplirse también en las públicas preexistentes que ni en espacios, instalaciones o infraestructuras se aproximan hoy a tales condiciones.

Existe en nuestro país una tendencia a considerar no sólo deseable, sino bueno aquello que todavía no existe. Eso ocurrió con las televisiones privadas, cuya aparición fue acogida con optimismo y esperanza. Que algunas no funcionen con los criterios de calidad deseables no debe constituir un argumento contra su existencia. Son dos cosas diferentes, pero las recientes experiencias televisivas deberían constituir un motivo de reflexión para evitar la reproducción en el ámbito de la enseñanza universitaria de los males acaecidos en el campo de la comunicación visual.

El éxito o el fracaso de las Universidades privadas va a estar muy condicionado a la andadura de las primeras experiencias. Sin duda, uno de los problemas más importantes a los que los nuevos centros deben enfrentarse es el del reclutamiento de su profesorado. Sinceramente, creo que el decreto de mínimos ha sido en este terreno cicatero y discriminatorio. Cuando se crea una Universidad pública, profesores de otras Universidades estatales pueden incorporarse a través de las comisiones de servicio a la enseñanza de la nueva Universidad para facilitar, con su experiencia, la puesta en marcha de los nuevos estudios. La prohibición expresa de que esto pueda ocurrir en las Universidades privadas limita gravemente sus primeros pasos. Además, resulta difícilmente comprensible que un funcionario de la Universidad pública pueda ejercer legalmente otras actividades extraacadémicas y se le impida, siempre que las obligaciones derivadas de su compromiso de dedicación se cumplan, aportar sus conocimientos y experiencia a otros centros universitarios privados.

La política de profesorado

Una Universidad masificada, difícilmente puede ofrecer una enseñanza de calidad. Hoy, la Universidad española no tiene la calidad que todos desearíamos, pero su evidente carencia no obedece sólo al exceso de oferta estudiantil, sino a todo un conjunto de circunstancias que afectan a quienes tienen como misión desarrollar las enseñanzas.

La política de profesorado contemplada en el título V de la Ley de Reforma Universitaria, se ha revelado inadecuada e insuficiente para que la Universidad española esté adecuadamente dotada de los docentes que precisa.

Ante todo una reflexión cuantitativa. El número de profesores universitarios de todas las categorías supera hoy los 50.000. Su crecimiento, en un corto período de tiempo, ha sido fuerte, con todas las secuelas negativas que este proceso de incorporación urgente ha entrañado. A pesar de ello, la Universidad española presenta todavía relaciones alumno/profesor, especialmente en el caso de las Universidades más grandes, bastante más elevadas que las habituales en otros países de nuestro entorno. La Universidad Complutense de Madrid, con más de 125.000 alumnos matriculados, tiene una *ratio* media de 22,5 alumnos por profesor, cuando la cifra razonable es situada por los expertos en unos 13 alumnos. Evidentemente, como cualquier media, la cantidad encubre la existencia de acusadas desigualdades entre grupos (escasos y privilegiados) de muy pocos alumnos y bastantes más con 200 ó 300 estudiantes por aula. Cualquier referencia a la calidad de la enseñanza impartida resulta inoportuna. Esta situación no es generalizable a todas las Universidades españolas, pero el problema de la insuficiencia persiste, con mayor o menor intensidad, en muchas de ellas, aun cuando las *ratios* entre docentes y discentes no alcancen las cifras tan absolutamente disparatadas de los centros más congestionados.

Pero los problemas del profesorado universitario no son sólo, ni prioritariamente, cuantitativos. Por las inadecuadas formas de selección, los insuficientes sistemas retributivos y las acusadas dificultades para la promoción interna, la Universidad española se ha visto privada de algunos de los elementos que más juego académico e intelectual podrían haber dado en ella.

Las formas de acceso a los cuerpos docentes no han permitido en bastantes ocasiones el reclutamiento de los más capacitados. La presencia en las comisiones juzgadoras de dos miembros del departamento para el que se convoca la plaza ha favorecido la endogamia y convertido en excepcional la posibilidad de que un profesor bien preparado, compitiendo con candidatos locales, pueda incorporarse a una Universidad diferente a la suya. Han sido necesarios casi diez años de crítica generalizada para que ahora se contemple la modificación de las comisiones, mediante la propuesta por las Universidades de un solo miembro. El cambio puede resultar oportuno, pero llega tarde.

El sistema anterior ha creado una situación en la docencia de difícil recuperación a corto plazo. Los departamentos, junto a gente competente y capaz, aglutinan hoy en mayor medida personas que han accedido al funcionariado por el peso de los votos y no el de la sabiduría, que tienen por delante todavía una larga vida académica y que van a limitar, por razones de edad y presupuestarias, el acceso futuro de personas jóvenes bien preparadas. Hay centros en algunas Universidades en los que no se vislumbra ninguna vacante para los próximos diez o quince años. Hemos llegado a un punto de saturación por la vía de la mediocridad, auspiciada por una legislación permisiva de la que casi todos hemos sido cómplices.

La incorporación de algunos elementos valiosos a la Universidad se ha visto dificultada además por los escasos incentivos que han ofrecido y aún ofrecen las remuneraciones. Es preciso reconocer la mejora relativa de los salarios de los docentes en los últimos años, pero la remuneración actual dista de la percibida por funcionarios cualificados de otros cuerpos de la Administración y mucho más de la correspondiente a profesionales de la empresa privada. Encontrar hoy buenos profesores en determinadas especialidades (Empresariales, Derecho, Ingenierías...) resulta tarea muy ardua, ya que una buena parte de los mejores licenciados encuentra pronto acomodo y en mejores condiciones económicas que las que le ofrece la Universidad, en la que debe iniciar una larga carrera docente sin horizonte final despejado. Casi nadie rechaza la filosofía que inspira el nuevo sistema de incentivos a la docencia e investigación (otra cosa son los evidentes errores cometidos en su aplicación). Que cada profesor reciba una remuneración diferenciada de acuerdo a su dedicación, méritos docentes y producción científica, parece razonable. Pero, quizá, habría sido necesario, antes de implantar el sistema de incentivos, haber llegado al establecimiento de un régimen de retribuciones más competitivas.

Por otro lado, la «carrera» universitaria, desde las categorías de menor nivel a las más altas, no ofrece para los más aptos mecanismos para una «promoción» seria, pero flexible. En este orden de cosas, la Ley de Reforma Universitaria se ha limitado a diseñar una larga carrera de obstáculos que dificulta que algunos de los mejores jinetes puedan llegar a un final para cuyo logro no han escatimado esfuerzos. Las Universidades de mayores dimensiones cuentan hoy con un considerable número de profesores titulares realmente valiosos que se han elevado claramente por encima del tono de mediocridad que les rodea, que tienen muy difícil su acceso a una cátedra dentro o fuera de su Universidad.

Por otro lado, alguna de las categorías docentes establecidas por la Ley de Reforma Universitaria no han cumplido mayoritariamente los objetivos para los que se crearon. La idea de incorporar mediante la figura del profesor asociado a especialistas de reconocida competencia que desarrollen su actividad profesional fuera de la Universidad, es buena. Pero dicha incorporación, mediatizada además por la figura del asociado a tiempo completo, no se ha cumplido en muchos casos. Los tipos más económicos de profesores asociados se han utilizado para contratar personas que «den clases», desvirtuando, por falta de alternativa, el fin del precepto. Merced a la utilización, sin duda abusiva de la figura, contamos con un profesorado barato que, al tener como única o principal actividad la docencia, desea hacer carrera universitaria sin que se le puedan ofrecer las condiciones necesarias para ello. Nadie sale realmente beneficiado de esta situación.

Como no sale beneficiada la Universidad de al menos tres circunstancias más que han azotado con dureza al profesorado y a las Universidades. La primera es la jubilación anticipada a los sesenta y cinco años, dulcificada con tacañería mediante la creación de la figura del profesor emérito, que ha servido para evidenciar en ciertos casos la perversidad de los departamentos. Ya nadie duda hoy de lo desafortunado de prescindir, en unas condiciones económicas insuficientes, de personas en plena capacidad física y mental. Todo parece indicar que la jubilación se va a retrasar de nuevo, pero la factura que ha supuesto aquella medida, nadie podrá pagarla. Como nadie podría pagar los inconvenientes derivados de la supresión de los traslados de los profesores numerarios que habrían contribuido probablemente a aliviar los excesos de la endogamia. O los males provocados por un sistema de incompatibilidades demasiado rígido, que han impedido la permanencia de personas dispuestas a dedicar una parte de su tiempo y formación a la docencia.

Estos y otros inconvenientes quizá habrían podido evitarse si las Universidades hubieran disfrutado de una verdadera autonomía que les facultase, con las debidas garantías, para organizar mejor su propia actividad. Pero han existido tal cantidad de cortapisas académicas y financieras, que la anunciada y tan deseable autonomía universitaria se ha quedado en papel mojado.

El censo de los infortunios de la Universidad de los últimos años no se agota con la relación apuntada. Aún podríamos hablar del mantenimiento demasiado tiempo de planes de estudio obsoletos, del retraso de la incorporación de nuevas enseñanzas, o de las dificultades que entraña la investigación.

Sin duda, esta última merece aún unas líneas. Su desarrollo en los últimos tiempos resulta incuestionable, pero aún existen muchas carencias derivadas de la falta de equipados necesarios, mayores recursos económicos y una mayor generosidad en la política de becas que permitan la formación de personal investigador. Las Universidades debieran hacer un esfuerzo en la definición de líneas y programas de investigación prefijados por los departamentos e Institutos Universitarios y en autoevaluar eficazmente los resultados obtenidos.

Parece que soplan vientos de cambio en muchos de los frentes críticos. Hay modificaciones que la comunidad universitaria está pidiendo a gritos. Háganse ya, y háganse bien, en beneficio no sólo de la institución, sino de toda la sociedad española.

La cultura: de instrumento político al consumo generalizado

Javier Tusell

Si volvemos la vista atrás hasta hace diez años, con el propósito de hacer un balance acerca de lo que ha significado la década de gobierno del PSOE en materia cultural, el panorama nos resultará tan sorprendente, que parece el de otro país e incluso otra galaxia. La cultura tenía un papel de indudable importancia dentro del programa con el que acudió a las elecciones el PSOE, y existía, además, la sensación de que se iba a producir —en este aspecto, más que en cualquier otro— un cambio de indudable trascendencia que acompañaría al cumplimiento de ese programa y dotaría a la cultura de una función muy relevante en la sociedad. No era una sensación generalizada, superficial y epidérmica, sino que resultaba compartida por una parte considerable de la porción más valiosa del mundo cultural e intelectual español. El manifiesto «Por el cambio cultural» resulta impresionante no tanto por su contenido en sí, producto más que nada de una sensibilidad o un entusiasmo circunstanciales, como por la cantidad y la calidad de las personas que lo suscribieron. En efecto, los dos principios en que se asentaba dicho programa eran, en primer lugar, la consideración de la cultura como uno de los «instrumentos» más importantes para el cambio y, en segundo, el repudio a la conversión de España en un «área de simple distribución cultural», condenada, por tanto, a ser colonizada. Ambas actitudes, en las que se adivina una muy clara influencia del socialismo francés, resultan criticables porque, lo primero, testimonian una posible actitud utilitaria respecto de la cultura y, lo segundo, un nacionalismo contradictorio con su pretensión universalista. Mas aunque lo fueran, confirmaban la trascendencia.

Pero, en realidad, en ningún momento fueron esos dos principios los inspiradores de la labor de gobierno de los socialistas. No sólo desapareció del horizonte cualquier idea de que los intelectuales comprometidos pudieran instrumentalizar su capacidad creativa en beneficio de los propósitos políticos del «cambio», sino que la idea misma del intelectual comprometido muy pronto pareció una antigualla. En realidad, la última actuación colectiva del mundo de la cultura española en relación con la política fue su participación en ese manifiesto. Como en Francia en 1983 pronto se produjo el llamado «silencio de los intelectuales», es decir, su «privatización»; los últimos estertores del compromiso se produjeron en torno al referéndum, sobre la OTAN pero en esta ocasión sin unanimidad alguna. En nuestro país, a diferencia de lo sucedido en Francia, el presidente del Gobierno, persona interesada en las novedades literarias, no ha participado en absoluto en actos de corte cultural. Más que instrumento político para un propósito político, la cultura se ha convertido en objeto de consumo. Quizá, incluso, fue instrumento político mucho más en la etapa de la transición, en que la lucha por ella se convirtió (en el caso de *El crimen de Cuenca,* por ejemplo) en un procedimiento para avanzar en el ejercicio de la libertad de expresión. Ya entonces se había producido el comienzo de una creciente difusión de la cultura con un nivel de calidad más que apreciable que se ha venido confirmando con el transcurso del tiempo. No en vano las mayores recaudaciones del cine español han dejado de corresponder a aquellos subproductos eróticos de los años sesenta, para pasar a ser ahora películas de un indudable nivel de calidad como *La colmena* o *La vaquilla.*

Como revela el folleto redactado en 1986 y prologado por Solana, el ministro de Cultura que ha tenido una ejecutoria de mayor peso, los socialistas mismos no tomaron muy en serio su programa, sino que en la práctica hicieron muy pronto otro diagnóstico de la situación y se inclinaron, por tanto, hacia una política bastante diferente de la derivada de los principios citados. A la altura de 1982, España ya había realizado en gran parte su normalización cultural, pero se encontraba con la necesidad de un nuevo marco legal en gran parte de las materias culturales, con una infraestructura cultural deficientísima, con una demanda de calidad creciente y la necesidad de adecuarse a un marco constitucional nuevo que prescribía la existencia de una organización autonómica apenas puesta en práctica hasta el momento. De todos estos problemas, el más grave era el de infraestructura, porque el punto de partida era lamentable y, además, parecía tener como adversario la redistribución del poder entre las autonomías. Por citar tan sólo unos datos, basta comparar algunos datos españoles con los de otros países: en tan sólo el Louvre había tantos conservadores de museos como en toda España; los arquitectos empleados por la Administración Central para la conservación del Patrimonio arquitectónico eran tan sólo una docena, mientras que en Roma había un centenar, y los arqueólogos un tercio de los existentes en la ciudad de Sassari, en Italia. El segundo problema quizá fuera el mantenimiento de una oferta de calidad porque, a pesar de que en el momento de la transición se hubiera producido el nacimiento de un interés popular evidente por la cultura, la realidad es que muy a menudo venía mezclado con otros factores; por ejemplo, lo cierto es que el protagonismo de las noticias culturales en la prensa derivaba más que nada de la capacidad de producir escándalos, mientras que el interés de fondo era mucho menos efectivo de lo que se podría pensar a primera vista. También los factores parapolíticos (la tentación por lo no hacía tanto tiempo prohibido) primaba sobre el criterio de calidad objetiva. Y, en fin, había también una eclosión de interés por la cultura, que tenía el inconveniente de poblar de *amateurs* o de una reedición de «preciosas ridículas», como las del XVII, las salas de exposiciones o de conciertos. Por desgracia, este es el rasgo de la situación que ha experimentado un menor cambio.

El nuevo marco legal

Podrá, quizá, llamar la atención el hecho de que no se haya aludido como cuestión decisiva en la gestión del Gobierno socialista a la legislación aprobada durante este período de diez años. La razón es que en esta materia, como en otras, se ha producido una importante coincidencia suprapartidista de criterios que ha permitido que la elaboración de las principales disposiciones se haya llevado a cabo con un elevado grado de consenso. En realidad, un relevo en el poder produciría quizá un cambio por adición, pero no una sustitución radical de las leyes aprobadas hasta el momento.

La Ley del Patrimonio Histórico español (1985) viene dedicada a la protección y el enriquecimiento de los bienes que lo integran, cumpliendo así lo previsto en el texto constitucional. Se trata, en realidad, de un proyecto no tan novedoso que tiene sus antecedentes en la legislación anterior de la etapa republicana y también en las disposiciones preparadas en la primera etapa de la transición que no llegaron a ver la luz al no ser aprobadas por el Parlamento: hay, en efecto, una continuidad evidente entre el proyecto de Ley de UCD en 1981 y el presentado a la consideración del Parlamento por el PSOE en 1984; además, la coincidencia en el espíritu de ambos cuerpos legales se hizo mayor en el momento de la tramitación parlamentaria. La ley se centra en la nueva definición y ampliación del concepto de Patrimonio Histórico, la articulación de la acción de los poderes públicos, autonómicos o estatales, en esta materia, la identificación y clasificación de los bienes de interés cultural y las medidas de fomento tendentes a la conservación de estos bienes mediante disposiciones de carácter económico, principalmente fiscal.

En cuanto a la Ley de Propiedad Intelectual, puede decirse que, como la disposición anterior, está también motivada por la realidad de que le legislación vigente había quedado ya obsoleta, dada la aparición de nuevos procedimientos de creatividad. La ley se basa en la protección de todas esas modalidades con especial atención a la reproducción, el establecimiento de técnicas procesales ágiles para la protección de la propiedad intelectual, la regulación del contrato de edición, la extensión del derecho de autor al llamado «derecho moral», el ordenamiento de las sociedades de gestión de derechos y la duración de los derechos de autor transmitidos a las generaciones posteriores.

De la Ley de Propiedad Intelectual cabe decir que en gran parte su aprobación no ha supuesto de manera necesaria la solución de los problemas que existen en materias como la reproducción de vídeos, pero eso no pone en cuestión la validez en sí misma de la ley. En cambio, con respecto a la Ley de Patrimonio Histórico ha existido una discrepancia tan considerable entre lo considerado como deseable y la realidad que hay que atribuir a la misma ley las razones de que no se haya producido el cambio en sentido positivo en la protección de nuestro patrimonio cultural que resultaba deseable. Ha habido simples incumplimientos de lo previsto en la ley, como, por ejemplo, cuanto se refiere al 1 por 100 cultural en todas las inversiones en obras públicas. Un primer borrador de la ley excluía esta disposición en la que, desde todas las ópticas políticas y de los interesados en la conservación del patrimonio, se había puesto una confianza muy grande para conseguir una multiplicación de los presupuestos dedicados a estas materias, cuando lo cierto es que tampoco ha dado unos resultados tan positivos en otras latitudes.

Pero hay otros aspectos de la ley que, al no haberse traducido en la realidad práctica, hacen pensar que era ella misma la que tenía inconvenientes no escasos. Una parte de estos pudieron ser solucionados en el transcurso de la tramitación parlamentaria de la ley que, como se ha indicado, contribuyó a convertirla en más realista, pero lo cierto es que han persistido las diferencias entre lo legislado y la realidad práctica, con lo que ha perdurado uno de los inconvenientes más graves y más habituales de la protección del Patrimonio Histórico en España. En efecto, de mayor trascendencia que el debate sobre los bienes procedentes del Patrimonio eclesiástico, que animó la discusión en las Cortes en el momento de la tramitación de la ley, es probablemente el que tuvo lugar acerca de la relación entre la imposición de normas por parte del Estado y el estímulo a la sociedad para que ella misma protegiera su patrimonio. En el momento actual nos encontramos con una situación que es exacta reproducción de lo que ha sucedido en otras épocas en España: la ley no se cumple. El caso es especialmente grave en lo que atañe a los bienes muebles. En los inmuebles había quedado previsto, por ejemplo, que desaparecieran en un plazo de tiempo tasado aquellos elementos que podían afear un monumento declarado como tal; eso no se ha cumplido por falta de estímulos económicos para hacerlo, pero resulta menos grave que lo acontecido con los bienes muebles. Era esencial respecto de estos contar con un inventario que no puede decirse que se haya llevado a cabo de manera satisfactoria, y ello por la falta de estímulos fiscales suficientes y de medidas de fomento suficientes. En el momento actual se calcula que tan sólo el 6 por 100 de los bienes muebles que deberían estar incluidos en el inventario forman parte de él. Llama la atención el hecho de que sea precisamente una disposición de fomento (la posibilidad de pagar los impuestos con obras de arte) aquella que, de toda la Ley de Patrimonio Histórico, ha tenido un resultado más positivo para el incremento de los bienes puestos a disposición del público español: el mejor testimonio lo tenemos en la obra de Miró que se ha incorporado a la titularidad estatal en pago de los derechos de sucesión. Todo ello tiene mucho que ver con una tendencia creciente en la gestión cultural en España a apoyarse más en la iniciativa privada que en la de carácter público.

La gestión pública y la promoción privada de la cultura

Una de las cuestiones que ha despertado mayor atención en el debate público acerca de la cultura es la que se refiere a la responsabilidad de la Administración y la sociedad con respecto a su promoción. Francisco Ayala en su día señaló un criterio que se puede quizá tomar como válido, aunque sólo con carácter muy general. De acuerdo con él, la misión del Estado debiera ser tan sólo conservar la cultura heredada y no mezclarse en la promoción de una cultura de creación contemporánea. Ya veremos más adelante que siendo un criterio respetable parece insuficiente.

Sin embargo, para algunos, resulta incluso excesiva la existencia de un Ministerio de Cultura porque opinan que se trata de una parcela más del árbol burocrático del país o porque piensan que la competencia debe ser de forma exclusiva de cada una de las Comunidades autónomas. Este es, por tanto, uno de los escasos ejemplos de que hay, por tanto, coincidencia entre lo que defienden los nacionalistas y lo propuesto por la derecha. Pero esta postura común resulta discutible no sólo porque también la Constitución prescribe como una obligación del Estado comunicar la cultura de las diversas Comunidades, sino porque, carente de una mínima estructura administrativa, la promoción cultural, que es también obligación suya, resulta imposible. Otra cosa es saber cuál sea: en principio no debiera existir ningún reparo en que se tratara de una Secretaría de Estado dependiente de un Ministerio de Educación. Lo que parece evidente es que se debe tratar (como, por ejemplo, sucede en Italia con el «Ministerio degli Beni Culturali e Ambientali») de una estructura flexible. Lo cierto es que esto último no parece haberse conseguido, pues aunque se han creado Institutos de Cine, Música o Teatro, en realidad el tipo de gestión que practican en nada difiere del de las direcciones generales que les precedieron.

El papel de la Administración, de todas las maneras, no puede limitarse a la pura conservación de lo heredado, sino que debe ampliarse a la creación de una infraestructura tanto de edificios como de personal capaz de hacer posible una oferta de calidad. El esfuerzo inversor realizado por el Estado ha sido en estos años muy importante, sobre todo hasta 1986. En esa fecha, el incremento de las dotaciones presupuestarias con respecto a 1983 era del 68 por 100, mientras que el incremento de carácter global no pasaba del 22. De todos los modos ha de tenerse en cuenta que solo en esa fecha los presupuestos del Ministerio de Cultura se acercaron al 1 por 100 del total. Una realidad que debe ser muy tenida en cuenta es que la inversión ha tenido lugar principalmente en Madrid, lo que, si es objeto de una indignada diatriba por parte de algunas comunidades autónomas, al mismo tiempo resulta lógico dadas las indigencias previas.

Esta infraestructura ha hecho posible una oferta cultural importante que ha colocado a la capital, al menos, a la altura de las más importantes capitales europeas. Quizá con el transcurso del tiempo, en algunas materias, como artes plásticas, ha acabado flojeando o quizá, sobre todo, la apariencia brillante oculta una realidad que lo es bastante menos: España cuenta ya con una red de auditorios excelente (y, por cierto, planeada en tiempos de la Administración anterior), pero, en cambio, está muy debajo en lo que respecta a la enseñanza musical o en calidad de sus conjuntos orquestales. Pero todo ello y el mismo hecho de que este proceso haya sido la conclusión de algo iniciado en la etapa anterior no empaña sus méritos.

Parece obvio, en efecto, que sin esa intervención de la Administración hubiera sido inconcebible la mejora de la oferta existente. Otra realidad evidente es, además, que, sin su colaboración, determinadas formas de expresión artística hubieran desaparecido. Es cierto que durante los primeros años de la gestión socialista hubo casos de una discrecionalidad tal en el reparto de las subvenciones públicas que lo más asombroso es la falta absoluta de pudor de quienes lo hacían. Pero la subvención o la directa intervención del Estado con su presupuesto ha hecho posible la subsistencia de formas de expresión artística en crisis desde hacía mucho tiempo, como el teatro, o de otras que han entrado en ella en los últimos tiempos, como es el caso del cine. Precisamente en este terreno es donde parecen más obvios los inconvenientes del procedimiento subvencionador. Pilar Miró ha quedado como uno de las mejores gestores culturales gracias a sus medidas de protección al cine español. Pero la pregunta que es necesario hacerse es si estaba justificado un sistema como el por ella puesto en marcha, que ha podido tener como resultado que una película como *Quimera,* de un presupuesto de 88 millones, recibiera una subvención de 26 millones y sólo recaudara 36.000 pesetas. Se pueden citar otros casos, tanto más sangrantes, cuanto que los directores son algunos de los más prestigiosos de la cinematografía nacional: *El Dorado,* de Carlos Saura, con un presupuesto de 780 millones, obtuvo 191 como ayuda anticipada y sólo logró 169 de recaudación; *El caballero del dragón,* de Fernando Colomo, obtuvo un adelanto de la mitad de sus 264 millones presupuestados y recaudó 71. Algo funcionaba mal en un sistema que daba esos resultados. El que le siguió tampoco merece mejor juicio, pues colapsó de tal manera la producción cinematográfica española, que no parece exagerado decir que hemos pasado de la crisis a la agonía.

Por otra parte, una de las paradojas de la década de gobierno socialista es que durante ella se ha producido una auténtica eclosión de las actividades culturales nacidas de la iniciativa social. La verdad es que estas no son nuevas de estos últimos tiempos, sino que siempre han existido y que, por supuesto, no ha sido como consecuencia de la gestión del Gobierno socialista como han venido en convertirse en un dato decisivo de nuestro panorama cultural. En realidad se trata de un fenómeno que viene de antes y que nace de razones que poco tienen que ver, en su momento inicial al menos, con la voluntad de quienes ejercen el poder, aunque estos se hayan servido de él.

Es muy difícil cuantificar el impacto de esta acción de la iniciativa privada en el terreno cultural. Según los datos aparecidos en la prensa, resultaría que en 1986 se empleaban 2.000 millones de esta procedencia, y, en 1988, se calculaba que el porcentaje sobre la inversión cultural total era de un 10 por 100. Pero más que referirse a cifras, que siempre serán susceptibles de dudas por las razones que más adelante se expondrán, habría que remitirse a la propia experiencia de cualquier interesado en la materia. No hay más que pasar la vista por la oferta cultural de la capital o incluso de cualquier núcleo importante de población para ver aparecer en ella todo tipo de firmas comerciales y, sobre todo, financieras. A estas alturas, a cualquier entidad financiera le resulta ya imprescindible tener tras de sí una acción cultural, como si no bastara con sus resultados económicos para justificar su existencia.

Por supuesto, todo ello es muy positivo, pero merece la pena también examinar con mayor detenimiento en qué consiste ese patrocinio de la vida cultural. Hay que tener en cuenta, en primer lugar, que una parte de él nace de empresas públicas o semipúblicas que no tienen reparo en empeorar sus resultados económicos mediante la adición de algunos números rojos más que den algún prestigio cultural; ese patrocinio resulta en realidad un tanto ficticio. Más positivo y digno de alabanza es, en cambio, aquel nacido de la iniciativa privada que consiste en la financiación de actividades nacidas de la iniciativa pública o aquel otro que se reduce tan sólo al pago de unos determinados eventos circunstanciales. Quizá esto es lo que se ha convertido en más habitual en el panorama cultural español y no hay que tener reparo en practicar la crítica al respecto. Sumarse a la edición de un catálogo de una exposición organizada por una entidad pública es positivo, pero no indica mucha capacidad de iniciativa ni colabora a una auténtica creatividad cultural. Financiar conciertos de orquestas prestigiosísimas es carísimo, pero puede tener el inconveniente adicional de ofrecer una idea radicalmente errada de lo que es la demanda cultural española. Lo deseable sería que fundaciones privadas lanzaran una oferta cultural autónoma de la estatal, imaginativa y estable. Pero eso, que es algo conseguido ya desde hace tiempo por entidades como la Fundación March, ni es sencillo ni se consigue en un plazo corto de tiempo. Las fundaciones de los grandes bancos, que tuvieron un despegue inicial propagandístico de envergadura, han quedado por el momento reducidas a una acción irrelevante. Esperemos que esta situación cambie en el próximo futuro.

Pero no lo hará si no se modifica en profundidad la legislación destinada a promover la actividad social privada en el terreno cultural. Desde hace ya mucho tiempo, la legislación española sobre esta materia se ha convertido en tan obsoleta que resulta por completo inaceptable. Las fundaciones disponen de un marco legal que las reduce a la condición de entidades tuteladas de una manera totalmente excesiva por el poder público, que además demuestra una extraordinaria cicatería a la hora de facilitarles exenciones fiscales. El resultado es que en esta situación nadie gana: Hacienda, con su falta de generosidad, no consigue, sin embargo, aumentar sus ingresos; Cultura sigue pidiendo mayores presupuestos, y las empresas saben que sus acciones de patrocinio deben limitarse tan solo al capítulo de relaciones públicas y no suponen verdaderas exenciones.

Lo peor del caso es que a la acción de la iniciativa social le ha salido como competidor el llamado mecenazgo, que no es otra cosa que apuntarse, con la contrapartida de poder utilizar el nombre propio en el catálogo, a una iniciativa que tiene un origen público.

Eso, por supuesto, no es iniciativa social, sino invención de una sociedad civil apenas existente en beneficio de un Estado omnipresente. No hay nada más característico de la presente actitud gubernamental que el proyecto de ley en tramitación en el que se aborda a la vez la cuestión del mecenazgo y las fundaciones. Más significativa es todavía la posición de estas. El proyecto les resulta tan negativo que prefieren que la situación permanezca como está en la actualidad, porque lejos de mejorar sus perspectivas, las empeora. Al presentarlo no sólo se da una tremenda muestra de falta de orientación, sino que se va en contra de lo que es una tendencia manifiesta en todo el mundo.

Tentaciones y carencias de criterio

Lo más criticable de la gestión de los socialistas en materia de cultura no ha radicado en su instrumentalización de la misma, sino en una frecuente falta de criterio. En realidad, esto se ha dado en este partido como podría haberse dado en cualquier otro, aunque sea cierto también que una cierta inexperiencia y unas pretensiones excesivas respecto del papel de la cultura y de sí mismos han contribuido a multiplicarla. Falta de criterio quiere decir propensión al gesto, tendencia a magnificar aquello que no lo merece, proyectos de futuro dudoso, frecuente banalización de la cultura y protagonismo en la gestión de la misma de personas que se situaban por encima de sus posibilidades.

Creo que basta con citar algunos casos para que se entienda lo que se quiere decir con ello. Una de las primeras medidas de la Administración socialista en materia cultural consistió en un gesto como fue el convertir en gratuita la entrada en los museos públicos. Fue una medida positiva pero cuyas posibles consecuencias a medio plazo no parecen haber sido tenidas lo suficientemente en cuenta. El número de visitantes se multiplicó, pero tan sólo en un plazo muy corto de tiempo; luego, hubo que restringir el acceso al Museo del Prado, y finalmente el incremento de visitantes se estabilizó. Ahora se plantea la posibilidad de que la entrada vuelva a ser mediante pago porque esa es la norma habitual en el Mercado Común, donde se ha descubierto desde hace tiempo que lo que nada cuesta tiende a no ser apreciado. Premiar suele ser también hacer un gesto que puede convertirse en banal por exceso. Por supuesto se han cometido flagrantes injusticias al no premiar a quien se debía (los ejemplos más flagrantes son Cela y Delibes, respecto del premio Cervantes), pero en ello no es imprescindible ver una razón política ni tampoco achacárselo a un partido. Quizá, sin embargo, el exceso a la hora de premiar, del que sí son responsables los gestores de la política cultural oficial, ha tenido como consecuencia el quitar importancia a ese tipo de reconocimiento honorífico. Ha habido años con una veintena de medallas de oro de Bellas Artes, lo que equivale a quitarles cualquier trascendencia.

Pero más que a instrumenatlizar la cultura, el PSOE, en su beneficio, ha tendido a magnificar insignificancias, como es el caso de la llamada «movida», que no daba de sí más que para unos cuantos artículos de prensa y que ha sido tomada nada menos que como un testimonio de la capacidad creadora de un pueblo tras cuarenta años de oscurantismo. Ha habido también una propensión, poco menos que irreprimible, a identificarse con una parte de nuestro pasado colectivo, la experiencia de centro-izquierda en los años republicanos y sus precedentes intelectuales, lo que es respetable, aunque quizá excesivo; estos han sido los años de la glorificación de Azaña y de la resurrección de la Residencia de Estudiantes o del Centro de Estudios Históricos. Pero quizá este género de actitudes, un tanto superficiales, eran inevitables porque cualquier ministro de Cultura tendrá siempre la pretensión de «recuperar» un *Guernica* (una posible razón para su reciente traslado) o premiar a un Alberti, decisión esta última tan acertada como tardía.

En cambio, no resultaba previsible, y menos aún justificable, ese género de banalización de la cultura, que consiste en considerar que en este campo es admisible un cierto «amateurismo», como si aquella fuera una especie de bien mostrenco respecto del que sería admisible que todo el mundo opinara como le viniera en gana. Por supuesto, varía considerablemente lo sucedido, de acuerdo con los aspectos culturales de los que se trate; es, por ejemplo, mucho más fácil pontificar sobre arte contemporáneo que acerca de arqueología. Sin embargo, no debiera haber este género de distinciones: la vanguardia artística exige un tratamiento de calidad que tan sólo resulta posible con un nivel adecuado en los gestores. De hecho, sin embargo, se ha tendido, incluso de manera creciente, a entregar la gestión de esta parcela a quienes no tenían otra justificación para él que una previa gestión en el mundo privado sin que, en cambio, vengan avalados por una posición en la Administración pública o unas publicaciones respetadas por la generalidad de los especialistas. Tan sólo hubo un intento a mediados de la década de los ochenta de multiplicar el número de los funcionarios especializados (por ejemplo, los conservadores de museos), pero no, en cambio, una política mas decidida y persistente en un momento en que el número de funcionarios ha continuado multiplicándose en otras parcelas administrativas. Pero más tenaz ha sido la tendencia a considerar que había aspectos de la gestión pública en cultura que no requerían una formación o una preparación especial, sino tan sólo la confianza del poder. El resultado suele ser en todos estos casos (que se han dado tanto en la Administración estatal como en las autonómicas) una falta de criterio y una tendencia hacia el amiguismo. Lo lógico hubiera sido la ampliación del personal técnico dedicado a estas materias, pero la realidad no ha seguido a la lógica.

Ha habido, claro está, casos de sectarismo a favor del partido que estaba en el poder, pero más característico aún de lo sucedido ha sido la existencia de los que podrían denominarse como «intelectuales de la situación», a menudo no afiliados pero, sin embargo, muy estrechamente vinculados, a veces más aún que los militantes, a lo que podría denominarse, de no considerarse como demasiado pedante, como «proyecto histórico» de la mayoría parlamentaria. La frecuencia con la que aparecen estos intelectuales en todo tipo de jurados, tribunales y consejos relacionados con el mundo oficial hace pensar que, por desgracia, no se ha roto esa tradicional división de los españoles en «miístas» y «otristas» que aparecía en el sainete *Los caciques,* de Carlos Arniches. Eso, por supuesto, quita autenticidad a los organismos consultivos de los que se ha rodeado la Administración.

Al examen de estas tendencias, podemos sumar el más detenido de algunos proyectos concretos de la Administración cultural, que resultan por lo menos dudosos. El décimo aniversario de la llegada de los socialistas al poder va a coincidir con la apertura del Museo Thyssen. Su ubicación y permanencia en Madrid son, por supuesto, positivos, pero no se deben olvidar las contrapartidas que significa. La primera de ellas es una renuncia, en contra de todo tipo de previsiones y de una acuciante necesidad, a la ampliación del Museo del Prado. Pero no deben olvidarse tampoco las cantidades ingentes que ha sido necesario invertir en la restauración del Palacio de Villahermosa y, sobre todo, la peculiar situación en que queda esta colección. Frente a lo que es habitual pensar, no ha sido, en absoluto, objeto de donación, sino de préstamo por una cantidad muy importante, por lo que el carácter positivo o negativo de toda la operación habrá de depender sobre todo del posterior destino de la colección. Si esta permanece en España habrá que congratularse y felicitar a quienes gestaron la operación, pero, si no es así, el balance será negativo. Lo más probable, sin embargo, es que se plantee una tercera fórmula de la que por lo menos cabe decir que resultará de muy difícil manejo para quienes en ese momento tenga la responsabilidad de la gestión cultural en España. En efecto, quien sea ministro de Cultura en ese momento se encontrará condenado a una negociación extremadamente difícil, presionado por una opinión pública que considerará inconcebible que la colección abandone España y por unos herederos dispuestos a obtener el máximo beneficio de su venta definitiva.

Otro proyecto interesante, pero que ha tenido una evolución un tanto desgraciada es el del Centro de Arte Reina Sofía, imaginado como paralelo español del Centro Pompidou y ubicado en un hospital del siglo XVIII, en el sur de la capital. Lo primero que hay que decir respecto de este proyecto es que resulta por lo menos dudoso que un edificio de estas características sea el mejor emplazamiento de un museo de arte contemporáneo y un centro experimental; en principio parecería más lógico que un local de estas características se reservara para otro tipo de fondos. Como es así, ha resultado imprescindible someter al edificio a una cirugía que hubiera sido considerada inaceptable en el caso de que un particular la hubiera intentado llevar a cabo; de ahí el rebajamiento de bóvedas y el adosamiento de ascensores. Pero ni siquiera por este procedimiento ha resultado posible resolver las deficiencias que sigue presentando el edificio que, siendo muy difícil, en general, para cualquier exhibición de arte actual, muy a menudo resulta devastador para algunas de las que ha tenido. Mas con ello sólo principian las desgracias de este centro, que ha tenido exposiciones muy brillantes, pero que ahora pasa por penurias graves y que, sobre todo, no da la sensación de ofrecer una programación que tenga como característica principal la coherencia. Una institución de esta envergadura debería tener al frente un equipo de sólido prestigio y de trayectoria indisputada, lo que, desde muy distintos ángulos, no sucede en el momento presente. Lo más grave es que en el momento actual, cuando se escriben estas páginas, el Centro de Arte Reina Sofía no cumple por lo menos la mitad de las condiciones que resultaban exigibles a la hora de su creación, porque, en efecto, el museo, siempre contestado en cuanto a lo que debiera ser su formulación como proyecto cultural, no parece que vaya a ofrecer una explicación de lo que es el arte contemporáneo español, mientras que, en cambio, mantiene una confianza megalómana en poder tener una colección digna acerca de la evolución de las vanguardias de más allá de nuestras fronteras, lo que a estas alturas es una pretensión muy poco realista. Se ha dicho que el traslado del *Guernica* obedecía al deseo de potenciar un museo fracasado. Quizá eso sea excesivo, pero de lo que no hay duda es de que las autoridades ministeriales han demostrado muy poca sensibilidad al no respetar la voluntad de Picasso y elegir de modo preferente un supuesto éxito político.

Una cierta megalomanía y una evidente tentación de preferir los supuestos éxitos políticos siempre rondarán a los gestores políticos con el peligro de hacerles errar a la hora del establecimiento de las prioridades. Nadie puede negar la belleza de las exposiciones históricas de la Expo, lo que es discutible es que tengan coherencia científica y, sobre todo, que esta muestra se haya inaugurado en un momento en que en la misma ciudad de Sevilla uno de los más importantes museos españoles permanecía cerrado, por desgracia desde una fecha ya remota. Nadie puede negarse a la tentación de tener una parte del Museo Guggenheim en Bilbao; lo que cabe preguntarse es si un proyecto como ese debe estar en la primera fila de las prioridades de la Comunidad vasca. Afortunadamente, a veces es posible la rectificación. «Europalia», la presentación de la cultura española en Bruselas en un momento en que no disponíamos de una presencia cultural estable de importancia más allá de nuestras fronteras, constituyó muy posiblemente un error. Por eso hay que felicitarse de que con el Instituto Cervantes se estabilice, como debe, la difusión exterior de nuestra cultura. Ha sido demasiado tarde y con insuficientes medios, pero bienvenida sea la nueva institución.

El horizonte de futuro

En el transcurso de una década y media, en España la cultura se ha convertido no sólo en objeto de consumo, sino también de prestigio. En España se ha convertido, por ejemplo, en una costumbre de la burguesía urbana e ilustrada la visita a exposiciones en las mañanas de los días festivos. Por supuesto, no debe pensarse que una gestión gubernamental pueda producir por sí sola tan importante cambio, sino que el establecimiento de tales pautas o hábitos es producto de factores que no dependen de manera directa e inmediata de aquella. Sin embargo, también la infraestructura cultural puede coadyuvar de una manera importante a que se produzca un cambio en los hábitos de la población. Por citar tan sólo un ejemplo: un incremento de tan sólo una octava parte en el número de puestos de lectura en el período 1980-1984 supuso un incremento de un tercio en el número de los usuarios. Al tratar de la oferta cultural hemos comprobado cómo es en la actualidad rica y variada y además el público responde a ella de una manera que sería inimaginable hace tan sólo unos años.

La otra cara de la moneda la tenemos en la última encuesta sobre los hábitos culturales de los españoles publicada por el Ministerio de Cultura. En ella se nos ofrecen testimonios que siguen siendo aterradores. Da, por ejemplo, la sensación de que España ha ingresado en la cultura de lo visual desde la incultura sin detenerse en la lectura. La casi totalidad de los hogares españoles (98 por 100) tienen TV, y un porcentaje elevado, vídeo (42), pero si bien el porcentaje de quienes tienen algún libro en casa es elevado (84), quienes disponen de biblioteca (más de 100 libros) es una minoría (28), que coincide, en términos aproximados, con la de quienes leen la prensa diariamente. Sólo el 11 por 100 de los españoles fueron a una biblioteca pública alguna vez en los últimos doce meses; en una década, el porcentaje tan sólo se ha incrementado en un 3 por 100, a pesar de que el esfuerzo inversor del Ministerio de Cultura se haya concentrado sobre todo en este apartado.

Todo ello no hace sino indicar el inmenso camino por recorrer todavía a estas alturas. El esfuerzo inversor de las administraciones públicas debe proseguir y debe concentrarse en la infraestructura y en la existencia de un personal especializado y con criterio. Sería lo ideal que se produjera en el ámbito de competencia de cada Administración un acuerdo que evitara duplicar esfuerzos y coordinara la acción en este terreno; lo cierto es que algo parecido se intentó en Cataluña, pero ni el acuerdo parece haber sido duradero ni tan siquiera relevante. En el futuro, además, cabe desear que siguiendo una evolución que parece inevitable y que, además, resulta positiva, se incremente la acción de fundaciones y otras entidades nacidas de la iniciativa social evitando los inconvenientes que han sido apuntados en otro apartado del presente texto. Finalmente, es muy posible que el esfuerzo de los próximos años deba dirigirse principalmente en dos sentidos. En primer lugar, hacia la promoción de la lectura, que viene a ser un acto creativo en que la persona del lector desempeña un papel activo de primera importancia participando al lado del escritor en el descubrimiento de un mundo fabuloso. En este terreno, como descubren las estadísticas de ventas (más que las de títulos editados), la diferencia entre nuestro país y otros europeos sigue siendo muy sustancial. El segundo campo debiera ser el de la creación de una infraestructura, no ya de edificios, sino de personas, capaz de elevar el nivel de calidad de la oferta cultural de una manera estable. Esa tarea es más difícil, importante y de mayor duración que la construcción de edificios.

Una última reflexión que vale, quizá, para otros capítulos de este libro. Parece indudable que entre los propósitos del PSOE y las realidades efectivas ha habido una distancia considerable. En realidad, eso ha sido positivo porque los primeros, tal como fueron expuestos en el programa electoral, resultaban más que discutibles. En términos generales, no cabe la menor duda que se ha producido en España una modernización de la infraestructura cultural espectacular incluso en no pocos terrenos. Pero ha habido también desorientación, falta de criterio y esfuerzos presupuestarios excesivos concluidos con poco resultado. Sobre todo, se abre en el horizonte la perspectiva de un posible cambio de entidad nacido de la sustitución de los criterios cuantitativos por los cualitativos y del mayor protagonismo de la iniciativa social. Tal situación se da en un momento en que las condiciones en las que se desarrolla la creación cultural se han modificado de una manera sustancial. Se ha señalado, como es cierto, que el cambio político no tuvo unas consecuencias inmediatas de carácter cultural, lo que es lógico; hubiera sido muy ingenuo pensar lo contrario. Otro juicio bastante frecuente es considerar que con el advenimiento de la libertad política se ha producido el paso de una cultura de resistencia a otra narcisista; sin embargo, este término es peyorativo y la resistencia por sí misma no supone calidad. En realidad, lo único claro respecto del grado de creatividad de la cultura española actual es que el cambio hacia unas perspectivas inéditas se dio en torno a 1985. Lo que en el futuro de nuestra cultura puedan significar Barceló, Almodóvar o la nueva narrativa está todavía por ver. Por supuesto, nada ha tenido que ver la gestión cultural en esta década con su capacidad creadora. Pero no cabe duda que por obra de los gestores anteriores y de los actuales han tenido mayores facilidades que generaciones anteriores.

La política exterior

Ramón Cotarelo

Posiblemente sea el de las relaciones exteriores el sector en el que la política del Gobierno socialista haya resultado más fructífera y menos controvertida. Más fructífera porque en el momento en que el PSOE gana las elecciones de octubre de 1982 realmente estaba casi todo por hacer, dado que los sucesivos gobiernos de la UCD se concentraron en los aspectos internos de la transición, tanto porque eran los más acuciantes entonces, como porque tampoco aquella fuerza política disponía de unas vinculaciones exteriores similares a las que tenía el PSOE. La UCD pagó el precio, injusto por lo demás, de ser percibida en el extranjero como parcialmente heredera del franquismo. Ello explica por qué su obra en el ámbito de las relaciones internacionales fue enteca, si se descuenta el ingreso de España en la OTAN, efectuado por el Gobierno de Calvo-Sotelo en 1981.

La política exterior socialista ha resultado menos controvertida, en segundo lugar porque, por su propia naturaleza, suele gozar de un alto nivel de consenso suprapartidista que la oposición se ha mostrado siempre dispuesta a otorgarle al PSOE en mayor medida de lo que este lo hiciera cuando era él el que se oponía.

En el momento en que los socialistas acceden al poder se siguen sintiendo los efectos del tradicional aislamiento y la supuesta neutralidad españoles, que habían empezado a resquebrajarse, aunque tímidamente, a partir de la muerte del general Franco y del consiguiente final de su dictadura. Así, como primer espaldarazo europeo al giro de España durante la transición, se permite el ingreso español en el Consejo de Europa en 1977. No obstante esa nueva apertura de España al exterior, con el deseo de ocupar el espacio que le corresponde en el orden internacional, se vio empañada por el carácter errático de una política relativamente tercermundista durante la etapa de Adolfo Suárez. Una política de supuesto no alineamiento que no contribuyó en nada a definir la imagen exterior de España como país fundamentalmente atlántico y europeo y que sólo podía entenderse como consecuencia de un prejuicio antinorteamericano muy extendido (en gran medida alimentado por el PSOE) que echa sus raíces en el Tratado de Amistad y Cooperación con los estadounidenses firmado en los tiempos de Franco.

Tan sólo el Gobierno de Calvo-Sotelo, como ya se ha dicho, tuvo el arranque de conseguir el ingreso de España en la OTAN, lo que supuso una gran clarificación internacional y una notable complicación nacional, como veremos más adelante. Pero, para entonces, la UCD estaba ya a punto de desaparecer, víctima de su desorganización interna, de su carácter de partido de aluvión, de las rencillas personales y del desgaste que supuso para un partido nuevo y mal integrado la difícil transición política de 1977 a 1979. Además de estas malas condiciones internas, la UCD hubo de tropezar con la oposición frontal del PSOE, como ya hemos dicho, que, en este asunto concreto de la OTAN (y en parecidos términos a lo que haría con motivo del referéndum de autonomía andaluz), no mostró proclividad alguna al consenso suprapartidista. Antes bien, atizó una campaña de ambigüedades y despropósitos, jugando con la promesa de sacar a España de la OTAN cuando él llegara al poder, con el fin de recoger todos los votos posibles de la izquierda de forma algo demagógica para derribar al Gobierno de la UCD, pero sin intención real de cumplirla. Una táctica que se da a veces en política, donde no cabe exigir cuentas a los participantes con la misma rigidez que en el ámbito de las relaciones contractuales privadas. De hecho, cuando el Gobierno socialista convocó por fin el referéndum sobre la OTAN, en 1986, solicitando el mantenimiento del país en la organización defensiva, un famoso cantante llegó a demandar judicialmente al PSOE por incumplimiento de contrato, con nulo resultado, como era de esperar. No obstante, este giro cuasi copernicano, probablemente ya previsto por la dirección del partido en 1981, pero que sorprendió a este en su buena fe, marcó el comienzo del divorcio entre el partido socialista y la opinión pública izquierdista del país.

No obstante la indeterminación de los primeros momentos de la diplomacia española durante la transición, también se obtuvieron algunos otros resultados nada desdeñables. Además del primer paso, ya citado, del ingreso de España en el Consejo de Europa, se produce el paulatino restablecimiento de las relaciones diplomáticas con los países socialistas del bloque del Este, que por aquel entonces eran una magnitud real en el orden internacional. De modo análogo, por medio de los acuerdos con la Santa Sede, de 1979, que sustituyen al Concordato de 1953, se regularizan las relaciones entre el Estado español y la Iglesia católica. Estos acuerdos, que versaban sobre materias económicas, educativas, jurídicas y culturales tenían esta estructura fraccionada precisamente para romper con la idea unitaria y globalizadora que implicaba el Concordato como Tratado Internacional. El propósito era, en cierto modo, disminuir el rango del instrumento a fin de adecuar el tratamiento al nuevo marco de las relaciones entre el Estado y la Iglesia como están previstas en la Constitución de 1978.

Otro aspecto tradicional de la política exterior española es el de las relaciones especiales con los Estados Unidos, que se inauguran con el Tratado de Amistad, Cooperación y Asistencia Mutua, también de 1953, y que sufren posteriores procesos de renegociación, hasta que quedan relativizadas definitivamente con motivo del ingreso de España en la OTAN y la posterior confirmación por el Gobierno socialista en el referéndum ya mencionado.

Desde las elecciones de octubre de 1982 hasta el verano de 1992, dos ministros de Asuntos Exteriores socialistas se han encargado de llevar a la práctica el programa del partido y la política del Gobierno en este campo: Fernando Morán y Francisco Fernández Ordóñez. En el momento de escribirse este capítulo (junio de 1992) acaba de producirse el relevo en el Ministerio de Exteriores de Fernández Ordóñez por Javier Solana. En el balance de la obra de los dos primeros, que vamos a tratar de resumir ahora, se percibe con claridad algo que explica el porqué del éxito de la política exterior del Gobierno socialista: a pesar del programa de cambio que el PSOE presentó en las elecciones de 1982, su Gobierno ha mostrado un respeto a la continuidad de los intereses del Estado como no lo tuvo la UCD, y ha alejado toda veleidad de que España pudiera encontrar su sitio en otro lugar que no fuera un firme anclaje europeo y atlántico. Las paradojas e ironías de la política han querido que, así como la UCD, necesitada de legitimación en la izquierda, mostraba inclinaciones tercermundistas a través de las ambiguas actitudes de Adolfo Suárez, el PSOE, teóricamente de izquierdas y no aquejado, por tanto, de déficit de legitimidad alguno, se pudo permitir el lujo de hacer una política exterior continuista. Continuista quiere decir aquí de prosecución de la del franquismo y con idénticos objetivos finales de afirmación y engrandecimiento patrios en el concierto mundial.

Efectivamente, en tiempos de Franco se echan los cimientos de una política exterior que ha resultado insospechadamente sólida. Esa política exterior se orienta en primer lugar a conseguir la integración europea de España y, en segundo, a colaborar en la defensa de Occidente, en tanto no se pudo estar en la OTAN, por medio de los tratados de 1953. La «defensa de Occidente» sería el nombre más aceptable que se daría a la vieja justificación franquista de la guerra civil como la lucha contra el comunismo. La política exterior de los gobiernos de Franco tenía también dos líneas prioritarias de acción no europeas: Iberoamérica y el norte de África, así como el mundo árabe en general. Por último, el franquismo sólo tenía un contencioso por Gibraltar que se ha mantenido hasta nuestros días.

Esa es la política exterior que han seguido los gobiernos del PSOE. Cabía suponer, a la vista de sus diferentes caracteres, que los ministros socialistas se enfrentarían a ella de formas muy diversas: más reticente Fernando Morán, quien, como deja traslucir en su libro de memorias, *España en su sitio,* mantenía aún su espíritu crítico de raíz izquierdista y no simpatizaba con la OTAN. Fue el artífice del ingreso de España en la Comunidad Europea, pero el doblete de esta con la organización defensiva resultó demasiado para su encaje político en un partido cuyos dirigentes estaban firmemente dispuestos a vestir al lobo neoconservador con la piel de cordero del socialismo democrático. De forma más flexible e integrada, y consiguiendo el aplauso unánime, Fernández Ordóñez terminó de administrar la plena incorporación de España en el esquema defensivo occidental.

La política exterior y Europa

Los socialistas heredan esta línea prioritaria de la política exterior española en inmejorables condiciones para llevarla a cabo. De un lado, constituyen un Gobierno monocolor —el primero enteramente socialista en la historia de España—, lo que les otorga notable peso y mucha fuerza frente al Parlamento. Por otro, su carácter de partido democrático, no involucrado en la dictadura de Franco, permite que se disipen las viejas reservas políticas que solían formular los miembros de la Comunidad Europea al ingreso de España, dejando ya sólo en pie las económicas, siempre mucho más fáciles de solventar. Las negociaciones para el ingreso adquieren un carácter febril. Ya en 1984 empieza el Gobierno a dejar entrever que existe una relación entre el ingreso de España en la Comunidad Europea y la permanencia en la OTAN. Finalmente, el 12 de junio de 1985 se firma en Madrid el Tratado de Adhesión a la Comunidad Europea que se hará efectivo a partir del primero de enero de 1986.

Desde el ingreso en la Comunidad Europea, España se ha venido contando en el grupo de los más fanáticamente europeístas. Nuestro país ejerció durante seis meses la presidencia de la Comunidad, acelerando el proceso de unificación a través de la propuesta de un espacio social así como uno jurídico europeos. La fiebre europeísta del Gobierno español culmina, de momento, con el entusiasta apoyo al Tratado de Maastricht, de diciembre de 1991. Mediante dicho tratado de Unión Europea, España aspira a alcanzar dos objetivos que, en el fondo, resumen la actitud de nuestro país en la Comunidad Europea. El primero, conseguir una plena integración comunitaria. El segundo, obtener, a cambio de los sacrificios que la tal va a suponer, unas compensaciones que el Gobierno español ha definido como «fondo europeo de cohesión». Este fondo, financiado con aportaciones de los países más ricos, como Alemania y Francia, va destinado a compensar las desigualdades estructurales con los países más pobres.

La Comunidad Europea afronta un futuro incierto en parte a causa de los cambios profundos que ha experimentado el continente en los últimos años. Estos han sido, además de profundos, vertiginosos, sobre todo en lo que hace al hundimiento del comunismo y la unificación alemana. Todo lo cual obliga a la Comunidad Europea a adaptarse a un contexto exterior mudable. Ya la firma del acuerdo con los países de la antigua Asociación Europea de Libre Cambio (AELC) creó un ambiente intermedio y ambiguo entre la Comunidad Europea propiamente dicha y el ámbito no comunitario. Por lo demás, tampoco dicho ámbito no comunitario (antiguos países socialistas, Turquía) va a cejar en su empeño de convertirse en miembro de la Comunidad Europea. En algún momento, sin embargo, será preciso tomar una decisión entre caminar hacia una mayor unidad política de los doce (lo que articula una entidad política sustantiva) o hacia una unión más laxa, pero que abarque a todos los países de Europa, lo cual dejaría las cosas más o menos como están aunque con relaciones más intensas entre los participantes.

La política exterior española en relación con la Comunidad Europea y el acuerdo de Maastricht ha consistido siempre en apoyar la primera opción, esto es, alentar la creación de un ente supranacional europeo por dos motivos en lo esencial: el primero, de carácter doctrinario. Para la izquierda, el internacionalismo, esto es, la irrelevancia de las fronteras nacionales, ha sido siempre un punto del dogma y, aunque hoy no esté tan claro como hace algunos decenios, el empeño europeísta cumple la función de alimentar el afán internacionalista en términos reales y no de una utopía desaforada.

El segundo motivo es de carácter táctico o, dicho de otro modo, un punto de encuentro entre la política interior y la exterior españolas. De acuerdo con él, el PSOE, tras haber pasado por etapas de verdadero infantilismo en relación con las demandas de autodeterminación de los nacionalismos periféricos, ha acabado aceptando una línea de razonamiento típica a su vez de los nacionalismos llamados «moderados» vasco y catalán, según la cual el progreso en la Unión Europea acabará difuminando las diferencias nacionales y haciendo irrelevantes las fronteras entre los Estados. Aquí carece de importancia observar que es muy distinto el ánimo con el que se formulan estas propuestas. Según el punto de vista socialista, la integración europea presupone la mentalidad internacionalista y el deseo más o menos genuino de hacer transferencias de soberanía de los entes estatales al ente supraestatal. Según el criterio nacionalista, se trata de olvidar el tratamiento nacional del Estado central para hacer hincapié en una organización europea al margen de los Estados, en una Europa de las regiones. El planteamiento es sugestivo y sólo presenta el inconveniente de que es preciso aclarar previamente qué estatuto tendrán dichas regiones. Lo ladino de esta propuesta es que, evidentemente, las regiones tendrán la condición de Estados.

El acuerdo entre el PSOE y los nacionalismos moderados refleja también el que se da en la política interior, pero esto no es de nuestro interés aquí. Sí lo es el hecho de que la apuesta de España en la integración comunitaria rendirá unos u otros frutos según aguante el sistema productivo español el impacto del completo desarme arancelario y se adapte a la estructura económica europea. Y todo ello se verá en los próximos años.

La política exterior y la defensa: la OTAN

Como hemos dicho más arriba, desde el momento del acceso del PSOE al Gobierno pudo verse que su actitud frente a la OTAN iba a sufrir cambios sustanciales. Cuando el Gobierno de UCD, bajo la presidencia de Calvo-Sotelo, decidió el ingreso de España en aquella organización, casi por sorpresa, el PSOE emprendió una feroz campaña de oposición proponiendo un referéndum de salida si ganaba las elecciones, lo cual contribuyó mucho a que, de hecho, las ganara. Así sucedió, en efecto, y hubo referéndum pero no fue de salida, sino de permanencia. El PSOE (y no todo él, sino solamente sus sectores dirigentes: si por los afiliados hubiera sido, España habría salido de la OTAN) dio un giro de 180 grados en sus planteamientos de política exterior y de defensa que, en realidad, venía a completar el de carácter doctrinal que dio también al prescindir premonitoriamente del marxismo en un congreso extraordinario en 1979. En este giro se encuentra en buena medida la explicación de la crisis de una izquierda española que comprende la inviabilidad de sus propuestas justamente cuando, al alcanzar el poder, se encuentra con la imposibilidad de ponerlas en práctica. Y no solamente de la izquierda española. En el fondo, esta desilusión ha sido la moneda corriente de toda la izquierda radical y democrática. Los proyectos de transformación en profundidad de sociedades consideradas como injustas simplemente no pueden llevarse a la práctica porque, como reza un famoso libro de Michel Crozier, «no se cambian las sociedades por decreto». Los programas de transformación radical de los órdenes sociales han demostrado no ser más que arbitrismos ajenos a la realidad que, caso de imponerse sobre ella, sólo pueden hacerlo por la violencia y la represión.

Desde el comienzo del cambio radical en política exterior, el PSOE vinculó la permanencia en la OTAN con la pertenencia a la Comunidad Europea, viniendo a decir que la segunda tenía unas servidumbres, muy especialmente la participación en el sistema defensivo de Occidente. Ello no resultaba difícil de admitir para alguien que compartiera el punto de vista atlantista y prooccidental del PSOE. No siendo ésta la actitud de la izquierda tradicional española, se entiende por qué la decisión del partido socialista tuvo las consecuencias de que se habla más arriba. En el agrio debate que se produjo en el referéndum sobre la OTAN se reveló la existencia de dos campos claros aunque sorprendentemente delimitados. Con el ingreso de España en la organización se ponía fin a una tradición de neutralidad y marginación españolas en la política occidental. Y fue la izquierda tradicional la que reprochó al PSOE, además del servilismo ante los yanquis (por considerar que la OTAN es un mero escudo de los Estados Unidos), el abandono de ese valor de neutralidad. La ironía de la historia quiere que esa tradición de neutralidad y aislamiento haya sido esgrimida siempre por la derecha, mientras que la izquierda, al contrario, había sido partidaria de la participación española en todos los conflictos. El modo en que comunistas y socialistas de izquierdas trataron de prolongar la guerra civil española esperando conectarla con la europea es significativo al respecto.

La actitud de la derecha en el referéndum sobre la OTAN fue de desconcierto. Encontrándose sin bandera atlantista por estar enarbolándola el PSOE, la derecha osciló atribuladamente entre el sí que su congruencia le exigía, la abstención a que la empujaba lo absurdo de la consulta y el no que le permitía pensar en unas elecciones anticipadas convocadas por un PSOE en franca derrota. Al final hubo un poco de todo y el partido socialista supo apuntarse un tanto que no era suyo en modo alguno, sino de la UCD, convirtiendo el asunto casi en una lucha por vencer las resistencias de derechistas y revolucionarios aliados en contra de los intereses de España.

El referéndum en cuestión mediante el cual España queda ya firmemente anclada en el campo atlantista era, además, una especie de requisito para replantear las relaciones bilaterales con los EE.UU. La pregunta concretamente a la que respondimos los ciudadanos era si aprobábamos la permanencia de España en la OTAN y, a cambio, la marcha de los estadounidenses de las bases españolas. Así ha ido produciéndose por lo demás. Es difícil, por tanto, no ver cómo en este ámbito de la política exterior de la defensa y la OTAN el Gobierno del PSOE ha conseguido un notable éxito que mejora la situación de España. Otra cosa es que lo haya hecho a costa de abrir una crisis de identidad del socialismo español que, según va profundizándose (en el sentido de que el socialismo es cada vez más claramente un partido neoconservador), merma las posibilidades electorales del PSOE, si bien probablemente a tan largo plazo que no le plantea por ello problemas urgentes.

Iberoamérica

Este campo tradicional de la actividad exterior de España ha recibido particular atención por parte del PSOE. Este heredaba una política exterior hispanoamericana puramente retórica, sin instrumentos propios, desorganizada y destinada más al consumo folclórico que al cultivo de sólidas y fructíferas relaciones entre las dos riberas del Atlántico.

El Gobierno socialista ha hecho especial hincapié en Iberoamérica, como lo demuestra que haya reestructurado todo el sistema de la cooperación exterior y ello haciéndola pivotar sobre Hispanoamérica. De hecho, la creación del ICI, esto es, del Instituto de Cooperación Iberoamerica, en lugar del antiguo Instituto de Cultura Hispánica responde a esta intención y, en verdad, deja a Hispanoamérica en régimen de monopolio en cuanto a la cooperación, con el consiguiente enojo de alguna otra zona del planeta de habla española, como Guinea, que ve cómo se queda fuera de una zona de cooperación definida exclusivamente como «iberoamericana».

El Gobierno del PSOE ha sabido valerse de su privilegiada relación con la socialdemocracia europea, especialmente con la alemana, que tiene de siempre una buena posición en América Latina, así como de sus lazos con los partidos socialistas del subcontinente para intensificar las relaciones con este. Ha mediado en ciertas ocasiones en tiempos de la guerra de la «contra» en Nicaragua y, a pesar de algunas veleidades tercermundistas que recordaban a las de Suárez, pero pronto sofocadas, ha insistido con toda nitidez en apoyar los procesos de democratización latinoamericanos, en especial en el caso de Cuba y de su máximo dirigente.

La figura del Rey ha sido decisiva en esa intensificación de las relaciones con Iberoamérica, ya desde el comienzo de la transición. El Gobierno socialista se ha valido del prestigio de la Corona en aquellas tierras para adelantar la causa de España, si bien no es justo hablar de instrumentalización. También los distintos gobiernos ingleses —laboristas o conservadores— acostumbran a mandar por delante a la Reina, más conocida como la «primera vendedora del Reino Unido», con el fin de conseguir sus objetivos sin que nadie grite escándalo por ello.

El año de 1992 ha proporcionado ocasión para dar cumplimiento a uno de los mandatos de la Constitución, esto es, la creación de una Comunidad Hispánica de Naciones, que ha echado a andar con motivo de la cumbre de Jefes de Estado y de Gobierno de Guadalajara. En qué vaya a quedarse esa Comunidad Hispánica de Naciones, en el caso de que se ponga en marcha de modo realista, es un asunto delicado que requerirá de mucho tacto a la hora de aunar los esfuerzos de tantos Estados acostumbrados a sobrevivir ignorándose recíprocamente cuando no siendo recíprocamente hostiles.

Queda otro aspecto también delicado en las relaciones de España con Iberoamérica y es el propósito de la primera de convertirse en portavoz de los intereses latinoamericanos en el seno de la Comunidad Europea. La tarea es tanto más difícil cuanto, en primer lugar, varios países del subcontinente prefieren diversificar sus vías de penetración en Europa, a través de Francia y de Italia sobre todo, los dos países latinos más importantes. Por otro lado, tampoco el peso de España en el conjunto de la Comunidad Europea es de tal magnitud que sus propósitos hayan de convertirse en órdenes para sus colegas. Y es un problema puramente español, esto es, el de saber si España está en situación de proteger y fomentar los intereses de su antiguo imperio en la medida en que lo están Francia y Gran Bretaña con los suyos. La francofonía y los acuerdos de Lomé, por un lado, y la existencia de la Commonwealth por el otro, subrayan especialmente lo desairado de la posición española al respecto. De ahí que sea de importancia capital para todos la cristalización de esa Comunidad Hispánica de Naciones, aunque para ello haya que eliminar suspicacias que duran ya más de 150 años. Desde el punto de vista latinoamericano, tal Comunidad aumentaría la talla y la relevancia de España en la Comunidad Europea; pero, al mismo tiempo, no deben olvidar los países sudamericanos que ese aumento de talla y de relevancia necesariamente redundará en beneficio de ellos.

Una última consideración de carácter más enunciativo que analítico. Los españoles hemos descubierto que la comunidad lingüística es más fuerte de lo que habíamos supuesto. Sólo gracias a la lengua común hemos mantenido vínculos con un conjunto de países que se independizaron por la violencia hace unos 170 años. Hay base, pues, para la Comunidad Hispánica de Naciones. Y en un mundo en el que, según las voces más autorizadas, el marco del Estado-nacional es cada vez más absoleto, aquella comunidad puede suponer un campo de experimentación de fórmulas nuevas y soluciones imaginativas muy prometedoras y que están por explorar.

El norte de África y los árabes

La otra vertiente tradicional de la política exterior española no europea ha sido la del mundo árabe. Franco gustaba de subrayar las cordiales relaciones con los musulmanes, mientras mantenía a España sin relaciones diplomáticas con el Estado de Israel. Un asunto este muy curioso cuyo tratamiento, por desgracia, no corresponde a este capítulo y ni siquiera a este libro. Aquellas relaciones privilegiadas con los árabes venían de los tiempos del protectorado de Marruecos y, luego del reconocimiento de la independencia del Reino, bajo Mohamed V, de la conservación del Sahara como posesión española hasta 1975, el año de la muerte de Franco. En aquel año, la marcha verde sobre el Sahara, ordenada por Hassan II con alevosía, pues aprovechaba un desconcierto español por el vacío de poder, mostraba dos cosas: 1.ª) que el Reino de Marruecos entendía clausurada la época de las buenas relaciones con la dictadura de Franco; 2.ª) que España aparecía en parte como rehén de Marruecos.

Los compromisos del PSOE en 1975 con los saharauis que se sublevaron contra la invasión marroquí marcaron posteriormente toda la política exterior del Gobierno socialista en este espinoso asunto. Hassan II ha expuesto muy claramente su reivindicación sobre las dos plazas de soberanía en el norte de África, Ceuta y Melilla. Pero también ha hecho saber que no insistirá en ella mientras Gibraltar siga en manos británicas. Lo que debe entenderse como un vaticinio de insistencia sobre Ceuta y Melilla en cuanto haya motivo para ello.

Marruecos ha presionado a España valiéndose también de los convenios pesqueros. La armada marroquí ha sido un verdadero azote para la flota de pesca española, recordando a veces por sus presas a los piratas berberiscos de antaño. De este modo el Reino de Marruecos ha venido obteniendo cuantiosas rentas por el afamado procedimiento del rescate con el objeto de atender a sus fines, uno de los cuales es el aplastamiento de la resistencia saharaui.

El PSOE, a su vez, se ha visto en la amarga tesitura de negar con sus hechos las promesas de sus palabras en los acuerdos de Madrid con las gentes del Frente Polisario. Por eso ha acabado aceptando la ignominiosa retirada española del Sahara en 1975 y el abandono de los saharauis, y ha tratado de defender la causa de estos, no en las relaciones bilaterales con Marruecos, sino en el marco multilateral del Comité de descolonización de la ONU. De hecho, en un par de ocasiones, el ministro Fernández Ordóñez habló, aunque de pasada, sobre el derecho de autodeterminación del pueblo saharaui. De pasada porque era un lenguaje que no se podía utilizar por razones obvias en la propia España, como por ejemplo, en el País Vasco.

El ingreso de España en la Comunidad Europea ha permitido arrebatar a las difíciles relaciones hispano-marroquíes ese carácter bilateral que tan provechoso resulta para el Reino de Marruecos en sus fines cercanos a la extorsión. Ahora es la Comunidad Europea la que acomete las negociaciones para los acuerdos pesqueros con Marruecos.

Por lo demás, el Gobierno socialista ha conservado las buenas relaciones con los árabes a pesar de haber reconocido al Estado de Israel y, lo que es más importante, a pesar de la clara participación de España en la guerra del Golfo.

El contencioso de Gibraltar

Este conflicto es una herencia típica del franquismo. El Gobierno socialista, por decisión de Fernando Morán, volvió a abrir la verja del Peñón, cerrada por las autoridades en tiempos de Franco con el fin de doblegar a los gibraltareños sin conseguirlo. Además abrió conversaciones con Gran Bretaña para negociar la soberanía sobre la Roca. Gran Bretaña, a su vez, ha venido dando largas a estos encuentros con el fin de encajarlos en una práctica de punto muerto y una vía también muerta.

En realidad, la posición de Gran Bretaña al respecto, esto es, que nada puede hacerse a espaldas de los gibraltareños y que estos deben decidir su destino, parece inexpugnable. España tendría así que ganarse la simpatía de la población de la Roca, cosa harto difícil dado que se trata de una gente de aluvión, procedente de los más variados lugares del antiguo imperio británico, pero no de España. Este criterio de la autodeterminación de los nativos es también el que el Reino Unido aplicó con buen resultado en el conflicto con la Argentina por las islas Malvinas. No es que sea objetable en principio, si bien es cierto que tampoco Gran Bretaña se orienta por él de modo permanente y constante, sino de modo matizado según las relaciones de fuerza existentes en el entorno. Piénsese, por ejemplo, en la solución que se ha dado al problema de Hong-Kong. Está claro que China no es España ni la Argentina, razón por la cual, Gran

Bretaña se ha comprometido a la retrocesión de la colonia a fines de siglo, sin que haya importado gran cosa la opinión contraria de los hongkongueses.

No se trata de forzar un comportamiento similar en el caso gibraltareño, pero es evidente —y hay indicios de que así está ya sucediendo— que Gran Bretaña habrá de tener en cuenta la situación dentro de la Comunidad Europea como un factor que la obligará a aplicar con menor exclusividad aquel criterio de la autodeterminación de la Roca. Junto a este principio va abriéndose camino la idea de que también es digno de consideración el derecho de España a recuperar su integridad territorial.

Pero todo ello es cuestión problemática donde el Gobierno socialista no ha cosechado tantos éxitos como en otros aspectos de la política exterior debido, sobre todo, a lo incómodo de su posición: no puede utilizar mucho su arma preferida para presionar sobre Inglaterra, esto es, una especie de veto sobre las decisiones comunitarias, porque, en el fondo, eso es lo que más interesa a Gran Bretaña (escasa partidaria de la Unión Europea) y menos le interesa a él.

Final

Según avanza el decenio y España se proyecta en el próximo siglo y el próximo milenio, su lugar en el concierto internacional ha mejorado notablemente. La ruptura del aislamiento y la integración europea han acertado a romper una tradición muy perjudicial para el país. En ese cambio que, por fin, zanja una controversia de más de un siglo en nuestra historia han tenido una influencia decisiva los distintos gobiernos de la etapa democrática. Y muy especialmente el socialista, aunque no sea más que porque, gracias a su estabilidad, ha podido aplicar sin trabas su política inequívocamente europeísta y occidental durante diez años.

Las difíciles relaciones Iglesia-Estado

Juan María Laboa

El triunfo de los socialistas en 1982 no sólo no traumatizó a la Iglesia española, sino que puede afirmarse que en aquellas elecciones de octubre un buen número de clérigos votó al PSOE.

La institución eclesiástica mantuvo claramente su neutralidad ante las diversas opciones, pero una gran parte de los miembros de las organizaciones de apostolado, comunidades de base, grupos comprometidos, sacerdotes y religiosos, pensaron que su ideal de una sociedad más justa y más solidaria pasaba por el triunfo electoral del partido socialista.

También, en este sentido, se demostraba cuánto había cambiado la sociedad española y en especial los católicos y los sacerdotes. Ya en 1968, la famosa y conflictiva encuesta al clero había señalado, con escándalo de no pocos, la propensión de buena parte de los sacerdotes hacia planteamientos socialistas. Naturalmente, quedaba por ver si el socialismo español había cambiado también en su tradicional anticlericalismo y en su comprensión del fenómeno religioso. Su prolongada permanencia en el poder nos ofrece una perspectiva suficiente para estas reflexiones sobre su actuación con la Iglesia.

Una imagen distorsionada de la realidad eclesial

Los socialistas reconocen, como no puede ser menos, la gran implantación de la Iglesia y su fuerza social, pero seguramente no calculan adecuadamente los verdaderos resortes de su influencia, al no valorar en su complejidad los elementos específicamente espirituales y religiosos presentes en la sociedad eclesiástica. Se quedan casi siempre en un cristianismo centrado en los valores de tipo social y secular, y por esto parecen concordar fundamentalmente con aquellos cristianos más alejados de la institución, más liberales en los aspectos doctrinales y morales. Es llamativo el número de ex sacerdotes presentes en cargos o puestos designados por el partido o el apoyo que reciben de quienes se encuentran en la periferia eclesiástica. Por una parte, el partido parece favorecer con todos los medios a su alcance estas corrientes dentro de la Iglesia; por otra, esta actitud vicia las relaciones que mantienen con la Iglesia, dado que estos grupos y personas representan casi siempre la marginalidad institucional y el despiste doctrinal.

Sería interesante constatar si en el transfondo de algunas determinaciones del Gobierno no se encuentra el desproporcionado influjo de estas personas, condicionadas por su pasado eclesial o por su planteamiento religioso equívoco.

Este planteamiento les lleva a no valorar la importancia social de la Iglesia, y a magnificar sus divisiones internas y a subrayar las diversas valoraciones morales y disciplinares de los grupos católicos más radicales, a los que apoyan favoreciendo la publicidad de sus ideas. A veces resulta patético o indignante ver cómo fenómenos absolutamente marginales en la Iglesia son magnificados y apoyados, incluso económicamente, mientras que otros de mayor entidad son sistemáticamente silenciados.

Sin embargo, en sus relaciones con las instancias oficiales eclesiales, los socialistas no quieren conflictos. Por el contrario, fomentan unas buenas relaciones formales, jurídicas, personales y sociales de cara a la opinión pública. Aunque también esta regla admite excepciones, como el sorprendente caso del cardenal Suquía, presidente de la Conferencia Episcopal, que no ha conseguido ser recibido por el jefe de Gobierno desde hace más de dos años contra todos los usos y costumbres que rigen en los países occidentales.

Pero esta imagen de bonanza externa no significa, en realidad, diálogo o intercambio de puntos de vista. Por el contrario, el laicismo oficial, el agnosticismo cultural y el permisivismo moral actúan como una apisonadora en todos los campos a los que llega la presencia de los numerosos medios estatales, convencidos de que la modernidad y la secularización de conciencia e instituciones acabarán con un estilo de vida y con una tradición que consideran trasnochada y contraria al progreso, estilo y tradición identificada con la jerarquía y con la Iglesia.

Así se explica el permanente apoyo prestado a cuanto favorezca el desprestigio social de la Iglesia, el apoyo a los disidentes, la política escolar y de los medios de comunicación social.

Resulta curioso y esclarecedor el intento de no mencionar de manera oficial a la Iglesia, incluso cuando aparece casi inevitable, como por ejemplo en la Ley del Patrimonio Histórico, o el silencio oficial sobre uno de los éxitos culturales más clamorosos de los últimos años, las sucesivas exposiciones de Valladolid, Burgos y León, organizadas por las diócesis de Castilla y León, bajo el título «Las edades del hombre». Existe un cuidado exquisito para no reconocer las actividades positivas o los éxitos de la religión o de la Iglesia.

No podemos olvidar el intento de la ministra Matilde Fernández de marginar en sus subvenciones a Cáritas, la institución social más conocida y estimada por los españoles. Da la impresión de que interpretan la no confesionalidad como sinónimo de laicismo ilustrado, aparentemente tolerante, pero que en no pocas ocasiones ha discriminado claramente cuanto se deriva de la Iglesia o la sostiene.

¿Quiere esto decir que existe una política de persecución o de descristianización? Evidentemente, no. Probablemente, encontramos en las relaciones entre la Administración social y la Iglesia una ignorancia desconcertante de la primera con relación a la realidad eclesial, un anticlericalismo bastante anacrónico, hoy inexistente en Europa, y un cierto desconocimiento y desconsideración del fenómeno religioso. De hecho, tienen una idea negativa de lo que es y de cómo es la Iglesia, y parece que tienden a conducirla a un estatuto oficial irrelevante, a algo que irá decreciendo y acomodándose a la nueva sociedad que pretenden, hasta que llegue a ser una institución inofensiva, puramente cultural y secularizada. Tengo que decir, a este respecto, que esta actitud displicente y negativa no es exclusiva del socialismo, ya que una parte de la sociedad española, independientemente de su opinión política, mantiene este talante. Pero no cabe duda de que esta actitud, hoy bastante generalizada, adquirió carta de ciudadanía y altos vuelos con el PSOE en el poder. Así, si bien resulta ridículo achacar a los socialistas la existencia y la fuerza de este laicismo, sería ingenuo ignorar lo que ha supuesto en su implantación estos diez años de poder socialista.

Me parece que puedo añadir que el «cambio» que llevó al poder al PSOE y que encandila a tantos españoles es, ante todo, cultural y entraña un cambio de valores que la influencia social de la Iglesia dificulta, y que, por consiguiente, resulta intolerable para quienes están decididos a conseguir tal cambio.

En este mismo sentido, tendría que añadir dos reflexiones. Una, que este «cambio» a menudo parece impuesto por el poder del Estado, utilizado como instrumento universal gracias al cuasi-monopolio, sobre todo en los primeros años, de los medios de comunicación social, y a la ocupación duradera de todos los puestos y resortes estatales, en un momento en el que se diría que la cultura parece depender de las subvenciones gubernativas. Otra, que conviene debatir sobre el significado y condiciones de la «modernidad». A veces, parece que esta exige el silencio y la marginación de la Iglesia, y el triunfo de todos los valores contrarios a los defendidos tradicionalmente por la Iglesia. Este planteamiento no lleva, obviamente, al diálogo, sino a la permanente confrontación.

Probablemente, para conseguir una visión más matizada y completa habría que añadir que en las diversas autonomías las relaciones se complementan, enriquecen y, a veces, se equilibran con una capacidad de entendimiento que, a menudo, no se da en el centro. Evidentemente, la situación de incertidumbre y desconcierto existente en muchos cristianos favorece esta actuación, mientras que la división interna de la Iglesia y la aparente falta de autoridad pueden favorecer la idea de que la institución eclesiástica constituye un inmenso tigre de papel sin influjo real en la sociedad y sin capacidad de respuesta.

La reacción eclesial

A lo largo de estos años, la Iglesia no ha entrado al trapo, no se ha convertido en una oposición sistemática, ni se ha aliado con otras formaciones políticas. Su no apoyo a los intentos de creación de una Democracia Cristiana ha sido manifiesto, y el documento «Cristianos en la vida pública» marca con claridad los límites entre una fe compartida y unas opciones políticas diversificadas.

En este campo, la situación de la Iglesia resulta comprometida y sin aparentes salidas inmediatas. Por una parte, tiene muy claro que no puede convertirse en una alternativa antisocialista beligerante, tal como sucedió en Polonia con el comunismo, porque no quiere identificarse con posiciones de derecha política, ni debe abandonar sus posibilidades de posible influjo pastoral en los sectores de izquierdas. Por otra, no cabe pensar en un futuro próximo en un cambio de actitud del PSOE con relación a la Iglesia, a pesar de que una parte importante de sus votantes se consideran católicos. Por otra, hoy por hoy, no existen fuerzas políticas de inspiración cristiana con fuerte sensibilidad social que pudiesen ser aceptadas por los sectores tradicionales de la izquierda. Da la impresión de que estos factores conducen a una situación de parálisis y de individualismo en el que la opción religiosa y la opción política parecen no relacionarse en absoluto.

Así, nos encontramos con la paradoja desconcertante de que si bien una parte muy importante de los votantes socialistas se consideran católicos, no son capaces de reaccionar cuando el Gobierno, por ellos votado, legisla y actúa contra lo que ellos creen o lo que ellos consideran su matriz religiosa. ¿Falta de formación, de información? ¿Reflejos lentos, ausencia de tejido asociativo capaz de encauzar sus protestas? ¿Ausencia de una orientación clara de la Iglesia? Es verdad que debemos tener en cuenta que nos encontramos fundamentalmente ante una confrontación cultural entre dos concepciones de vida (agnóstica y religiosa) que desborda las instituciones políticas y que se encuentran sólidamente instaladas en todos los ámbitos del abanico político, pero de hecho, en nuestros días, una de ellas está favorecida de diversas maneras por quienes desde hace diez años se encuentran en el poder y que podría convertirse en uno de sus aglutinantes fundamentales.

En cualquier caso, dentro de la comunidad eclesial ha faltado, a menudo, una clarificación y un reforzamiento de la identidad propia de la Iglesia y de los católicos en el terreno propiamente religioso y moral, reafirmando su propia autonomía histórica, institucional, doctrinal y vital. No han faltado voces y documentos importantes de los obispos, pero no han sido leídos ni seguidos. El déficit más grave de la comunidad católica española es su insuficiente conciencia de pertenecer a una comunidad concreta y diferenciada, con sus valores y señas propias, capaz de vivir, hacer sus aportaciones y presentar sus exigencias en la sociedad española a la que pertenecen con pleno derecho. Mientras no se consiga esto, la Iglesia española será débil e incoherente en su constitución interna y en sus relaciones con las instancias políticas y con los demás grupos sociales.

En un análisis serio de la situación, hay que tener en cuenta no solo los presupuestos y la actuación de los socialistas, sino también el estado en que se encuentra la Iglesia española durante el último cuarto de siglo. Esto le ha exigido mayor humildad y mayor capacidad de diálogo, no aprovechado por el Gobierno, pero ha provocado una debilidad y una aparente incapacidad de respuesta, que parece haber sido absolutamente aprovechada.

La presencia social de la Iglesia

Sin embargo, y sin desdecirse de lo anterior, no cabe duda de que la Iglesia española sigue siendo una comunidad numerosa, bastante cohesionada, con numerosos medios y presente en todos los ámbitos de la sociedad. El estudio sociológico publicado recientemente por la Fundación Santa María con el título *Religión y sociedad en la España de los 90* refleja las limitaciones, pero también la importancia social y aglutinante de esta Iglesia.

En 1992 cuenta con cinco Universidades, miles de colegios (con unos dos millones de estudiantes) y escuelas de Formación Profesional, y está presente en los hospitales, en las cárceles, con los emigrantes, en el Ejército, en la radio, en el mundo editorial. Sus instituciones dedicadas al mundo de la marginación y de la droga son muy importantes y numerosas, y su voluntariado cuenta con miles de personas de toda condición. Esto sin olvidar el hecho de que cada semana nueve millones de españoles se reúnen en sus templos para rezar y para escuchar a sus sacerdotes. Seguramente, se puede afirmar que los frutos no corresponden del todo a los medios existentes, pero no cabe duda de que el potencial sigue siendo enorme; la presencia en los diferentes campos, llamativa, y los logros, apabullantes.

Es verdad que actúa más con quienes aún no han alcanzado la mayoría de edad, o ya se encuentran en la tercera edad, con quienes viven en la marginación, o en el dolor, o en la problematicidad de la droga o de la cárcel. Es decir, que está más alejada que nunca de los *yupis,* de la gente «guapa», o de los triunfadores, pero eso no quiere decir que ya no sea una fuerza social, y esto plantea con más hondura el porqué da la ausencia de sintonía, al menos operativa, de quienes parecía que debían encontrarse en el mismo terreno de juego, es decir, de quienes dicen pertenecer al partido de los obreros y de los débiles.

Unas relaciones conflictivas

He intentado descubrir el talante y el marco que han caracterizado las relaciones de la Iglesia católica con el Gobierno socialista a lo largo de estos diez años.

He dado importancia y extensión a esta parte porque creo que constituye el dato más importante. Más que en una ley concreta o en un conflicto determinado hay que señalar el desdén, la desconsideración y la agresividad eclesial, caldo de cultivo y música de fondo de las relaciones y conflictos concretos.

Ahora quisiera descender y señalar, que no reseñar, algunos hechos y manifestaciones concretas, no todas, pero algunas de las más significativas.

Quisiera comenzar con el caso Puente Ojea. Su nombramiento como embajador ante la Santa Sede constituye un clamoroso ejemplo de frivolidad. Se trata de un diplomático que pasea su agnosticismo y sus ataques al cristianismo y al papado por cuantas tribunas ocupa. Fernando Morán, el ministro que le nombró, escribe en sus memorias que el libro de Ojea sobre los orígenes del cristianismo constituye una aportación decisiva al conocimiento de este tema. Ningún especialista estaría de acuerdo con este sorprendente juicio, tal como apareció en su tiempo en las recensiones publicadas, pero todos quedamos sorprendidos ante un nombramiento tan desafortunado. El siguiente ministro le cesó porque «no podía cumplir adecuadamente su cometido». Puente Ojea, contestó airadamente acusando al Gobierno de no tener política religiosa: «Este embajador que habla, jamás fue requerido por su Gobierno para realizar gestión alguna en el curso de los 21 meses de su misión diplomática (...). Nuestro Gobierno no tiene política religiosa alguna, ni siquiera mala.» No sé si es verdadera tal afirmación, pero lo que no cabe duda es que su nombramiento manifestó por parte del Gobierno una desconsideración mayúscula para con la Santa Sede y cuanto la Iglesia representaba.

Recordemos también el tema del aborto, la llamada «guerra de los catecismos», la LODE, la LRU, el pago de los enseñantes de religión y, en general, todo el tema de la enseñanza de la religión en las escuelas y colegios, la canonización de los mártires de la guerra civil, la asignación tributaria, o mal llamado impuesto religioso, el documento episcopal sobre la moralidad pública y el complejo tema del tratamiento de las noticias religiosas y eclesiales en los medios de comunicación social. A veces, da la impresión de que alguno de los temas de más calado, por ejemplo el aborto, ha sido abordado con más serenidad. No ha habido crispación, ni obsesión, aunque el tema, obviamente, ha estado presente en documentos, homilías o consideraciones morales. En este tema, el enfrentamiento resultaba inevitable. Ni en el aborto ni en el divorcio, ni en el concepto de familia podían darse acuerdos. Sucede en otros países, se trata de cuestiones de principios, que, en realidad, no tenían por qué empañar unas relaciones normales, una vez que cada parte ha manifestado lo que creía conveniente. Sin embargo, tal vez podría pedirse un respeto formal mayor para quienes representan las opciones morales de una buena parte de los españoles. Otras veces se levantaban excesivas preocupaciones por aspectos más caseros, por ejemplo, la beatificación de los mártires de la guerra civil. Otras, sin embargo, se adoptaba un silencio general, tal vez convencidos de que el tema estallaría por sí solo, por ejemplo con motivo de la beatificación de Escrivá. No debiéramos olvidar el esperpento gubernativo de ir cambiando —sin consultar a nadie— la festividad de días que en la tradición litúrgica católica tienen mucha importancia: San José, Todos los Santos, la Inmaculada o San Pedro.

Si tuviera que señalar dos capítulos importantes, dos temas que han influido e influyen de manera determinante en las relaciones de ambas instituciones, serían, sin duda, el tema de la enseñanza de la religión y el de la televisión. El primero constituye uno de los puntos más sensibles para la Iglesia, y no cabe duda que de la redacción y aplicación de esta ley depende, en gran medida, el que una buena parte de la juventud española tenga un cierto conocimiento de sus raíces religiosas y culturales. Se trata de sensibilidad y también de capacidad de reconocimiento de la importancia del cristianismo en la historia española. Pero se trata, también, de una cierta equidad y respeto mutuo. No deja de ser chocante el modo como se considera legal y prácticamente a los enseñantes de religión, de cómo se les discrimina en relación con otros enseñantes.

Hablar de religión, televisión y radio en estos diez años es hablar de una clara política sectaria. Durante años, gracias al corresponsal en Roma, no nos enteramos de lo que el Papa decía o hacía, incluso en sus numerosos viajes, sino de las opiniones personales del corresponsal. Se trató de un caso llamativo de falta de profesionalidad y abundaron las protestas razonadas, pero durante años se mantuvo el trágala. Este caso se convirtió en paradigma de cómo se quería y de hecho se afrontaba el hecho religioso en la nueva situación política.

Todavía en nuestros días, cualquier programa sobre temas religiosos o eclesiales acoge a los personajes más pintorescos, pero escasamente a profesionales del tema; se magnifican hechos banales para la sociedad española, pero se ocultan sucesos relevantes. TVE ha ofrecido inmediatamente un extenso tratamiento, en «Informe Semanal», del abandono del sacerdocio de Leonardo Bolf, pero ha olvidado presentar el éxito de «Las edades del hombre». Se multiplica la presencia de Puente Ojea, venga o no a cuento, y son invitados como teólogos, personas cuya más cercana cualificación es una licenciatura en químicas. Esto no es anecdótico, sino categorial. Diez años con este comportamiento en un medio de comunicación social tan importante, y en régimen de monopolio hasta hace poco, han tenido un influjo enorme en proyectar y modelar una imagen falseada de la Iglesia y en crear una real crispación en muchos ámbitos eclesiales, con consecuencias bien conocidas en las relaciones mutuas entre poder político y representación eclesial. No resulta difícil de calificar este tratamiento en un medio público, conocidamente mediatizado por el poder político, y de comprender el intento y su significado.

A modo de conclusión

A finales de junio se ha entrevistado en la Moncloa el secretario de Estado del Vaticano, cardenal Sodano, con el jefe del Gobierno español. El clima fue formal, se repasaron los problemas pendientes y se decidió poner en marcha de nuevo la Comisión Mixta Ministros-Obispos, paralizada desde 1987. Sodano reconoció que existían tensiones, pero afirmó que estaban dispuestos a abordarlas con espíritu constructivo. No dejó de extrañar, sin embargo, que no fuese el jefe de Gobierno quien ofreciese el almuerzo que siguió al coloquio, sino el vicepresidente Serra. ¿Un nuevo intento de «poner las cosas en su sitio», de minusvalorar el encuentro hasta lo protocolariamente chirriante?

Insisto en que me parece que el enfrentamiento real no se da tanto por los grandes principios, ni por las tensiones y realidades diarias que, a menudo, no resultaría complicado solucionar si se abordaran con un talante más respetuoso y dialogante, sino exactamente por la actitud de principio.

Da la impresión de que, a menudo, no ha habido voluntad de diálogo por parte del Gobierno, entendido como conjunto de la clase política gobernante. Y no la ha habido porque pensaba que no era necesario, dada su fuerza y la aparente debilidad de la Iglesia. Este es el convencimiento de buena parte de la Iglesia, sensación que está obligando a un mayor y más incisivo replanteamiento de su identidad y de sus derechos en la sociedad civil. Esto debería llevar a la Iglesia a convencerse de que en una sociedad plural, como la nuestra, no es el Gobierno, ni la clase política, sino la misma Iglesia, quien tiene que ser capaz de congregar, enseñar y convencer a los ciudadanos sobre la conveniencia y la verdad de su enseñanza, y sobre el respeto y la protección que merecen sus ideas y sus creencias. Es decir, también la Iglesia debe aprender a actuar, vivir y convivir en una sociedad democrática, plural y laica, siendo más receptiva y humilde, pero también más exigente y audaz.

Quisiera terminar señalando algunas consideraciones complementarias sobre la previsible actuación de la Iglesia, surgidas al hilo de esta reflexión.

No cabe duda de que la Iglesia española ha aceptado cabalmente las instituciones democráticas, y resulta, cuando menos, llamativo un recurrente y manipulado clima de sospecha, por ejemplo, con motivo del documento episcopal «La verdad os hará libres». Conviene que esta Iglesia proclame con coherencia y sin complejos la doctrina moral católica sobre la vida pública, social, económica y política. No resulta aventurado afirmar que hoy en España, a pesar del llamativo desenganche y desinstitucionalización existente, la Iglesia mantiene una credibilidad que difícilmente tienen otras instituciones existentes. Esta Iglesia aumentará en coherencia y prestigio si proclama con claridad su doctrina y su pensamiento sobre los puntos más conflictivos. La sociedad necesita, hoy también, puntos de referencia y cuadros de valores, y no cabe duda de que la Iglesia es, si no la única, sí una de las instituciones más capacitadas, por vocación y tradición, para darlos. La Iglesia se ha desenganchado de los partidos políticos, pero esto no quiere decir que no pueda formar a futuros líderes sociales, sindicales y políticos, según su doctrina.

Finalmente, tendría que instar a los católicos a que actúen y voten, no sólo con libertad y conocimiento de causa, sino también atendiendo a las repercusiones morales de la política. Actuando así, con coherencia y fidelidad a sus principios, recibirá el respeto, que hoy no tiene, por parte de los partidos políticos y de quienes de una u otra manera actúan en la sociedad.

En una palabra, frente a lo que está sucediendo, los cristianos tendrían que atender a cuanto favorezca el prestigio moral de la Iglesia, su credibilidad, su liderazgo moral en la sociedad. Naturalmente todo por la vía de la convicción, del testimonio eficaz y atractivo, y, también, de un tejido asociativo más fuerte y extendido, más incisivo y atrayente.

La oposición. Diez años en el Congreso de los Diputados

Miguel Herrero de Miñón

Aquí, como en toda ocasión, es preciso comenzar por el sentido exacto de los términos; porque la oposición puede entenderse de muy distintas maneras, todas ellas correctas, en un régimen de pluralismo democrático como el que establece el artículo 1.° de nuestra Constitución.

Existe, en primer lugar, la *oposición social difusa,* la que puede ejercer y de hecho ejercen fuerzas e instituciones sociales, ya se traten de los medios de comunicación, los sindicatos, las asociaciones patronales y profesionales, las confesiones religiosas y tantas cosas más.

Existe también, en el extremo opuesto del abanico de significaciones, *la oposición interna a los propios partidos* o incluso al propio Gobierno, máxime cuando este es de coalición o concentración, de una serie de sectores de la misma fuerza política y de la que sólo están exentos, a la larga, los partidos no democráticos, puesto que las unanimidades están, de hecho, reñidas con las libertades.

En cuanto a las primeras, en la década ahora analizada, se pasa de una mayoría social favorable al PSOE, desde los sindicatos a la prensa —con excepción de *ABC*—, y una minoría muy desconfiada, cuando no temerosa, de lo que los socialistas podían hacer, a la situación inversa. Desaparece la desconfianza y también la ilusión. La opinión pública sabe que el PSOE es un administrador leal y bastante ineficaz del capitalismo, y la opinión publicada le vuelve mayoritariamente la espalda.

Respecto de la segunda, las oposiciones internas, el monolitismo de los primeros momentos han cedido el paso al pluralismo cada vez más acentuado. Las tensiones interiores del nacionalismo vasco culminaron en 1985 en escisiones difícilmente superables; las del nacionalismo catalán sólo están compensadas por el liderazgo de Pujol.

En el centro derecha español, fue, por el contrario, la personalidad de Fraga la que impidió la consolidación de Coalición Popular e impuso, mediante la sucesión por vía de adopción, la configuración de Alianza Popular, tal vez irreversiblemente, como partido carismático, esto es, aquel en el que todo pende de la voluntad, la amistad y la arbitrariedad del jefe (Pannibianco), con la consiguiente depauperización del propio partido. En el PSOE, por último, las divergencias ideológicas y la territorialización del partido, factores ambos agudizados por el ejercicio del Gobierno en el Estado y las autonomías, han intensificado el conflicto. Solamente lo inhibe el común interés en el disfrute del poder, por cierto cada vez menor, entre los sectores sindicales que se sienten marginados de dicho disfrute y en aquellos otros cuyo radicalismo, en uno y otro sentido, les lleva a propugnar la política de lo peor, desde el punto de vista de su partido. Sea la derrota para demostrar la incapacidad de la oposición, sea, al menos, la pérdida de la mayoría absoluta, para forzar una política aún más moderada.

Pero no voy a tratar aquí de una oposición social ni de la oposición política interna, que basta con haber esbozado, sino que voy a ceñirme a *la oposición política parlamentaria*. Esto es, aquella posición o posiciones discrepantes de las del Gobierno mayoritario, que, merced al apoyo electoral, está representada y organizada en las Cámaras representativas (Dahl). La esencia del pluralismo democrático es la dispersión del poder y la reversibilidad de las mayorías. Por lo cual la oposición aspira lógicamente a llegar al Gobierno, pero ejerce entre tanto un poder distinto del gubernamental.

Estructura de la oposición

Las elecciones de 1982 que llevaron al PSOE al poder y mantuvieron la importancia, más cualitativa que cuantitativa, de los partidos nacionalistas, trastocaron radicalmente el panorama del centro y de la derecha española, en sentido repetido después en 1986 y 1989. El CDS frustró cualquier expectativa (2 diputados); UCD, anterior minoría mayoritaria en el Gobierno, casi desapareció (12 diputados); y la antigua AP, asociada en Coalición Popular con dos partidos satélites (PDP y Unión Liberal), obtuvo 106 diputados, es decir, casi el 72 por 100 de los escaños no socialistas. En esta situación, se planteó el problema de la *estructura unitaria o plural* de la oposición, que si de hecho ya se había suscitado en la legislatura anterior e incluso en muchos aspectos resuelto en favor del partido socialista, nunca se había abordado formalmente.

Fraga se encontraba entonces aún bajo la sugestión del modelo británico y especialmente entusiasmado por los éxitos iniciales del thatcherismo. Y de la misma manera que en política propugnaba la opción entre dos modelos de sociedad (véase Fraga, *España entre dos modelos de sociedad,* Barcelona, Planeta, 1982), defendía el bipartidismo y la articulación bipolar de la vida parlamentaria. El partido socialista llegó a comprender que, dadas las características que Fraga imprimía a la oposición (véase Fraga, *La leal oposición,* Barcelona, Planeta, 1983), un planteamiento así le era especialmente ventajoso y optó por consagrar primero a la oposición para mejor descalificarla después.

Sin embargo, la tarea no fue rápida ni menos aún fácil. La primicia cuantitativa de Coalición Popular entre las fuerzas parlamentarias no socialistas fue contestada en un principio por las pretensiones de UCD y el apoyo que intentó darle el Grupo Socialista. Gracias al pacto de los populares con Minoría Catalana para repartirse los puestos de las minorías en las instituciones parlamentarias, y que como tal hubo de ser endosado por el propio PSOE, UCD fue excluida de todas las mesas de comisiones, salvo, en atención a la persona, la presidencia de la comisión constitucional, que se reservó a Landelino Lavilla. Simultáneamente, el Grupo Popular votó favorablemente la candidatura de Peces-Barba a la presidencia del Congreso, expresando así su voluntad de colaboración institucional (noviembre de 1982).

A estos factores se añadió el intenso protagonismo parlamentario que desarrolló el grupo de Coalición Popular, fundamentalmente en el Congreso, desde los primeros meses y cuyo más llamativo exponente fue la impugnación, primero en el Congreso y después ante el Tribunal Constitucional, de la expropiación de Rumasa en marzo de 1983. Los debates sobre la Ley Sindical en 1984 y sobre las pensiones en 1985 fueron sucesivos hitos igualmente relevantes. Al final del primer período completo de sesiones, cuando se cumplían doscientos días de legislatura, el Grupo Popular pudo hacer pública una memoria (*Grupo Parlamentario Popular del Congreso/200 días de oposición,* diciembre 1982 - julio 1983), en la que se reflejaba sin género de dudas quién era la oposición en la Cámara.

Como resultado de todo ello, el presidente de Coalición Popular, Manuel Fraga, fue formalmente reconocido desde 1983 como jefe de la oposición a iniciativa del presidente del Congreso, Gregorio Peces-Barba. Desgraciadamente, la configuración bipolar de la vida política se entendió como enfrentamiento entre dos conceptos diametralmente opuestos o, en visión cínica, como dos aspiraciones simétricas y contradictorias sobre un mismo poder, y ello creó los malentendidos y dificultades a continuación descritos.

Sin embargo, la realidad política española no se ajustaba fácilmente al bipartidismo. En Coalición Popular, e incluso en Alianza Popular, su partido mayoritario, cohabitaban dos derechas, más liberal una, más arriscada otra, aunque no necesariamente coincidentes con las diversas etiquetas de los partidos coaligados. Fuera de dicha formación política, no sólo impugnaban el *status* de oposición formal los comunistas, desde la izquierda, y los nacionalistas, desde el centro-derecha, sino que, desde comienzos de 1983, se inició una operación política con pretensiones de ser alternativa a la alternativa popular. Tal fue la operación Roca que había de cuajar en el Partido Reformista hasta su hundimiento total en las elecciones de 1986. Por ello, el *status* del jefe de la oposición no sobrevivió a mi dimisión como tal en febrero de 1987. Su realidad, tampoco. Si el *status* era discutible, no lo son las funciones que una oposición debiera cumplir.

Las funciones

¿En qué consiste *la oposición?* A mi juicio, en hacer efectivo el viejo principio de separación de poderes. Hoy, en efecto, la diferencia entre el legislativo y el ejecutivo, por definición, función de su mayoría, no existe en el sistema parlamentario. Pero el control del poder por el poder que propugnara el castellano de la Brede, se ejerce desde otras instancias, entre ellas, y de manera muy principal, la oposición. La oposición es, en consecuencia, uno de los poderes del Estado.

Se trata de un *poder,* como son los jueces y las instituciones territoriales autonómicas, o, según el viejo Montesquieu, lo era y lo es el Parlamento. Ello no obsta a que su titularidad sea, como es propio de la democracia, transitoria. La patrimonialización de la oposición es tan posible y peligrosa como la de cualquier otro poder.

No es un *contrapoder*. Por tanto, no corresponde a la oposición una tarea de dificultar o de reivindicar, como sería en el caso de una fuerza contrainstitucional o un poder compensador. A la oposición corresponde, no una tarea negativa, sino el ejercicio de una función positiva en la que es preciso destacar dos aspectos: su relieve institucional y su carácter dialogal.

Como poder del Estado, la oposición se inserta en su trama institucional. Podrá reconocerse o no su *status* y hasta la figura de su jefe, como ocurre en Gran Bretaña y fue el caso español de 1983 a 1987. Pero la oposición en una democracia ha de tener *relieve en las instituciones* y en las *acciones institucionales*. Ambas proyecciones demuestran que, en lo que al Estado se refiere, más allá de políticas gubernamentales concretas, la oposición es un poder más.

De lo primero es ejemplo la presencia en la Mesa de las Cámaras y en las presidencias de las Comisiones parlamentarias. Pese a la mayoría absoluta socialista de 1982, se consiguió para el Grupo Popular la presidencia de las dos Comisiones de control, la de Presupuestos y la de RTV, que hoy sigue ostentando, y es de lamentar que la reducción de la mayoría socialista no ha llevado a una mayor participación institucional de los restantes grupos de la Cámara.

De lo segundo, la participación de los representantes cualificados de la disidencia política en grandes tareas de Estado —verbigracia, misiones *ad hoc* en el exterior—. La mayoría socialista abandonó la saludable práctica seguida en tiempos de UCD de asociar íntimamente a los diputados a determinadas tareas internacionales de especial relieve, como la presencia en la Delegación de la Asamblea General de las Naciones Unidas. Sólo por imperativo legal y en función de calidades y relaciones personales, la oposición ha conseguido hacerse presente en delegaciones parlamentarias, en asambleas como la del Consejo de Europa y la del Atlántico Norte.

Reconocer esta doble función por parte del Gobierno es duro, porque es más fácil tener enfrente a una oposición descalificada que dignificada. Aunque esta es más útil a la hora de pactar en serio y siempre es mejor ser controlado y, eventualmente, vencido por los iguales que por los marginados.

Y no es más fácil asumir esta función institucional por parte de las fuerzas de la oposición, sirviendo tales funciones en lugar de pretender servirse de ellas con carácter electoral y convertir los puestos institucionales en meras correas de transmisión. En este punto, la actitud de la oposición ha variado, desde confundir la asepsia institucional con la absoluta inactividad política en el período 1982-1986 en algunas presidencias de Comisión y otras instituciones, a un activismo político desmesurado que se inicia en 1989. Un proceso del que sólo hacen excepción la ejemplar presidencia de la Comisión de Presupuestos ejercida primero por Alfonso Osorio y después por Rodolfo Martín Villa.

A la oposición parlamentaria corresponden tres grandes funciones: el *control,* la *alternativa* y la *integración de una política de Estado.*

¿Qué es controlar? El diccionario se remite a comprobación, inspección, fiscalización e intervención, y a tales fines apuntan los instrumentos de control previstos en el Reglamento de las Cámaras: preguntas, interpelaciones, mociones, comparecencias. Esto es, controlar no significa descalificar, si bien la descalificación del Gobierno puede derivarse de lo que el control saque a luz. Controlar supone información primero y verificación después sobre la dedicación de los medios públicos al cumplimiento de sus respectivos fines.

En esta década se ha hecho un amplísimo uso de estos instrumentos: interpelaciones y mociones, petición de información, preguntas escritas y orales. También se han solicitado numerosas Comisiones de Investigación, frecuentemente rechazadas por la mayoría.

Sin embargo, los medios de control en manos de las Cortes en España han derivado hacia una utilización polémica, capaz de corromper su naturaleza.

Las preguntas se cuentan por miles, las peticiones de información por centenares, y las interpelaciones por decenas. Así resulta de las memorias que el Grupo Popular presentó de 1983 a 1985 (*La oposición Popular en el Congreso,* 1983-1984; *íd.,* 1984-1985). Pero en las III y IV legislaturas, el incremento acelerado en la cantidad de preguntas no equivalió a una mejora de su calidad, antes al contrario.

La oposición suele utilizar las peticiones de información, las preguntas o las interpelaciones, para demostrar la incapacidad del Gobierno, presupuesta como hipótesis. De ahí que la mayoría que apoya al Gobierno utilice los mismos instrumentos para mostrar la eficacia gubernamental. Y el propio Gobierno rehúya cuanto pueda el control parlamentario, como las antenas del caracol el contacto de la mano infantil. El resultado es que, de verdad, nadie controla. Ni se obtiene la información deseable, que no siempre es la deseada, ni se lleva a cabo la verificación de la recta utilización de medios, ni de la oportuna consecución de fines.

Si el control parlamentario ha de cumplir su función, es preciso rescatarlo de su estéril pugnacidad. Sin duda, siempre supondrá una tensión entre quien controla y quien es controlado; pero tendrá que dejar de ser un instrumento de propaganda electoral, para convertirse en pieza del equilibrio interno de los poderes del Estado; acicate para el Gobierno y medio de información y formación —esto es tan importante como aquello— para sus controladores.

¿En qué consiste la labor de alternativa? En dar opinión y proponer solución ante los problemas de la vida política. A través de esta permanente actividad, la oposición expone cuál sería su política si fuera Gobierno, y no en abstracto, sino ante la circunstancia de cada momento de la vida política real.

En este sentido, en el período de 1982-1986, el Grupo Popular desarrolló una extensa tarea de elaboración de textos alternativos a los proyectos gubernamentales y de proposiciones de ley a más de numerosísimas enmiendas de detalle, tanto en leyes como en los Presupuestos. También destacaron los debates generales de estos en 1983 y 1984. Sin duda, su calidad fue diferente según los casos. Pero respondieron a unos criterios estables que permitieron una notable coherencia al conjunto, del que incluso se dio testimonio doctrinal (*Hacia la Alternativa Popular,* Barcelona, Planeta, 1984).

De esta tarea surgió el «Programa Gobierno» presentado por Coalición Popular en 1986, unánimemente alabado, tanto en España como en la prensa extranjera, y del que derivan, incluso plásticamente, ulteriores iniciativas menos afortunadas.

Pero nunca se han creado los equipos de personas capaces de dar fiabilidad a tales alternativas. Cualquier intento de objetivación, entonces como ahora, ha sido sustituido por el séquito.

La alternativa es lo que acredita la capacidad de la oposición para llegar a gobernar mejor, y probablemente, la ruptura que en esta tarea supuso la nueva dirección de AP en 1987 impidió culminar una importante labor y recoger sus frutos. La refundación del PP en 1989 es más continuidad del pasado inmediatamente anterior (1987-1989) que su superación. Últimamente parece que se trata de corregir el rumbo en mejor sentido, con la elaboración de una detallada alternativa que haría bien en ir más allá de la mera «palabra» (véase *Respuestas para gobernar: dos anos de alternativa en el Congreso de los Diputados,* Madrid, 1992).

Lógicamente, al partir la oposición de presupuestos distintos a los del partido o partidos gobernantes, sus opciones serán en muchas ocasiones diferentes de las gubernamentales, pero no siempre tiene que ser así. En una democracia pluralista no está prohibido coincidir. La alternativa no ha de suponer necesariamente el permanente enfrentamiento y menos aún un enfrentamiento radical. Puede haber coincidencias y puede haber matizaciones. Sobre todo debe existir capacidad de negociación y de diálogo. Ni aceptar las enmiendas de la oposición debiera suponer una derrota para el Gobierno, como parece deducirse de su permanente negativa, ni estas han de ser formuladas como un trágala. Unos y otros han de tener capacidad de transigir, para lo cual, previamente, han de renunciar a la descalificación global de las respectivas posiciones hoy al uso.

La oposición haría bien en cuidar la coherencia de su alternativa porque de ella depende en gran parte su fiabilidad ante la sociedad. Quienes, por ejemplo, propugnasen una restricción del gasto público global a la vez que su extensión en cada una de las políticas sectoriales, demostrarían desconocer que la suma resulta de los sumandos. Otro tanto cabe decir de las propuestas que por su radicalidad son tan amenazantes como infiables.

La oposición haría aún mejor en matizar las decisiones gubernamentales, porque ello aumentaría aún más su credibilidad social. Si, por el contrario, las tesis de la oposición, por lógicas que fueran, no prosperan jamás, al menos en parte, la sociedad comprenderá que aquella oposición no sirve para influir en el poder y, en consecuencia, menos aún para ejercerlo. Y buscará como recambio otras fuerzas políticas, o la protesta social difusa o el contacto y negociación directa con el poder mismo. Así ha ocurrido frecuentemente en la relación entre sectores empresariales y Partido Popular, desde 1987 hasta los recientes debates sobre el desempleo, la huelga o la convergencia. Y así ocurrió con ocasión de los debates educativos de 1984 y 1990. La oposición del Partido Popular a la LODE fue socialmente desasistida, y su radical enfrentamiento a la LOGSE dio lugar a que los sectores eclesiásticos más ilustrados, y especialmente la Iglesia catalana, trataran preferentemente con Convergència i Unió.

Los partidos en la oposición, como cualquier otra formación, política, por último, debieran evitar la tentación del cambio permanente que puede llevar a hacerlos irrecognoscibles. Así ocurrió, con ocasión de las tomas de posición del Partido Popular ante las reivindicaciones sindicales en 1988 y 1992 y ante las cuestiones autonómicas desde 1989; del Pacto Autonómico a la propuesta de Administración única, ambas en 1992.

La renovación no debe confundirse con una versatilidad tan acelerada que impide obtener la razón de los hechos. Tal ha sido el caso de las propuestas presupuestarias formuladas por el Grupo Popular en 1984, descalificadas entonces y hoy asumidas muchas de ellas por la tendencia más liberalizadora del Gobierno, sin que la falta de insistencia, por parte de la oposición, la hayan permitido capitalizar el éxito de sus propias tesis.

Y una oposición que estuviera desprestigiada —por su incoherencia— o socialmente aislada —por carecer de influencia— terminaría siendo una oposición marginada.

La tercera de las funciones de la oposición es concurrir a la formulación y realización de una política de Estado. Esto es, de aquella política que por su generalidad y estabilidad necesarias —estas son las dos notas características del fenómeno estatal— trasciende tanto a la legítima perspectiva de un partido político como al horizonte temporal de una o aun varias legislaturas. Es decir, han de ser tratadas las cuestiones de Estado mediante un amplio consenso que implique en ellas a todas o, al menos, a la mayoría de las fuerzas democráticas, y no mediante la aplicación mecánica de la mayoría gobernante. Tal es el caso, por ejemplo, de la estabilidad institucional, la política exterior, la seguridad externa e interna, o la solución de grandes problemas del momento, verbigracia, la competitividad o la calidad educativa.

La oposición ha de estar dispuesta a integrar la disidencia en estos grandes consensos. Pero es claro que consensuar no quiere decir adherirse a las decisiones previa y definitivamente tomadas por el Gobierno, al que a la hora de consensuar corresponde la responsabilidad máxima. No cabe acotar arbitrariamente lo que interesa calificar de cuestión de Estado para terminar pidiendo sobre ella un cheque en blanco. Antes bien, dirigir una operación de consenso real exige establecer con las fuerzas políticas de la oposición un diálogo intenso y extenso para determinar los objetivos, intercambiar cuantas informaciones y opiniones existan sobre ellos y capitalizar, en común, las opciones finales en sus rendimientos tanto como en sus riesgos.

En este proceso es donde la oposición realiza funciones de consejo sobre el Gobierno que en algunos sistemas constitucionales incluso llegan a institucionalizarse. Y en otros, aparentemente menos propensos al reconocimiento formal de la oposición, no es infrecuente la utilización de sus dirigentes para la ejecución de aspectos relevantes de las políticas de Estado así decididas. Así ocurrió, por ejemplo, en Francia, con ocasión de la crisis del Golfo a mediados de 1990.

En este punto, las relaciones entre la mayoría socialista y la oposición han estado sometidas a una serie de malentendidos que han llevado a una opción inconveniente al buen funcionamiento del sistema.

En efecto, en un primer momento, el Grupo Popular estuvo abierto a una leal colaboración en la política de Estado. La mayoría socialista respondió negando la misma existencia de dicha oposición (declaraciones de F. González y de A. Guerra en 1983), y cuando necesitó su colaboración, pretendió sin más instrumentarla. Tal fue el caso en 1984 a la hora de elaborar la Ley de Medidas Urgentes de Reforma de la Administración Pública en la que, tras largas negociaciones, el Grupo Popular debió oponerse frontalmente al proyecto gubernamental. Otro tanto volvió a ocurrir meses después con ocasión de la Ley de Régimen Local. Los errores políticos de ambas normas hoy los reconoce el propio Gobierno socialista.

Como resultas de ello, se creó una situación de desconfianza que dificultó colaboraciones posteriores. La falta de comunicación fluida entre el presidente del Gobierno y el jefe de la oposición, Manuel Fraga, hizo lo demás. Así se llegó a malentendido tan grave como el ocurrido en torno al referéndum sobre la permanencia de España en la Alianza Atlántica. Un referéndum cuya convocatoria fue un inmenso y peligroso error, que la actitud equívoca de la oposición no trató de impedir, antes al contrario (declaraciones de Fraga en Washington —julio de 1985— y Madrid —septiembre de 1985—), en el último momento no supo capitalizar y, al final, convirtió, tanto en España como fuera de ella, en plebiscito en favor del presidente del Gobierno. Cuando nuevos políticos asumieron la dirección, primero de Alianza Popular (1987), luego del Partido Popular (1989), creció la incapacidad de entendimiento, según viene demostrándose en las malas relaciones del liderazgo del Partido Popular con el Gobierno y las restantes fuerzas políticas.

Ello, a su vez, ha llevado al partido socialista a buscar el consenso en determinadas cuestiones con grupos minoritarios de la oposición, CDS y nacionalistas catalanes y vascos, agrupados en el mal llamado «bloque constitucional». Y el poder desgasta, especialmente al que no lo tiene o se aleja demasiado de él.

En esta cadena de desaciertos no han faltado intentos en sentido contrario. Por una parte, los protagonizados durante el período 1982-1987 por M. Fraga a través de sus reuniones periódicas con F. González. Las características de los interlocutores y las cuestiones a las que, al parecer, dieron prioridad —la TVE y el trato en ella recibido por el líder de la oposición— no favorecieron el entendimiento; pero es claro que la opinión pública y «publicada» también contribuyó a frustrarlo, creando falsas expectativas, tanto sobre los objetivos a conseguir en la reunión, como sobre los peligros de tales encuentros.

De otro lado, ciertas cuestiones de orden público (hasta 1989), la elaboración de la Ley Electoral y la legislación consecuencia de la adhesión española a la CEE (1985), fueron ejemplos de una positiva colaboración del principal grupo de la oposición en las tareas del Estado que había de proseguir después en asuntos de política exterior. Así, el consenso sobre la posición española en la Alianza Atlántica (abril de 1987), el ingreso de España en la UEO (1988), algunos debates sobre política comunitaria celebrados en diciembre de 1987 y junio de 1989, el respaldo del Grupo Popular al Convenio Hispano-norteamericano y su polémica interpretación de la nuclearización (abril, 1989) y, por último, la promoción, por acuerdo de todos los grupos sobre una iniciativa del Partido Popular, de una política de cooperación (1991).

Pero, sin duda, el mejor exponente de esta línea tuvo lugar con ocasión del Debate sobre el Estado de la Nación en marzo de 1989, tras la famosa huelga general del 14 de diciembre de 1988. El principal grupo de la oposición, sin perjuicio de criticar la gestión gubernamental de los servicios públicos, descalificó la huelga y avaló los planteamientos económicos del Gobierno, frente a las exigencias sindicales, a la vez que propuso una reducción del gasto público y una reordenación fiscal.

Si, de acuerdo con los datos demoscópicos más fiables, nunca ha sido tan positiva la opinión pública ante el Partido Popular, tampoco había sido hasta entonces tan grande su influencia. Muchas de sus mociones, presentadas con ocasión del debate, fueron aceptadas por la mayoría de la Cámara, y algunas de las tesis entonces mantenidas, como la mala calidad de los servicios públicos, no son hoy discutidas.

Caminos que no llevan a parte alguna

Sin embargo, la línea que prosperaría en una fase ulterior había de ser la de radical confrontación, y ello a pesar de que la reducción de la mayoría socialista en 1989 y sus nuevos planteamientos políticos aconsejaban lo contrario. Explicar esta evolución de los acontecimientos requiere una visión retrospectiva.

En efecto, la oposición Popular se enfrentó en 1982 con una mayoría socialista que, cualquiera que fuese la moderación de sus intenciones últimas, decantadas en los contactos de Felipe González durante el verano de 1982, aún pagaba un alto tributo al radicalismo de sus orígenes. Basta para comprobarlo atender al programa electoral socialista, fiel trasunto del francés de 1981; a los primeros gestos de política internacional, simbolizados en la persona de Fernando Morán; a la política económica inicial de activación de la demanda; o a las iniciativas en política educativa (LRU y LODE) e institucional. El Grupo Popular hizo frente a todo ello, reafirmándose en sus criterios conservadores favorables al atlantismo, el ajuste económico más ortodoxo y la defensa de una serie de valores tradicionales.

Sin embargo, a partir de 1984, el Gobiemo socialista cambia de rumbo. El decálogo de política exterior anuncia el giro pro-atlántico que había de consumar Fernández Ordóñez, y el último Boyer permitía prever la política macroeconómica de Solchaga. La oposición Popular no supo ver a tiempo el alcance de este golpe de timón y siguió combatiendo un socialismo que ya no existía, errando en consecuencia los golpes y lanzando mensajes con eco social cada vez menor. La moción de censura planteada en 1987 es un hito en este proceso, tanto por razones de fondo como de forma. La expansión económica, del año 1985 en adelante, la plena integración en las instituciones occidentales —OTAN, CEE y UEO— y la paulatina mejoría de relaciones del Gobiemo socialista con los Estados Unidos, hizo que los ataques de la oposición Popular a una inexistente hidra roja cayeran en el vacío. Sólo aciertan cuando rectifican, decía Fraga, a la sazón jefe de la oposición, dirigiéndose a la mayoría. Y era probablemente verdad. Pero la amplitud y profundidad de la rectificación socialista debía haber llevado a la oposición a rectificar a su vez, abandonando las posiciones de 1982 y buscando otras nuevas en el reino de los valores y en el rigor técnico, atractivos para amplios sectores sociales.

No lo hizo así, y en lugar de descubrir nuevos campos de convergencia en los objetivos y corrección en los medios empleados —v. gr., la macropolítica y la macroeconomía—, nuevas posibilidades de negociación —v. gr., en temas educativos y culturales— y nuevos flancos para el control y la alternativa —v. gr., la microeconomía y los servicios públicos—, siguió otros caminos.

Primero, dedicó exclusiva atención a la descalificación global del inexistente maniqueo, por razones ideológicas y en términos personales. Con ello privó de credibilidad a su propia crítica y alternativa.

Segundo, insistió en desautorizar el giro socialista hacia la socialdemocracia, el neoliberalismo y el atlantismo, explicitando sus contradicciones y alarmando a los beneficiarios de este cambio de rumbo. La consecuencia fue el deterioro de las relaciones con la mayoría de los gobiernos occidentales, en gran parte conservadores, y con el empresariado nacional, como demuestran las declaraciones de sus dirigentes en 1988, primero y, más aún, desde 1992.

Tercero, convirtió la polémica política en una denuncia, primero de permanente inconstitucionalidad, después de carácter penal. Los errores, difícilmente superados desde 1982, se reiteraron y acentuaron desde 1989. El resultado fue enconar las relaciones entre las fuerzas políticas, contribuir al descrédito de todas ellas y quebrar incluso su colaboración institucional. Del caso Flick y el recurso permanente ante el Tribunal Constitucional, se pasó así a la polémica sobre la corrupción y a la impugnación del propio Tribunal.

El mal ejemplo del PSOE en sus años de oposición salvaje (1979-1981) fue peor interpretado. Y se pensó equivocadamente que podría imitarse lo que siempre fue pernicioso, en circunstancias felizmente superadas y olvidando que el socialismo llego al poder, no por sus excesos, sino porque fue capaz de hacerlos olvidar (1981-1982).

Esta actitud del principal grupo de la oposición ha encontrado eco parcial en algunos medios de comunicación y, más concretamente, en influyentes columnistas. Pero lo ha alejado, como antes quedó dicho, de fuerzas sociales que, naturalmente, debieran serle afines y de las restantes fuerzas políticas. La disolución práctica del CDS resta importancia a la actitud de esta fracción. Pero las malas relaciones con los nacionalistas vascos y catalanes y las muy ambiguas con otros regionalismos emergentes, impiden, casi siempre, la coincidencia de la oposición y dificultan la posibilidad de una mayoría alternativa. A la vez, el enfrentamiento radical y personal con el PSOE impide futuras «grandes coaliciones». La coincidencia de populares e Izquierda Unida, en más de una ocasión ha hecho aparecer el espectro de la «catarsis» a la griega. Cuantitativamente imposible y cualitativamente disparatada.

«Mos italicus»

El resultado de todo ello es el bloqueo de la situación, con el consiguiente daño del sistema político. Cumplen algunas de las funciones de control, alternativa e integración quienes, como las minorías nacionalistas, no están cuantitativamente capacitadas para ser una verdadera alternativa pese a la excelencia de alguno de sus liderazgos. Por el contrario, el principal partido de la oposición, cuantitativamente habilitado para ello, ha adoptado una actitud demasiado radical para hacer efectiva su participación y viable su alternativa. Y ello en un momento en que el desgaste, los errores sin cuento, el conflicto ideológico y la magnitud de los problemas, deterioran la posición, hasta hace poco hegemónica, del partido socialista en el Gobierno.

Como consecuencia, podría llegar a producirse en España una reproducción invertida del modelo clásico italiano en el que IU haría de misinos. A una mayoría absoluta o relativa del PSOE, completable por los partidos nacionalistas, como los partidos laicos hacían con la Democracia Cristiana italiana, se opondría un gran partido, comunista allí, antes, y Popular, aquí, ahora, con capacidad cuantitativa para gobernar. Pero cuyo aislamiento, cuando no enfrentamiento, con las instituciones estatales, las fuerzas políticas todas, las fuerzas sociales afines y la opinión pública internacional, dificultaría su acceso a la mayoría gobernante, y lo que es mas grave, haría que muchos de estos obligados polos de referencia temieran esa posibilidad. Y la confianza en el desengaño social sin ganar la confianza de la sociedad no es el camino, ni mejor ni más seguro, hacia el poder político.

Las pasiones del poder: el PSOE tras diez años de gobierno

Javier Pradera

El análisis de las transformaciones experimentadas por el PSOE durante diez años de ininterrumpido gobierno en solitario no es forzosamente un reverso de los juicios formulados sobre el comportamiento paralelo del Ejecutivo socialista a lo largo del período 1982-1992. Cualquier valoración de la obra de gobierno llevada a cabo a lo largo de esta última década debería contestar sobre todo a preguntas relacionadas con el asentamiento de la democracia, el mantenimiento de los equilibrios económicos o el funcionamiento de los servicios públicos. En cambio, la indagación en torno a los efectos producidos sobre el PSOE —como tal partido— por esta larga etapa de poder tendrá que interesarse fundamentalmente por la conservación o la modificación (y en qué sentido) de los valores sobre los que descansa su tradición de combate ya centenaria; una lucha orientada —según su programa fundacional de 1880— al ideal de «la completa emancipación de la clase trabajadora, es decir, la abolición de todas las clases sociales y su conversión en una sola de trabajadores libres e iguales, honrados e inteligentes». Se trata, en última instancia, de averiguar hasta qué punto sería adecuado trasladar a España el desalentado comentario de un militante francés años después de la victoria de Mitterrand en 1981: mientras que los socialistas no habían conseguido cambiar a la sociedad, la sociedad sí había logrado cambiar a los socialistas.

Las negativas repercusiones del disfrute del poder sobre la credibilidad externa y la coherencia interna de los partidos que lo ejercen movilizan siempre todas las reservas del sentido común. La idea de que no es lo mismo predicar que dar trigo, esto es, prometer desde la oposición que cumplir los programas una vez alcanzado el gobierno, suele ser declinada en variantes infinitas a la búsqueda de explicaciones sencillas tales como la culpabilidad derivada de la traición premeditada o la exoneración completa en nombre de la fuerza de las cosas. Sin duda, las expectativas desmesuradas asociadas a los grandes virajes electorales, como las victorias socialistas de 1981 en Francia y de 1982 en España, cavan las tumbas para las grandes frustraciones. Pero las analogías a veces resultan engañosas. A diferencia de los reveses franceses posteriores a 1985, el PSOE aguantó bien el tirón de sus primeros años de gobierno; las elecciones generales de 1986 y 1989, los comicios europeos de 1987 y 1989 y las elecciones locales de 1983, 1987 y 1991 registraron pérdidas soportables para los socialistas. Si bien en el momento en que se escriben estas líneas (septiembre de 1992) los sondeos de opinión son desfavorables para el PSOE, el grado moderado y el ritmo pausado de su retroceso en las urnas durante la pasada década restan fuerza —al menos provisionalmente— a las generalizaciones dramáticas sobre las catastróficas consecuencias que aguardan a los partidos incapaces de cumplir desde el poder las promesas formuladas en la oposición.

El PSOE renovado

Los valores defendidos por el PSOE en vísperas de su instalación en el Gobierno —honradez, austeridad, libertad, igualdad, solidaridad— remitían a la historia centenaria de un partido fundado en 1879. Sin embargo, la formación que logró el 28-O más de diez millones de votos y el 48,4 por 100 de los sufragios había sufrido bruscas soluciones de continuidad durante la década anterior. El PSOE victorioso en 1982 había sido legalizado sólo cinco años antes, tras el largo paréntesis de cárceles, clandestinidad y exilio abierto por la guerra civil. Frente a los 80.000 afiliados de 1936 estimados por Tuñón de Lara, los socialistas decían contar en diciembre de 1976, al celebrar su primer congreso legal en suelo español después de la guerra, con 9.141 miembros (una cifra probablemente hinchada); y en el Congreso de Suresnes de 1974, con 3.580 afiliados. De añadidura, el partido socialista que alcanzaba el poder con Felipe González como presidente del Gobierno no era el fruto de una evolución sin traumas; en realidad, el PSOE había sido *refundado* diez años antes, cuando el congreso de Toulouse de 1972 depuso a la vieja dirección exiliada y designó para sustituirla a una alianza formada por los jóvenes delegados de las organizaciones clandestinas del interior y los sectores descontentos del exilio. Durante varios años, sin embargo, las minoría derrotada luchó por recuperar las siglas, se siguió denominando PSOE Histórico y creó situaciones de confusión altamente molestas para el PSOE renovado.

En cualquier caso, ese PSOE refundado o renovado en 1972-1974 se presentó ante los electores, a partir de 1977, como una organización con un siglo de historia ininterrumpida, enraizada en la clase obrera y la población trabajadora, con experiencia de gobierno durante la Segunda República, perseguida durante el franquismo y portadora del testigo de la legitimidad democrática secuestrada por la dictadura. Las resonancias emocionales de las viejas siglas para los derrotados en la guerra civil y sus familias fueron administradas políticamente, sin embargo, por el nuevo grupo dirigente, ajeno por razones de edad al conflicto de 1936; de esta forma, el PSOE renovado logró mantener su vinculación simbólica con el pasado heroico y superar al tiempo los envejecidos esquemas aplicados por los dirigentes exiliados a la transformada realidad española. Y aunque no faltaron los veteranos en las listas electorales del PSOE y en sus órganos de dirección, el poder interno y la imagen de la renovada organización fueron retenidos por los nuevos líderes. El legado doctrinal del PSOE, a la vez reformista y revolucionario, marxista y anticomunista, fue recibido a beneficio de inventario por los herederos. La historia real de los socialistas, tan rica en luchas internas de facciones, fue sometida a un tratamiento de olvido selectivo y estilización hagiográfica, de forma tal que los líderes de esas corrientes —Indalecio Prieto, Francisco Largo Caballero, Julián Besteiro o Juan Negrín— quedaron colgados en la galería de retratos ilustres, depurados de cualquier carga pasional e ideológica. Pablo Iglesias, el tipógrafo fundador del PSOE, fue convertido en el único punto de anclaje del pasado, como el «abuelo» y el «educador de muchedumbres» de Juan José Morato y el «santo laico» de Ortega y Gasset, al tiempo que sus artículos y discursos parlamentarios, deudores del crudo marxismo vulgarizado de la Segunda Internacional, eran discretamente situados en la penumbra, la memoria de su figura —casi llevada a los altares por sus correligionarios—

desempeñó la función de dar continuidad histórica, cohesión emocional y espíritu de lucha al PSOE renovado.

La destreza para combinar continuidad simbólica y discontinuidad política, para mantener formalmente la lealtad hacia las siglas y transformar al tiempo su contenido, resultó potenciada con la audaz cooptación por el PSOE renovado de buen número de dirigentes y cuadros jóvenes que habían militado en grupos de la oposición antifranquista de izquierda y extrema izquierda. De esta forma, los socialistas no sólo incorporaron a su activo la imaginería de cien años de lucha obrera por la igualdad, sino que también abrieron sus puertas a quienes habían luchado por las libertades durante los últimos años de la dictadura con mayor presencia y combatividad que un PSOE debilitado internamente y frenado desde el exilio. Esa especie de OPA amistosa empujó hacia el PSOE, entre 1974 y 1979, a una nutrida mezcla de democristianos de izquierdas, sindicalistas de USO, socialistas heterodoxos (el antiguo Movimiento Socialista catalán, Convergencia Socialista de Madrid, el PSP de Tierno Galván), comunistas expulsados por Carrillo y las más diversas variantes del radicalismo izquierdista en la estela del 68 (trotskistas, militantes del FLP, maoístas o miembros del FRAP). Crisol de gentes procedentes de tan diversas tendencias, el remozado partido socialista añadió a su legitimidad de origen *pablista* la legitimidad de ejercicio derivada de haberse convertido en representante de la izquierda de toda una generación. Ese componente *generacional* y el vínculo de solidaridad forjado por la *memoria antifranquista* más allá de las militancias partidistas específicas explican en buena parte el crédito del que han disfrutado los socialistas durante esta década.

El camino hacia el poder

Desde 1972 a 1982, el PSOE renovado unificó su heterogénea dirección, procedente de extracciones sociales, culturas ideológicas, experiencias políticas y trabajos profesionales muy diferentes. Casi desde su refundación en 1972-1974, el partido socialista mostró a la opinión pública unos rasgos definitorios lo suficientemente equívocos como para que todos sus militantes pudiesen reconocerse parcialmente en su retórica y sólo una minoría de eventuales electores se sintiese totalmente rechazada por su programa. El término socialista connotaba la imagen difusa de un igualitarismo conciliable con la libertad, de un sector público compatible con la iniciativa privada, de una transformación del capitalismo respetuosa con la democracia. Todo —o casi todo— el mundo de la izquierda tenía cabida dentro de ese proyecto de contenido impreciso, contornos desdibujados y calendario desconocido: desde los que apostaban por una eventual democratización del *socialismo realmente existente* de la Europa del Este hasta quienes se conformaban con *socialdemocracia realmente existente* de la Europa del Norte, pasando por las ensoñaciones del *socialismo inexistente* de la Europa meridional, hoscamente contrapuesto al reformismo socialdemócrata pero jamás descrito de manera definida y comprensible.

El recuerdo de las luchas fraccionales de la República, la guerra civil y el exilio operaba, sin embargo, a favor del amortiguamiento de las tensiones internas. La temprana orientación hacia el poder de los socialistas renovados y las sucesivas citas electorales a partir de 1977 actuaron como frenos para los impulsos centrifugadores. Por si fuera poco, la voladura desde dentro de UCD no sólo le abrió al PSOE las puertas de la mayoría absoluta, sino que le invitó también a escarmentar en cabeza ajena. Durante este tiempo, los jóvenes dirigentes salidos del Congreso de Suresnes de 1974 fueron las sibilas de una ortodoxia socialista transformada en esfinge; de forma alternativa, sucesiva o simultánea, los líderes socialistas desempeñaron los papeles del Prieto social-liberal, del Largo Caballero revolucionario y del Besteiro reformista moral. El XXVIII Congreso de mayo de 1979 y el Congreso extraordinario de septiembre de ese mismo año marcaron, sin embargo, una divisoria de aguas en esa indefinición teórica. La dimisión de Felipe González como secretario general de la organización, por considerarse incompatible con la abigarrada definición del PSOE como partido «de clase», «de masas» y «marxista», forzó a los socialistas a una desescalada doctrinaria. El abandono del marxismo como rasgo definitorio del PSOE (aun aceptándolo como «instrumento teórico, crítico y no dogmático, para el análisis y la transformación de la realidad social») despejó el peligro latente de una lucha interna por el poder dignificada con los vuelos teóricos de una discusión escolástica entre ortodoxos y heterodoxos al estilo de los conflictos de la preguerra historiados por Santos Juliá.

La descomposición de UCD a partir de 1980 y la resaca del golpe de Estado frustrado del 23-F encontraron como marco receptor el *proyecto autónomo* del PSOE; esto es, la decisión de obtener en las urnas la mayoría electoral que le permitiera gobernar en solitario, sin desempeñar un papel subalterno en el seno de una coalición dirigida por los centristas y sin tener que recurrir a la *unión de la izquierda* con los comunistas (sus aliados en la Administración municipal desde 1979). La dinámica interna de esa estrategia no podía sino tropezar con la concepción *pablista* del PSOE como vanguardia y representante de la clase obrera. No era, sin embargo, un hecho nuevo; Adam Przeworski ha mostrado cumplidamente que todos los partidos instalados en la tradición de la II Internacional se habían visto obligados, antes o después, a abandonar sus mensajes clasistas como consecuencia de su entrada en la competición electoral. Ahora bien, la aceptación incondicional de la democracia parlamentaria y la regla de la mayoría acelera el proceso de desideologización de los partidos, cada vez más necesitados de votos y dispuestos a buscarlos dondequiera que se encuentren y mediante casi cualquier oferta programática. Para el PSOE, la mayoría absoluta y el gobierno en solitario presuponían, o bien el respaldo de un electorado homogéneo (la *clase trabajadora* de Pablo Iglesias o el *bloque de clases* de Gramsci), o bien una base política artificialmente construida mediante la agregación de segmentos heterogéneos. En las vísperas de 1982, la doble consigna socialista del *cambio* (percibida probablemente por la mayoría de la gente como el acceso al poder de un equipo joven, sin vinculación alguna con el franquismo) y la *modernización* (entendida simplificadamente como equiparación de España con los niveles de renta, competitividad, servicios públicos e instituciones políticas de la Europa comunitaria) absorbió en la oquedad de su abstracción, ajena a la retórica obrerista, las aspiraciones difusas de la sociedad española.

La búsqueda de mayorías electorales impone sus dictados a la ideología de los partidos; por así decirlo, la demanda crea su propia oferta. No se trata sólo de que los antiguos partidos de clase intenten ahora dar una proyección interclasista a sus mensajes. Además, los partidos de masas —o de integración social, como los ha denominado Sigmund Neumann— se transforman cada vez más en partidos electorales que sacrifican cualquier otra consideración a una mayor irradiación; según Otto Kirchheimer, las consecuencias de esa deriva serán la marginación de los componentes ideológicos, el fortalecimiento del aparato burocrático dirigente, la desvalorización del militante, la renuncia a los cotos de caza confesionales o clasistas y el anudamiento de lazos con grupos de intereses diversos (no sólo sindicales, sino también empresariales). El PSOE no podía ser una excepción a esa tendencia de las sociedades modernas donde los partidos de todo el pueblo, *catch all* u ómnibus, no aspiran a representar a una sola clase o a estratos sociales situados en nichos estancos, sino que pelean por los votos de esa *clase mayoritaria* a la que se refiere Ralf Dahrendorf. Si antes los militantes financiaban al partido con sus cuotas, realizaban trabajo voluntario en las campañas electorales, hacían propaganda en el lugar de trabajo y reclutaban afiliados, ahora los partidos viven sobre todo del dinero público, la televisión sustituye a los mítines y a los carteles, la desmovilización reina en los períodos interelectorales y los nuevos afiliados son vistos por los veteranos como rivales potenciales para los cargos públicos.

Financiación del PSOE y corrupción

La financiación pública de los partidos ha contribuido, por un efecto perverso de retroalimentación, a incrementar sus gastos de funcionamiento; las subvenciones presupuestarias, una dádiva potencialmente tan inagotable como el maná regalado por los cielos, ponen en marcha una espiral de despilfarro y escasez que lleva a un crecimiento casi exponencial de su necesidad de nuevos ingresos. De acuerdo con las estimaciones de Andreu Missé y Joaquín Prieto (*El País,* 25-2-1990), el PSOE recibió 15.242 millones de pesetas de los Presupuestos Generales del Estado durante el cuatrienio 1987-1990 para financiar el mantenimiento de su aparato y hacer frente a sus gastos electorales. Pero se diría que los partidos son instituciones insaciables que no fijan sus gastos en función de sus ingresos, sino que determinan su nivel de ingresos a la vista de sus gastos, siempre en aumento. De ahí que los renglones *visibles* de los ingresos legales, ya de por sí cuantiosos, tengan que ser reforzados por las partidas *invisibles* de ingresos ilegales derivados de comisiones cobradas a empresarios y profesionales por facilitarles la ayuda de la Administración bajo control partidista.

La *honradez* en la administración del dinero público es un valor que los socialistas elevaron a tradición casi exclusiva en su propaganda de 1979 («Cien años de honradez»). De ahí que las denuncias de algunos casos de corrupción de militantes socialistas, relacionados para mayor escándalo con la financiación ilegal del partido, hayan provocado una auténtica conmoción. Se plantea, en primer lugar, el alcance de la cobertura institucional dada al delito. Es evidente que el cobro subterráneo de comisiones en nombre de un partido —no sólo el PSOE se halla bajo sospecha— a cambio de una recalificación de terrenos municipal, una contrata de obras para una comunidad autónoma, una concesión ministerial o la rápida tramitación de un permiso administrativo, facilita los casos de *corrupción individual;* resulta imposible saber si los *cobradores del partido* desvían para su propio provecho una parte o la totalidad de los dineros extorsionados que les son entregados sin recibo. Pero el carácter censurable de la financiación irregular de los partidos no se reduce a su capacidad para promover la corrupción individual o servirle de coartada. La llegada de los galeones cargados con el dinero negro de las comisiones irregulares a la dársena de los partidos, sin ser desviados hacia las cuentas corrientes de los intermediarios, constituye un fenómeno de *corrupción institucional* no menos grave. La pretensión de que esas extorsiones pudieran quedar disculpadas o perdonadas por sus móviles y por sus objetivos —ayudar al mantenimiento de instituciones básicas para el funcionamiento del sistema democrático— resulta hipócrita. Porque esa financiación ilegal nacida de la extorsión y el soborno alimenta la tesorería de las organizaciones *también* para beneficio de los dirigentes y cuadros que acceden de manera preferente a una *renta de situación* en forma de sueldos, gastos de representación, alquiler de viviendas, viajes y automóviles.

Sería necesario, en cualquier caso, preguntarse por las condiciones sociales y políticas que han favorecido el preocupante aumento de la corrupción en los últimos años. Si Alfonso Sabán ha analizado el marco jurídico de la corrupción política en nuestro país y ha señalado los factores que la promueven («Corrupción, derecho y poder», *Claves de Razón Práctica,* núm. 19, Madrid, 1992), también cabría adaptar a nuestras circunstancias la hipótesis de Albert O. Hirschman sobre las prácticas corruptas de los países en desarrollo como respuesta a la indecisión de tener que elegir entre una imagen del cambio enfocada hacia el grupo (equilibrada e igualitaria) y una imagen del cambio enfocada hacia el individuo (desequilibrada e insolidaria). La decepción producida por el hecho de que los frutos del crecimiento desde 1985 no fueran repartidos equitativamente entre todas las clases quedó reforzada por las exhortaciones gubernamentales al enriquecimiento individual como la vía adecuada para el desarrollo nacional; el resultado fue que algunos cargos públicos, ascendidos a veces socialmente gracias a la política, considerasen levantada la veda y decidieran participar también en esos negocios especulativos que promueven la virtud pública a través de los vicios privados.

Aun cuando los militantes ya no sean precisos como propagandistas ideológicos, ni sus cuotas corran con el peso de financiar a la organización, los partidos los siguen necesitando como candidatos en sus listas bloqueadas y cerradas para ocupar disciplinadamente los cargos públicos que un régimen democrático ofrece a los ganadores de unas elecciones. El botín en juego es impresionante. De un lado, el sistema español es un *Estado de partidos* que confía constitucionalmente a los grupos políticos funciones decisivas en los procesos electoral, legislativo y administrativo. De otro, la Administración interviene cada vez más en la vida económica; la participación del gasto público en el PIB se está aproximando en España a niveles europeos, cercanos al 50 por 100. El acceso a la Administración central, autonómica y municipal de miles de militantes socialistas ha planteado también roces con la *austeridad,* otro antiguo valor de la tradición *pablista.* La victoria del PSOE en las elecciones generales de 1982 y los brillantes resultados en los comicios autonómicos y locales de 1983 entregaron a una organización con apenas 100.000 militantes los resortes del Estado; de esta forma, una demanda improvisada tuvo que hacer frente a una oferta sobreabundante: ministros, subsecretarios, directores generales, diputados y senadores, parlamentarios y altos cargos autonómicos, alcaldes y concejales, directores de empresas públicas, etc. Según Richard Gillespie, uno de cada 3,8 miembros del PSOE ocupaba un cargo público en 1984 (*Historia del Partido Socialista Obrero Español,* Madrid, 1991, pág. 439); ya desde 1979 los socialistas contaban con 190 parlamentarios, 1.125 alcaldes y 11.475 concejales, una suma superior a los 9.141 militantes censados en el Congreso de 1976 (*ídem,* pág. 366).

Clientelismo y despilfarro

Esa irrupción en las Administraciones públicas de los socialistas —de origen plebeyo, elegidos democráticamente (a diferencia del franquismo) y sin la menor vinculación con el anterior régimen (en contraste con UCD)— provocó la sorda irritación del *estableci-*

miento, acostumbrado hasta entonces a disponer del Estado como cosa propia y receloso ante la pujante aparición de una elite competidora. En 1992, tras diez años de poder, las acusaciones de corrupción y las críticas por clientelismo, despilfarro y patrimonialización de la Administración convierten en piadosas las diatribas iniciales de los conservadores. Los socialistas suelen responder a esas descalificaciones globales con el argumento de que los primeros militantes del PSOE soportaron injurias mucho peores; el célebre *gabán de pieles* atribuido a Pablo Iglesias serviría de modelo para esas contestaciones consoladoras. Ciertamente, las imputaciones de prevaricación y cohecho a los cargos públicos socialistas son toscamente calumniosas, si se formulan con carácter general, y requieren pruebas judiciales o indicios razonables, si se refieren a casos particulares. No menos chocarreras suelen ser las críticas dirigidas contra el ascenso social de los socialistas, resumidas en el celebrado chiste reaccionario según el cual el cambio prometido en 1982 por el PSOE era el *cambio de las tres ces* (casa, coche y compañera) para sus militantes. ¿Es preciso recordar que la Administración española paga menos que la iniciativa privada por trabajos igualmente cualificados o que el coste de oportunidad de bastantes altos cargos es muy elevado? Y aun siendo cierto que la política democrática ha servido como vehículo de movilidad ascendente para muchos ciudadanos modestos, las elecciones no suelen ser el atajo eficaz y rápido que toman usualmente las gentes poco escrupulosas para hacer carrera.

Mayor fundamento tienen, sin embargo, las acusaciones de clientelismo dirigidas a los socialistas. Las denuncias de prácticas nepotistas se circunscriben por lo general a la España meridional, donde la familia extensa y los hábitos caciquiles de la cultura rural promueven la hinchazón de las nóminas públicas. Más difundidas se hallan, en cambio, las denuncias de clientelismo político en la contratación de personal para la Administración, que esgrimen como prueba el desmesurado crecimiento de las nóminas estatales, autonómicas y municipales durante estos años; una tendencia, por lo demás, alimentada no sólo por los socialistas, sino también por los populares y los nacionalistas vascos y catalanes allí donde tienen poder para colocar a sus propias gentes.

A medio camino entre la excepción y la regla, las desconsideraciones con el dinero público de algunos sectores del PSOE han arruinado la vieja tradición de austeridad del socialismo español legada por el *pablismo*. En algunas ocasiones, la megalomanía, el deseo de honores o el gusto por los símbolos de *status* han provocado despilfarros presupuestarios, para gloria o comodidad del responsable del gasto, que recuerdan a las prácticas del *potlacht* estudiadas por los antropólogos. Otras veces, los cargos públicos rozan la corrupción en sentido estricto al cargar indebidamente al Tesoro facturas de restaurantes, agencias de viajes y tiendas de lujo. Esa fruición para el consumo conspicuo vebleniano también se expresa mediante la utilización compulsiva de los bienes de carácter posicional de propiedad estatal; aunque la Administración *permita* efectivamente a los titulares de una determinada posición pública el uso de servicios de los que se hallan excluidos los demás ciudadanos, esa autorización genérica no constituye una *obligación* y siempre es susceptible de un empleo discreto. El uso de esos *bienes posicionales* situados fuera del mercado (aviones civiles de las Fuerzas Aéreas, automóviles oficiales, viajes al exterior, residencias estatales, etcétera) más allá de las necesidades oficiales no puede por menos de suscitar reticencias en la opinión pública, sobre todo si sus beneficiarios abominan del déficit presupuestario, anuncian recortes en las prestaciones sociales y exhortan a los ciudadanos a apretarse el cinturón.

El efecto conjunto de todos estos estímulos gratificadores para los cargos públicos ha sido la aparición entre bastantes socialistas de una especie de *patriotismo de Estado*, entendido como un sentimiento de identificación, pertenencia y patrimonialización de la Administración. Esa actitud empática se traduce en el reforzamiento simbólico de la continuidad del Estado frente a las discontinuidades de los gobiernos e incluso los cambios de régimen; el corolario es que los antiguos *servidores* del franquismo sean vistos ahora por los socialistas como servidores *públicos* de un Estado neutro e intemporal. Llevadas las cosas al extremo, esa homologación del pasado con el presente respaldaría la teoría de la circulación de las elites y la suposición de que algunos altos cargos del PSOE aspiraban tan sólo a ser cooptados por la clase dominante.

Libertad y democracia

Si el disfrute abusivo de los bienes posicionales de la Administración contradice las exhortaciones de los socialistas a la *igualdad*, el olvido de su condición de representantes de la sociedad sólo temporalmente instalados en el poder afecta también a la primacía concedida al valor *libertad* (utilizado por el PSOE en los años setenta como seña de identidad: «socialismo es libertad»). En efecto, las libertades y los derechos fundamentales sufren las consecuencias de ese enaltecimiento de la dignidad del Estado; sirva de ejemplo la escasa sensibilidad de los militantes socialistas frente al reforzamiento de las competencias policiales del Ministerio del Interior, algunas actuaciones antiterroristas, el nuevo delito de difamación o los fueros procesales en beneficio de los políticos. Ese mismo impulso hacia la autonomía de la clase política respecto a los electores explica la tendencia de algunos socialistas a interpretar los títulos de legitimación democrática obtenidos en las urnas como cartas de privilegio capaces de orillar los frenos, contrapesos y límites que el Estado de Derecho sitúa en el corazón mismo de las instituciones representativas.

Como vimos más arriba, la descripción del PSOE como un mero «partido de cargos», un temor ya expresado por Fernando Claudín en 1979, tiene el obvio referente empírico de los miles de puestos desempeñados desde hace más de diez años por sus militantes en la Administración central, autonómica y municipal. El crecimiento numérico de la afiliación —de los 100.000 militantes de 1982 a los casi 300.000 de diez años después— parece una respuesta congruente a las expectativas —de *hacer política* o de ascenso social— suscitadas por el poder. Ese depósito de cargos remunerados, controlado por la dirección del PSOE, posee además vigorizantes virtualidades unificadoras. La ingeniosa aplicación a los partidos políticos de los *incentivos selectivos* ideados por Marcus Olson para explicar las paradojas de la acción colectiva (¿por qué sacrificarse para la consecución de un bien público si los esfuerzos de los demás nos lo proporcionarán gratis?) confiere al reparto de prebendas dentro del PSOE la dimensión funcional de disciplinar la militancia. El ejercicio del poder durante un década ha modificado también los estilos organizativos en el sentido de acentuar las distancias jerárquicas (alejando las figuras de los líderes y construyendo el culto a su personalidad), silenciar hacia el exterior las discrepancias dentro de la cúpula socialista (durante mucho tiempo sólo perceptibles por los especialistas familiarizados con los códigos secretos partidistas) y suprimir la heterodoxia (expulsando a los disidentes o marginándolos para provocar su baja voluntaria). Por lo demás, y al igual que sucede con la financiación irregular de los partidos, los socialistas españoles no constituyen una excepción en lo que a la escasa democracia interna de la organización se refiere; si Robert Michels descubrió las tendencias oligárquicas de los dirigentes de los partidos en la socialdemocracia alemana de comienzos de siglo, el resto de las formaciones políticas de la España contemporánea compiten ventajosamente con el PSOE a la hora de conceder exorbitantes poderes a los líderes y de restringir a sus militantes la libertad de expresión, el derecho a estar representados en los órganos de dirección según criterios de proporcionalidad, la libertad asociativa para formar tendencias o corrientes internas y las garantías procesales ante los tribunales disciplinarios.

El conflicto PSOE-UGT

Por lo demás, la estricta disciplina *interna* del PSOE ha caminado en paralelo durante estos años con la no menos severa subordinación *exterior* del partido al Gobierno, sujeción facilitada por la doble condición de Felipe González como jefe del Ejecutivo y secretario general de la organización. La mediación instrumental entre ambas instancias de poder ha sido el Grupo Parlamentario Socialista, estrechamente marcado por las oficinas centrales del PSOE. Pero aunque Gillespie tuviese razón al afirmar que el PSOE se convirtió «prácticamente en un sello de caucho para la política del Gobierno» durante la primera legislatura socialista, los impopulares virajes dados por el Ejecutivo a lo largo de la década (la reconversión industrial de 1984, la reforma de las pensiones de 1985, el referéndum de la OTAN de 1986, el conflicto con UGT de 1988, la participación en la guerra del Golfo en 1990, la reforma del INEM en 1992) sacudieron fuertes cimbronazos a los militantes y plantaron un vivero de rencores prestos a florecer tan pronto como un revés electoral o una pérdida relativa de poder lo favorezcan. Finalmente, la circunstancia de que el vicesecretario general del PSOE se viese forzado en enero de 1991 a abandonar la Vicepresidencia del Gobierno ha creado tensiones inéditas dentro de la cúpula socialista, ha fortalecido la posición de los secretarios regionales y ha producido serios roces entre los responsables del grupo parlamentario y algunos ministros.

Ni siquiera la atracción centripetadora del poder ha logrado impedir los abandonos de algunos veteranos militantes, creadores de nuevos partidos pronto fracasados (Democracia Socialista) o refugiados en Izquierda Unida (como el Pasoc, nacido en 1981 del rejuvenecimiento del PSOE histórico). La discusión sobre los papeles desempeñados en esas escisiones por la ideología y por la ambición personal, por la defensa de posiciones teóricas y por los deseos de poder, resulta casi tan ociosa como el debate sobre la prelación del huevo o de la gallina en la historia de la evolución. Por muy psicoanalizables que sean sus orígenes, los conflictos intrapartidistas engendran de inmediato argumentos ideológicos; y aunque el nacimiento de un cisma tenga carácter doctrinario, el desenvolvimiento de la pugna entre ortodoxos y heterodoxos termina desembocando en una lucha por el poder. En cualquier caso, el conflicto institucional entre el PSOE y la UGT, hasta 1988 el brazo político y el brazo sindical de la llamada *familia socialista,* ha tenido mayores repercusiones para la disciplina organizativa que los abandonos o las expulsiones de militantes aislados.

Sería una ficción jurídica describir la espectacular ruptura del 14-D como una pelea entre dos instituciones independientes; el carné del PSOE de la inmensa mayoría de los dirigentes ugetistas y la afiliación obligatoria a UGT de los socialistas interiorizaron esa pugna, sólo en teoría exterior, a través de los mecanismos de la *doble militancia.* Además, las históricas vinculaciones de interdependencia entre partido y el sindicato —presididos por Pablo Iglesias hasta su muerte— se habían estrechado casi hasta confundirse en el exilio y en la clandestinidad; y la recontrucción de UGT tras la desaparición de Franco fue facilitada al máximo por el efecto de demostración de los éxitos electorales del PSOE, primero, y por las ayudas prestadas desde el poder, después. De haber sido aplicados estrictamente el 14-D los estatutos de ambas organizaciones, Nicolás Redondo, como militante del PSOE, y Felipe González, como afiliado a UGT, hubiesen sido acreedores de graves sanciones por sus responsabilidades cruzadas como secretario general de UGT y como secretario general del PSOE.

Con independencia del papel desempeñado por otros móviles, el conflicto entre las direcciones de PSOE y UGT tuvo como trasfondo la decepción sindical ante el abandono por el partido de algunos postulados del socialismo tradicional, especialmente las políticas orientadas hacia la defensa de la población asalariada y la redistribución del ingreso. Las airadas protestas de UGT tomaban como punto de referencia al fundamentalismo *pablista,* herido en lo más vivo por la mudanza de los tiempos. Esos cambios doctrinales y políticos reflejaban, sin embargo, corrientes de fondo. En términos generales, algunas cuestiones que dividieron profundamente a la España de la Restauración (la forma de gobierno, la religión, la propiedad agraria) no operan en la España posfranquista como factores discriminantes; los socialistas ya no son antimonárquicos, reciben votos de amplios segmentos de electorado católico y tienen una significativa implantación en zonas rurales antes conservadoras. En términos más específicos, relacionados directamente con la estrategia sindical, el crecimiento de los años sesenta, la internacionalización de la economía española, los cambios en la estructura social y el intervencionismo del Estado han restado dramatismo a los conflictos en torno a la distribución de la renta, percibidos ahora como diferentes a los juegos de suma cero de la interpretación marxista; y aunque las listas electorales del PSOE continúen siendo favorecidas por los asalariados, también reciben apoyo de los funcionarios, las viejas clases medias, los profesionales y los empresarios.

Viejos y nuevos valores

Era inevitable que los cambios de sensibilidad de la sociedad posfranquista terminasen reflejados en el programa de gobierno de un partido con vocación mayoritaria como el PSOE. El análisis de los flujos de ganancias y pérdidas electorales a lo largo de esta década permitiría seguramente determinar hasta qué punto algunos virajes de política socialista (en materia de seguridad ciudadana o de regulación de la huelga, por ejemplo) se hallan correlacionados con un corrimiento de sus apoyos sociales hacia el centro derecha, compensador de un posible retroceso paralelo por la izquierda y el centro izquierda; esas eventuales transformaciones moleculares del electorado permitirían a los socialistas intercambiar los votos de los trabajadores pasados a Izquierda Unida o refugiados en la abstención por sufragios de clases medias, amas de casa o jubilados.

A las señales transmitidas al PSOE por un electorado más moderado y al aprendizaje derivado del ejercicio del poder se han unido, como manifestación local de un terremoto que sacude a toda la socialdemocracia europea, la desconfianza en las nacionalizaciones, la crisis fiscal del Estado del Bienestar (con sus implicaciones para el suministro de prestaciones sociales y el mantenimiento del pleno empleo) y la pérdida de eficacia de algunas políticas redistributivas clásicas. De otro lado, el derrumbamiento de la Unión Soviética y del sistema basado en la propiedad pública de los medios de producción y la planificación central no significa sólo el fracaso de las recetas comunistas para superar la economía de mercado; esa quiebra también afecta a la izquierda socialista defensora de los viejos ideales definidos por el programa del PSOE de 1880: la lucha por una sociedad democrática en la que los «instrumentos de trabajo» fuesen «propiedad común» de la sociedad entera. Porque tanto el colapso del modelo soviético como las disfunciones de algunas políticas socialdemócratas advierten que las actuaciones públicas y las regularizaciones intervencionistas orientadas a corregir los *fallos del mercado* pueden terminar produciendo *fallos del Estado* todavía más graves.

Si la fracasada experiencia de los socialistas franceses en 1981 disuadió a sus correligionarios españoles de recurrir a las nacionalizaciones y a las políticas de demanda, los problemas registrados por la economía española en 1992 después de varios años de bonanza señalan los estrechos márgenes de cualquier política reformista. Los recursos escasos ponen siempre un tope a la demanda creciente de asistencia sanitaria, formación educativa, pensiones y subsidios de desempleo que la sociedad dirige a un Estado sobrecargado. Las resistencias de la realidad han impuesto un severo correctivo a aquellos socialistas que se creyeron capaces de lograr el pleno empleo y proceder a una redistribución igualitaria de la riqueza sin disminuir el ahorro, frenar la inversión y aumentar la inflación. La respuesta del PSOE a las dificultades de estos años ha sido hacer de la necesidad virtud: dar prelación —en terminología de Felipe González— a la *eficacia económica* sobre la *eficacia social;* esto es, conceder la preferencia al crecimiento frente a la redistribución, a la función empresarial frente a la función de reforma, al desarrollo de las fuerzas productivas frente a la modificación de las relaciones de producción, a la política de oferta frente a la política de demanda, a la inversión financiada por los beneficios empresariales frente al consumo alimentado por los salarios laborales. Pero la *solidaridad* —otro antiguo valor socialista— encuentra a corto plazo difícil acomodo dentro de una política económica que se propone contener los salarios reales de la población ocupada a fin de liberar los recursos necesarios para generar a través de la inversión privada puestos de trabajo en el futuro; un acomodo todavía más duro cuando el agujero financiero del subsidio de desempleo obligó en 1992 a reducir las cuantías y el tiempo de las prestaciones a los parados. Los objetivos de la solidaridad socialista también han cambiado en el área de las relaciones exteriores: el tercermundismo vocacional y el neutralismo programático anteriores a 1982 han dejado paso a la integración en las instituciones europeas y la alianza militar de la OTAN, a la vez que un nuevo *patriotismo* sustituye como emoción primaria al viejo *internacionalismo*.

En efecto, la orfandad ideológica producida por el descoloramiento de las viejas banderas de la preguerra y por las dificultades del Estado del Bienestar no ha podido ser prohijada por ningún cuerpo de doctrina alternativo; la fugacidad del programa 2000 muestra cómo la práctica política guiada por la lógica del poder desprecia las teorizaciones justificadoras seleccionadas por los especialistas entre las últimas novedades del mercado internacional de modas doctrinales. Pero los partidos siempre necesitan imágenes y consignas capaces de conferir sentido unitario a su acción, fortalecer su identidad colectiva, movilizar al electorado y prefigurar voluntaristamente el futuro. En un nivel emocional, el patriotismo español, el sentimiento europeísta y las referencias al interés general son los principales llamamientos de los socialistas. El españolismo del PSOE descansa sobre el hecho cierto de ser el único partido con implantación real en todo el territorio, desde el País Vasco hasta Andalucía. Los socialistas hacen compatible ese nacionalismo con la apuesta europeísta; la circunstancia de que España ingresara en la Comunidad y firmase la Unión Política y Económica bajo un gobierno socialista contribuye a su identificación con el futuro comunitario. Finalmente, el PSOE propende a contemplarse narcisistamente en un espejo que le devuelve la satisfactoria imagen de una década de triunfos electorales. Aunque los fracasos de la concertación social y las invocaciones al derecho de autodeterminación del nacionalismo periférico enturbien ocasionalmente esa euforia, los socialistas se ven como el único partido capaz de trabajar por el interés general frente a los corporativismos, de agregar las demandas sociales por encima de los egoísmos particularistas y de articular las diversidades territoriales para representar al pueblo español en su conjunto. La vanagloria de la nobleza y generosidad de las propias motivaciones y la desconfianza respecto a las intenciones supuestamente mezquinas y sórdidas de los adversarios cierran el cuadro.

Identificado el PSOE con el Gobierno, el Gobierno con el Estado y el Estado con la nación, apenas queda espacio para las discrepancias dictadas por la buena fe y los intereses legítimos; en sus momentos peores, el Ejecutivo mirará a la oposición como una nueva encarnación de la Anti-España. Tal vez esa insistencia de los socialistas en los componentes moralistas y patrióticos de su mensaje sea inevitable: a medida de que los partidos operan sobre segmentos comunes del electorado y aproximan sus programas de gobierno y de política económica, sólo el egotismo institucional puede marcar esas diferencias que las contiendas electorales exigen.

Pragmáticos, demagogos y reformadores

¿Qué sucede, entonces, con los valores que animaron hasta hace pocos años la conducta personal y la práctica política de los socialistas? Los pragmáticos se han reconciliado con la realidad: la política es el arte de lo posible, el voluntarismo del poder produce efectos perversos y los cargos públicos imponen a sus titulares el recitado de un papel previamente escrito. Desde ese punto de vista, los valores serían meras racionalizaciones de intereses y necesidades sociales; los ideales del *pablismo,* lejos de anticipar el futuro, reflejaban el pasado en forma de puritanismo artesanal y pequeñoburgués. En el extremo opuesto, los revolucionarios sin causa dentro del PSOE optan por la huida hacia adelante y por la rutinaria apelación a la utopía como fórmula culturalmente acreditada para los profesionales de la buena conciencia; aun a costa de profundizar la brecha entre lo que se dice y lo que se hace, esa sensibilidad demagógica relega a un luminoso porvenir las realizaciones que sólo las conjuras externas y las traiciones internas impedirían llevar a cabo en el presente. Pero el anuncio de la ciudad futura, justificadora ante los militantes de la larga espera, no impide a sus heraldos la ocupación y el disfrute del poder en el presente; además, el recurso al populismo les permite descalificar a sus adversarios con esterotipos denigratorios y presentarse a sí mismos como custodios del fuego revolucionario. Finalmente, los reformistas, enfrentados a la vez con el escepticismo de los pragmáticos y el cinismo de los populistas, reivindican los viejos valores socialistas, tratan de analizar las razones por las que algunas políticas socialdemócratas diseñadas para realizarlos han fracasado o han producido efectos perversos y buscan nuevos caminos en medio del desconcierto producido por las dificultades del Estado del Bienestar y el derrumbamiento del llamado *socialismo real*.

El escenario de la política española ha quedado transformado tras la experiencia de la década socialista; si después del 23-F supimos que la derecha había renunciado al involucionismo, ahora también conocemos el alcance de las promesas hechas desde la oposición por los socialistas. Pero si los márgenes de la política económica son cada vez más estrechos y la lealtad al sistema de las principales formaciones parlamentarias está garantizada, el terreno para las futuras batallas interpartidistas serán la eficacia de la gestión, la buena administración del presupuesto, la aceptación del imperio de la ley, el cumplimiento de las reglas del juego democrático y el fomento de la participación ciudadana. Tal será el probable contexto en el que tendrán que competir las corrientes y los grupos que aspiren a gobernar en el futuro las ideas, los votos y el patrimonio del PSOE. Aunque los éxitos electorales a lo largo de la década y el liderazgo de Felipe González hayan minimizado hasta ahora las fisuras de la organización, un cambio de fortuna ante las urnas y la renuncia del presidente del Gobierno a seguir desempeñando su cargo abrirían probablemente la caja de Pandora del debate interno. Podría suceder, entonces, que la orientación pragmática predominante en el seno del Gobierno entrase en colisión abierta con la orientación populista afincada en el *aparato* del PSOE, tal y como empezó a ocurrir desde que el vicesecretario general del partido abandonó a comienzos de 1991 la Vicepresidencia del Ejecutivo; una situación que dejaría espacio a la orientación reformista para tratar de mediar en el conflicto y ofrecer soluciones conciliadoras e integradoras.

Epílogo. El final de una etapa

Este libro nació de un deseo de reflexión para el futuro, ante la certeza de que estamos viviendo el final de una etapa política. Etapa trascendental, que ha marcado con huella imborrable la historia de este país, y que va a dejar importantes enseñanzas. Unas, aprovechables; otras, a corregir. Etapa que era imprevisible y que, en todo caso, parece hoy irrepetible.

La estela de esta etapa obliga a un ejercicio de reflexión y balance, y esto es lo que los dos coordinadores de este libro plural van a realizar aquí. Las conclusiones no pueden ser el resultado unánime de todas las reflexiones expuestas; pero están basadas en ellas, como no podía hacerse de otro modo en un libro colectivo, aunque la responsabilidad, en este caso, es de los coordinadores.

La mención de una década está llena de simbolismo y los balances tienden a considerar que diez años son bastantes como para cerrar toda una época. Pero hoy se advierten síntomas para diagnosticar el final de una etapa política por razones más profundas. No estamos haciendo pronósticos electorales ni anunciando la derrota de la actual mayoría parlamentaria, sino diciendo que los síntomas políticos indican que se aproxima un momento de cambio. Ahora ya somos todos escépticos respecto a la posibilidad de que una fuerza política sea capaz por sí sola y en un corto plazo de tiempo de resolver todos los problemas de una compleja sociedad moderna como es la española. Por otro lado, se ha ampliado de manera sustancial el ámbito de coincidencia en un buen número de materias como el rumbo general de la política económica y la realización de la política exterior, algo que era motivo de discrepancia en 1982. Incluso en estos años se ha producido una aproximación notable entre los programas y las respuestas de los dos importantes partidos de izquierda y derecha, hasta el punto de que hoy es más correcto hablar en España de un centro-izquierda y un centro-derecha. Esto da una base de estabilidad a la situación política, al garantizar un turno de poder sin convulsiones. En todo caso, la época de las mayorías parlamentarias absolutas parece haber concluido y la preocupación de 1982 por la estabilidad política ha dejado de ser un problema. El temor principal hoy es otro: que durante la década 1982-1992 el sistema político haya sufrido deterioro por esa voluntad constantemente advertida de un poder político volcado a evitar contrapesos y a ensanchar exageradamente su presencia.

La experiencia colectiva de estos últimos diez años tiene que servir para intentar inspirar la evolución colectiva hasta el final de siglo. El juicio acerca de los diferentes aspectos de la realidad española —como el que aquí se intenta— habría de servir de fundamento y enseñanza para cuanto haya de venir.

La estabilidad democrática

Hay que empezar por recordar, en el capítulo de los aspectos positivos de la década, el muy diferente clima en el que se plantearán las elecciones de 1993 en comparación con el de la consulta de 1982. Se difundió aquel año una sensación milagrera según la cual todos los problemas podrían quedar resueltos en un plazo muy corto. Esa actitud no era sino una respuesta a las angustias del momento, que no se reducían sólo a los problemas económicos, sino que se referían también a los políticos, reciente aún el recuerdo del golpe de Estado del 23-F y, por tanto, de la posibilidad de muerte por infarto de la democracia española. Ahora estamos en una situación diferente y mucho mejor. España está sólidamente instalada en la normalidad democrática, con un sistema político centrípeto en el que las oscilaciones de la opinión se mueven entre un centro-izquierda y un centro-derecha. Puede parecer que eso es poco, pero, para un país de nuestro pasado histórico, es muchísimo.

La moderación del partido y del Gobierno

Al margen de este cambio de clima, son dos los terrenos en los que se debe juzgar como positivo el balance de la década que concluye: el concepto y la naturaleza de la política económica y la gestión de las relaciones exteriores. Hay una primera razón para mostrar satisfacción y que podría enunciarse así: la suerte por el infortunio evitado. Todo hace pensar que si el PSOE hubiera hecho todo aquello que dijo, la situación habría sido y sería hoy mucho peor. Los dirigentes socialistas supieron rectificar espoleados por Felipe González, el primero que vio la necesidad de moderar un partido y una política de gobierno. El principal éxito del Gobierno socialista fue conseguir ser bien recibido. Para el sector radical del partido, eso ha supuesto una abdicación de parte del programa histórico; mas para el país y para el futuro del propio partido ha sido una inapreciable inversión de futuro.

El camino de la ortodoxia económica

Podría parecer contradictorio, en el momento en que afloran graves desajustes económicos, destacar la parcela de la política económica como un acierto de la década socialista. Pero hay que remontarse a diez o quince años atrás y recordar qué política económica ofrecía el PSOE: estatalismo, dirigismo, control. Ha sido un acierto y una suerte que el PSOE encaminara su gestión económica por caminos más ortodoxos. A diferencia de lo sucedido en Francia, no hubo dudas respecto a la política económica a seguir, a pesar de que el programa parecía incurrir en los errores que se rectificaron allí una vez demostrados sus inconvenientes. El crecimiento que la economía española ha experimentado a partir de la segunda mitad de la década ha sido notable y ha recordado momentos de la década de los sesenta. Por ese procedimiento hemos superado el retraso relativo producido al comienzo de la transición por las dos sucesivas crisis energéticas. En un momento en que no es frecuente el elogio, hay que alabar el fundamento esencial de la política seguida por Miguel Boyer y Carlos Solchaga (y, al fondo, Felipe González), que no sólo consiguieron estos éxitos, sino que han tenido el mérito de instalar en los modos de gobierno en España una ortodoxia económica que va a ser ya irreversible. Hay que recordar que esa ortodoxia no surgió en los primeros escarceos. Piénsese en la polémica expropiación de Rumasa, cuyas consecuencias todavía colean, vista hoy como uno de los grandes errores de González y su equipo, y que anunciaba una cadena de realizaciones de una política económica intervencionista. En el capítulo de las realizaciones concretas, hay que recordar que la coyuntura mundial fue un factor mucho más importante que la propia gestión gubernamental para explicar esos años tan positivos y que la política de infraestructuras se caracterizó precisamente por aquello que parece impensable en una gestión socialdemócrata: la carencia de planificación. Los gestores socialistas, por lo demás, han abusado del capítulo del gasto público y de la recaudación de impuestos en una carrera cuyo final aún no se vislumbra.

Despilfarros y problemas persistentes

Ahora en que parece que se vuelve a las angustias económicas de hace una década, pero con mayor presencia en el contexto europeo, se ve que lo que se ha hecho, más que acortar distancias con respecto a Europa, ha sido recuperar el tiempo perdido en lo económico durante la complicada operación política de la transición. Persisten problemas muy graves en la economía española cuya solución no está sólo en las manos del Gobierno, como el paro o el déficit comercial. Pero, sobre todo, se aprecian de forma clara los despilfarros perpetrados durante lo que en un capítulo de este libro se llama el «éxtasis» económico. La enfermedad de ese momento parece haber sido mucho más la megalomanía que el electoralismo. Era tan grande la primera que ni siquiera se pensaba en las elecciones.

Política exterior: normalización y prestigio

Otro aspecto positivo en el balance es el que se refiere a la posición española en el mundo. Aquí sí hubo un titubeo inicial entre los gestores gubernamentales e incluso un posterior deseo de eludir cualquier debate de fondo sobre el particular. Pero también se rectificó a tiempo. En el seno del PSOE se sufrió una auténtica agonía acerca de la OTAN; el hecho de haber entrado en ella lleva a perdonar el modo en que se hizo (con una pregunta que recuerda a la del referéndum andaluz de 1980). El prestigio logrado por Francisco Fernández Ordóñez como segundo ministro de Asuntos Exteriores de González se explica de modo principal por haber llevado a cabo la normalización de la posición española en el mundo. El papel internacional de España es hoy muy superior al logrado en cualquier otra época del período contemporáneo. La asignatura pendiente de la política exterior española son las relaciones con la Iglesia, que deberían estar más normalizadas (aunque este asunto afecta de modo principal a la política interna).

Servicios sociales y la igualdad no alcanzada

Hay otro aspecto generalmente apuntado como positivo: el que se refiere a la extensión de los servicios sociales. Por supuesto, no puede atribuirse a los socialistas el origen de la política social, que se remonta a los años sesenta y que en términos porcentuales experimentó un mayor crecimiento en los años de la transición. Pero los gobernantes socialistas han mantenido la tendencia y quizá han logrado sus mayores éxitos en la difusión de la educación y de la investigación y en la elevación de las pensiones (al margen de todos los problemas de la calidad de los servicios, a lo que se hace mención más adelante). Con todo, un interrogante queda por resolver: si la sociedad española es más o menos igualitaria tras una década de poder socialista. En muchos aspectos, la sociedad se ha transformado y lo ha hecho en un sentido que podríamos definir, de manera genérica, como modernizador. Pero eso no ha dependido fundamentalmente de la acción gubernamental, sino de su propia espontaneidad. Por otro lado, muchos datos estadísticos nos ponen en contacto con la realidad de una España que viene del pasado y que está aún lejos de desaparecer: repárese en el porcentaje de población activa dedicada a la agricultura, doble que el de Francia. Nuestro país padece, al tiempo, fenómenos típicos de sociedades modernas, como esa aparición de pobreza aliada a la marginalidad que en una sociedad opulenta divide a los ciudadanos en parias y brahmanes, por utilizar la expresión empleada por Alain Minc. En conjunto, aunque no se puedan ofrecer cifras concretas, da la sensación de que, a pesar de la extensión de los servicios sociales y del crecimiento de la riqueza, se ha producido una estabilización o incluso un ligero aumento de la desigualdad ya existente en la sociedad española. A ello debe de haber contribuido esa cultura del enriquecimiento rápido que tan frecuente se ha hecho en España durante los últimos años.

Libertad y ocupación de la sociedad

En el ambiente de 1982 hubiera resultado inconcebible que alguien pudiera acusar a los flamantes dirigentes socialistas de ser poco escrupulosos en la defensa de las libertades. La realidad hoy es que se ha producido un cambio radical de percepción, que se explica por el afán gubernamental de ocuparlo todo. En un sistema político como el español parecía poco probable una situación de mayoría parlamentaria absoluta. Y ha ocurrido que, con ella, aunque no por causa de ella, sino por la utilización que de ella se ha hecho, se ha producido una modificación en la práctica del sentido de varias instituciones cardinales. Los gobernantes han considerado que con la mayoría absoluta todo estaba permitido, y se ha llegado a una situación peligrosa en la que el Parlamento no sólo no puede controlar la acción del Gobierno, sino que a menudo ni siquiera puede conocer el funcionamiento de la Administración. El Consejo General del Poder Judicial y el Tribunal Constitucional han visto modificada la forma de elección de sus miembros con perjuicio para su independencia y para su autonomía. A esta tendencia del Gobierno a utilizar su mayoría absoluta en todos los terrenos hay que sumar ese fenómeno de reparto de cuotas, al que propenden unos partidos que pretenden construir su influencia en la sociedad mediante la ocupación de parcelas de poder a la menor posibilidad que se les dé, como ha ocurrido en el Tribunal de Cuentas o en el Consejo de Administración de RTVE. El resultado, como se dice en un capítulo de este libro, es el «agusanamiento» de estas instituciones sobre las que pende una doble sospecha de utilización partidaria. Y esto se produce en un momento en que parte de la arquitectura constitucional (el sistema de organización territorial o el Senado) no ha acabado de perfilarse por culpa precisamente de quienes se reparten las cuotas de poder o de influencia. Estas circunstancias han ocasionado una cierta prevención en el ejercicio de la libertad, una consideración de la Administración como una base de actuación que debía ser ocupada en su totalidad (no se hallará a muchos subdirectores generales en puestos clave que sean críticos con el PSOE), ningún deseo de tratar la protección de las libertades en una ley orgánica general, una legislación sin duda restrictiva al respecto en casos concretos, un uso de los medios públicos de información en beneficio propio y múltiples decisiones sesgadas a la hora de repartir poder o influencia entre los privados.

El supuesto liberalismo socialista

Todas aquellas circunstancias han producido, en general, un miedo a opinar sobre cuestiones relativas al poder político, lo que es una grave contrariedad, porque el miedo a hablar por temor a sufrir las consecuencias hace menos libre, menos espontánea y menos transparente a la sociedad. Describir una situación como esta utilizando el término «dictadura» es inaceptable y permite sospechar de la ecuanimidad de quien lo dijera. Pero es obvio que el liberalismo no es sólo un conjunto de normas de aplicación en el funcionamiento de las instituciones, sino también un talante. Con frecuencia, los dirigentes socialistas recuerdan aquella frase de Indalecio Prieto según la cual era «socialista a fuer de liberal». Pero es más que dudoso que haya caracterizado a los socialistas un verdadero talante liberal durante esta década. Valga tan sólo citar dos ejemplos relativos al orden público. Ha habido un problema evidente de desconcierto y dejadez (recuérdese, por ejemplo, cómo el primer Gobierno socialista titubeó ante el problema de las drogas) y ha habido también un problema de ineficacia policial, lo que ha llevado a la multiplicación de los actos delictivos, pero nada de ello justifica una Ley de Seguridad Ciudadana imprevista, que amenaza seriamente contra la libertad individual. Segundo ejemplo: el caso GAL ha llegado a su término judicial con la condena de dos de sus cabezas visibles, pero ha demostrado que entre las autoridades gubernamentales no abunda precisamente la sensibilidad liberal respecto de las normas exigibles en un Estado de Derecho.

La gran ocasión perdida

Antes de entrar en el gran problema político de la década, la corrupción, unas palabras sobre la gran ocasión perdida por el PSOE y, a fin de cuentas, por toda la sociedad. En 1982, los candidatos socialistas eran los adalides de la moral pública. Iban a cambiar este país y los comportamientos públicos. El pueblo, además, así lo creía, en un caso de convencimiento colectivo que no se repetirá. Pero el resultado ha sido un rotundo y desalentador fracaso. Con el PSOE en el poder se han repetido los peores vicios de la función pública, y algunos se han acentuado. Iban a cambiar este país y, en realidad, han cambiado ellos. Ha sido una gran ocasión perdida, una ocasión histórica, que tardará en repetirse. Este fracaso queda ya anotado entre los peores recuerdos que aquel equipo de gobierno casi mágico deja hoy, diez años después, entre una ciudadanía defraudada.

Corrupción: el daño y el rearme

La corrupción, que no había sido protagonista del escenario político durante las dos primeras legislaturas socialistas, se ha convertido en una cuestión tan exclusiva durante la última que sin duda ha ocupado mucho más tiempo y espacio en los medios de comunicación que cualquier otra. Eso no quiere decir que corrupción no hubiera antes. Corrupción había en el franquismo, y en lo que afecta a los socialistas parece obvio que la hegemonía parlamentaria pudo contribuir a ocultarla. En realidad, no es un fenómeno español, sino que se ha descubierto en muchos países y en todos los sistemas. Como en Italia o en Francia, el argumento justificativo se basa en la necesidad de financiar las costosísimas campañas electorales. El grado de difusión del fenómeno no tiene, por supuesto, límites ideológicos, de tal modo que este aspecto negativo afecta a la totalidad de la clase política y no ha de atribuirse tan sólo a quienes han ejercido el poder central; si acaso resulta especialmente hiriente por el contenido de su programa en 1982. La comparación con la etapa del franquismo es, en todo caso, imposible porque sólo se conoce allí donde hay libertad de información y porque un problema de moralidad política de este tipo sólo se puede plantear en una democracia; quien se apodera de lo más valioso, la libertad de los demás, no es extraño que lo haga también de los bienes públicos.

De todos los modos, no es, por supuesto, aceptable presentar la corrupción en España como algo inevitable y justificado porque exista en otras democracias y además entre nosotros ha tenido algunos rasgos diferenciadores respecto de lo ocurrido en otras latitudes. Entre nosotros la corrupción se ha instalado en el corazón mismo de la vida de los partidos, como testimonian el caso Filesa y el caso Naseiro-Palop-Sanchís, y ha afectado a personajes de la primerísima fila de la vida nacional; sin llegar a ser como el de Grecia, nuestro caso parece peor que el de Italia o el de Francia, en donde el fenómeno, a fin de cuentas, se ha restringido a excepciones. Por desgracia, la respuesta a la corrupción ha sido una lentísima tramitación exclusivamente judicial, mientras que los propios partidos han colaborado muy poco, al mostrar una tendencia exculpatoria muy manifiesta. La falta de sensibilidad en esta materia por parte de la clase política ha sido enorme, y eso solo explica que se haya tardado todo un año en decidir la dimisión de Alfonso Guerra como vicepresidente del Gobierno. También es una triste novedad que entre las listas de las empresas que han aceptado pagar comisiones a los partidos figuren algunas de las más importantes del país. Ha habido, en fin, otra característica propia y es el nacimiento de todo un sector de intermediación que en sus orígenes pudo tener relaciones con la política, pero que, con el paso del tiempo, se ha convertido en autónomo y ha trabajado en exclusivo beneficio propio.

A veces se tiene la sensación de que la corrupción se ha convertido en un gigantesco motivo de atasco de la vida pública que no acaba de resolverse e impide referirse a cualquier otro problema. En realidad no tiene otra solución que la reacción de la propia clase política, que debe establecer códigos de conducta no sólo relativos a lo que resulta sancionable (para eso están las leyes), sino sobre todo a las conductas que, sin constituir delitos, no son admisibles en una persona que ocupa un cargo público. Las medidas legales (como, por ejemplo, la tipificación del tráfico de influencias como delito) van a tener un papel menor en la erradicación del fenómeno y lo mismo puede suceder con la reducción del coste de las campañas electorales si no hay una voluntad decidida en la clase política. El daño hecho es ya irreversible, pero existe la esperanza de que una reacción, que sólo puede ser colectiva y que no debe, por tanto, ser utilizada en la lucha partidista, pueda servir para el rearme moral de la democracia y de la propia sociedad española.

La eficacia del Estado

A la hora de valorar la eficacia del sistema político, hay que atribuir una palmaria nota negativa a la gestión gubernamental. En frase famosa, el presidente González contestó a un periodista que le preguntaba acerca del contenido de la promesa del cambio que anunciaba, que «el cambio es que el Estado funcione». Lo que las encuestas dicen, a estas alturas, es que un número cada vez mayor de españoles piensa que paga mucho en impuestos para lo que se le da en servicios, y que, por tanto, el Gobierno desperdicia gran parte del dinero que recibe. De esa manera, la extensión de los servicios o del aparato estatal se ven como cargas que no acaban de solucionar los problemas. Las mejoras de las infraestructuras se han planificado tarde y mal, y el ciudadano tiene la sensación de que siempre han sido insuficientes. La demanda a menudo va muy por encima de lo que la Administración puede ofrecer en materias como, por ejemplo, Justicia, cuando la ampliación de plantillas se enfrenta a un mayor grado de litigiosidad, o Sanidad, cuando las listas de espera se hacen interminables. La falta de planificación, el sometimiento a criterios partidistas, la promoción de quienes no tienen las capacidades exigibles para los puestos que ocupan pero sí el apoyo del partido, han sido algunos de los defectos advertidos, que no han dejado en buen lugar la gestión pública durante estos años.

La incógnita de 1993

Como ya se ha señalado, el panorama parece destinado a cambiar en el transcurso de 1993, según todos los indicios que proporcionan las encuestas de opinión. El clima económico contribuye a ratificar esta impresión: la crisis, ahora como en 1982, tenderá a favorecer el cambio en el voto. Pero, por si fuera poco, hay motivos adicionales para la incertidumbre en la situación de las dos grandes políticas en las que parece evidente que, de una forma u otra, ha de estar el centro de gravedad de la política española. Algún malintencionado podría decir que el mayor mérito de Aznar consiste simplemente en estar dirigiendo la oposición después de diez años de gobierno socialista: su mayor activo es el desgaste endógeno del adversario. La verdad es que una de las razones más poderosas por las que el Gobierno socialista ha durado diez años ha sido el estado de la oposición. En ella siempre han convivido dos almas —la de la derecha clásica española y la del centro—, ha mantenido durante mucho tiempo una situación constituyente y se ha visto sustituida por la prensa en la labor de control y por los sindicatos en la función de tribuno de la plebe. No tiene en sus filas a lo mejor del centro-derecha español y no ha sabido enarbolar la bandera de la honestidad moral con todas sus consecuencias. Pero, aunque su propuesta alternativa carece a menudo de coherencia interna, lo cierto es que empieza a abrirse camino en la sociedad española. José María Aznar, por lo demás, ha cambiado el aparato del partido que encontró en 1990 y ha logrado formar un grupo de nuevos políticos que se presentan ante la sociedad exentos de hipotecas.

El PSOE llega a la celebración de su década de presencia en el poder en una situación que le debe resultar inesperada. Es probable que los eventos extraordinarios del 92 no fueran pensados en términos electoralistas, sino como una sobreabundancia de la autocomplacencia y del grado de confianza en sí mismos un tanto megalómano de quienes están en el poder. Pero, ahora, la inesperada recesión económica se alía con el desvelamiento de los errores en la gestión anterior y sobre todo con un cambio en el apoyo electoral socialista que testimonia su debilidad en el medio urbano y la quiebra de sus apoyos tradicionales. Lo más permanente del PSOE a estas alturas es un Felipe González que pierde aprecio público al mismo tiempo que conserva ventaja respecto de Aznar. De ahí que se plantee con cierta preocupada crispación la cuestión de si figurará al frente de la candidatura socialista: es el mayor activo de su partido, que le necesita mucho más que hace diez años.

En estas circunstancias, la incógnita central de la vida política española es la recomposición del mapa electoral; en concreto, la dimensión de la caída del PSOE y la fuerza de la subida del Partido Popular. Cuando se cumple el décimo aniversario del partido socialista en el ejercicio del poder, todas las posibilidades están abiertas, con la crisis económica en el trasfondo. También todas las posibilidades futuras permiten ser barajadas. Las dos más viables son el centro-izquierda actualmente configurado (PSOE con los nacionalistas de Convergència i Unió y del Partido Nacionalista Vasco) y el centro-derecha posible (con el PP y esas dos formaciones entre otras nacionalistas o regionalistas). Incluso es posible un gobierno de «gran coalición». Pero los pronósticos en política son inútiles. Lo único patente hoy, diez años después del clamoroso triunfo electoral del PSOE de 1982, es que se está cerrando un ciclo histórico, tras lo cual nada volverá a ser igual en la política española.

Documentación. Una cierta decepción

José Carlos Duque

La década de mandato socialista supone para la mayoría de los españoles una cierta decepción, por el balance negativo de estos diez años de gobierno del PSOE.

Una buena parte de esos diez millones de ciudadanos que dieron su voto al partido socialista, aquel ilusionado 28 de octubre de 1982, jamás hubieran creído que, dos lustros más tarde, la economía española pudiera estar en unos niveles tan precarios o peores que en el mismo momento de depositar el sufragio.

Aquel día tenían confianza en el «cambio» ofrecido por los jóvenes candidatos socialistas e incluso se alegraban de que algunos líderes progresistas recordaran el pasado franquista a sus oponentes del centro y de la derecha.

La mitad del electorado confiaba en Felipe González, en Alfonso Guerra, en Carlos Solchaga... [1].

Y nunca podría pensar que, en lugar de proporcionar inminentemente esos 800.000 puestos de trabajo prometidos un mes antes de las ganadas elecciones, los cinco gobiernos socialistas que se sucedieron hasta 1992 hubieran elevado la tasa de paro [2]. Tampoco

---

[1] El PSOE logró 10.127.151 votos en las elecciones de 1982, el 48,4 por 100 de los votos válidos, 202 escaños (57,71 por 100 del total) *(Nueva Revista,* febrero 1990; *Anuario El País,* 1991).

[2] La tasa de paro en 1982 era del 16,13; en el primer semestre de 1992, del 16,5. (Informe económico 1991 del BBV y Encuesta de Población Activa [EPA], del INE).

podrían imaginar esos diez millones de votantes iniciales del PSOE que al final de la década, los socialistas en el poder incrementaran el déficit público, que elevaran la deuda externa, que aumentaran de forma galopante los impuestos, mucho más sobre los trabajadores y las clases medias, y que existiera una pérdida de la mitad del valor real de la peseta.

No sospechaban, ni por asomo, que en la Administración socialista, que tanto habían anhelado, se produjeran casos de corrupción. Que el vicepresidente Alfonso Guerra se viera forzado a dimitir por el escándalo del despacho que utilizó su hermano en la Delegación del Gobierno en Andalucía y desde el cual, en Sevilla, realizó oscuras operaciones mercantiles aprovechándose de su influencia.

No creían que dimitiera también el ministro Julián García Valverde por sus implicaciones en la irregular compravente de terrenos de RENFE. Que Pilar Miró, directora general de RTVE, malgastara fondos públicos en vestidos, joyas y regalos. Que la presidenta de la Cruz Roja, Carmen Mestre, desviara fondos de la caridad de todos los españoles para destinos distintos a los del marginado pueblo kurdo...

Muchos de los diez millones de votantes socialistas que llevaron a Felipe González al poder, no podrían barruntar que más tarde el PSOE, al que apoyaron masivamente, se pudiera financiar irregularmente a través de empresas como Filesa, Malesa y Time Export. O que el «caso Ibercorp» pudiera acabar con la carrera política de un presidente del Banco de España, Mariano Rubio, que llevaba quince años en la cúpula de esa institución.

A gran parte de esos electores no se le hubiera pasado por la cabeza que no existiera castigo legal para el tráfico de influencias y que sólo ahora, al final de la década de poder socialista, se contemple este delito en el proyecto del nuevo Código penal. En esta renovada norma que, paradójicamente, penaliza el delito de difamación para la prensa, como en los tiempos de la dictadura del general Primo de Rivera.

Si aquellos masivos votantes socialistas hubieran tenido entonces conciencia de la situación actual, si les llegara actualmente el mensaje claro de una oposición seria, reaccionarían y obrarían de distinta manera.

Pero cada partido ha tenido su cruz y sus escándalos. El PP, el «caso Naseiro» y el «caso Hormaechea»; el PNV, el «caso de las

Causas de la corrupción

¿En que medida (mucha, M; bastante, B; regular, R; poca, P o muy poca, MP) diría usted que la culpa de la corrupción que pueda haber ahora corresponde a...?

	M	B	R	P	MP	NS/NC
La forma en que se financian los partidos políticos	25	31	10	9	4	21
La inexistencia de leyes que la castiguen adecuadamente	36	35	8	6	2	13
La pérdida de valores morales en nuestra sociedad	33	32	10	7	5	13
La falta de interés por parte de los políticos en acabar con ella	38	32	10	4	3	13
La pérdida de valores morales en quienes se dedican al vida política	37	30	10	5	3	15

¿Diría usted que el Gobierno combate de forma adecuada la corrupción que pueda haber en nuestra vida pública o cree que podría hacer más? ¿Y las Cortes (el Parlamento)? ¿Y los tribunales?

	Gobierno	Cortes	Tribunales
Combate de forma adecuada	7	7	8
Podría hacer más	85	80	80
NS/NC	8	13	12

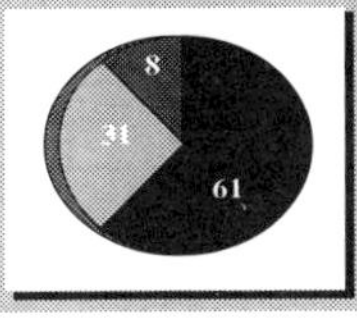

¿El tema de la corrupción en la vida política es algo que tiene arreglo o se trata de algo prácticamente inevitable?

NS/NC
Prácticamente inevitable
Tiene arreglo

Cuando se habla de corrupción en la vida pública ¿en qué caso o situación concreta piensa usted? Es decir ¿Que es lo primero que le viene a la cabeza?

Respuestas espontáneas a pregunta abierta, en porcentaje

El caso Guerra	19
Delincuencia, drogas	11
Ibercorp	8
Sistema financiero, dinero	
Financiación partidos	6
Política y políticos	6
Caso RENFE	5
Abuso de poder	4
Estafas y engaños	4
Terrorismo	4
Tráfico de influencias	3
Caso Naseiro	1
PSOE	1
La Justicia	1
Rumasa	1
Otros con menos del 1%	3
NS/NC	23
Total	100

***El País*, 5 de abril de 1992. Encuesta sobre la corrupción. Demoscopia.**

máquinas tragaperras»; Convergencia i Unió, el «caso Casinos de Catalunya» y el «caso Banca Catalana».

De hecho, los diez millones de votos de 1982 se rebajaron a ocho millones en las elecciones legislativas de 1989 y a siete millones en las municipales de 1991 [3].

Pero los sufragios perdidos por el PSOE significan poco si se tienen en cuenta las promesas incumplidas y las continuamente renovadas por los mandatarios socialistas.

La dualidad González-Guerra, actuando a la derecha y a la izquierda del PSOE, como dos miembros de una antigua pareja de la Guardia Civil de Tráfico —uno «bueno», que no dice nada, y otro «malo», que impone la sanción—, es lo que explicaría que el PSOE no se haya deteriorado más de lo que podría haberlo hecho.

La falta de fortaleza de los partidos de la oposición a nivel nacional, tanto a la derecha (AP-PP) como a la izquierda (PCE-IU), ha mermado la decisión de ese gran voto de centro para que, con un cambio, otorgue el gobierno a fuerzas distintas al PSOE. El deno-

[3] Resultados electorales. Cifras definitivas.

minado «voto cautivo», de los jubilados y de los acogidos al Plan de Empleo Rural, ha sido también fiel al PSOE.

Sin embargo, la situación económica y social pasa actualmente por un trance tan amargo que la gran mayoría de los españoles empieza a sufrir dirctamente las consecuencias de una mala gestión socialista. Y ello, en vísperas de una consulta popular para dar nuevamente el Gobierno de la nación en las próximas elecciones legislativas.

Tres meses antes de que se cumplieran los diez años de mandato

Población, población activa, parados y población ocupada

(Media anual. Miles de personas)

Año	Población total (1 julio)	Población activa	Parados	Asalariados	Población ocupada				
					Todos los ocupados	Agricultura y pesca	Industria	Construcción	Servicios
1970	33.885	13.164	178	8.346	12.975	3.505	3.152	1.061	5.257
1971	34.190	13.270	237	8.466	13.033	3.377	3.195	1.075	5.386
1972	34.497	13.431	286	8.756	13.145	3.240	3.281	1.131	5.493
1973	34.810	13.465	336	8.977	13.129	3.094	3.247	1.189	5.559
1974	35.147	13.570	397	9.162	13.173	2.954	3.281	1.218	5.720
1975	35.515	13.413	501	9.117	12.912	2.816	3.234	1.203	5.659
1976	35.937	13.363	605	9.160	12.758	2.630	3.199	1.198	5.731
1977	36.367	13.273	697	9.136	12.576	2.441	3.201	1.190	5.744
1978	36.777	13.306	936	9.013	12.370	2.352	3.138	1.151	5.729
1979	37.108	13.371	1.159	8.812	12.212	2.301	3.064	1.093	5.754
1980	37.423	13.413	1.535	8.482	11.878	2.283	2.953	1.023	5.619
1981	37.756	13.520	1.913	8.170	11.607	2.150	2.880	946	5.631
1982	37.980	13.756	2.219	8.060	11.537	2.100	2.802	932	5.703
1983	38.172	14.047	2.486	7.966	11.561	2.090	2.817	898	5.756
1984	38.329	14.161	2.767	7.746	11.394	2.016	2.746	831	5.801
1985	38.474	14.310	2.969	7.744	11.341	1.975	2.653	791	5.922
1986	38.604	14.458	2.959	7.998	11.499	1.784	2.697	849	6.169
1987	38.716	14.911	2.955	8.380	11.956	1.728	2.764	932	6.532
1988	38.809	15.176	2.852	8.733	12.324	1.694	2.805	1.021	6.804
1989	38.888	15.308	2.561	9.221	12.747	1.598	2.898	1.134	7.117
1990	38.959	15.525	2.441	9.596	13.084	1.486	2.978	1.220	7.400
1991	39.025	15.579	2.464	9.699	13.115	1.345	2.890	1.273	7.607

FUENTE: Encuesta de Población Activa (EPA), Contabilidad Nacional (INE) y Fundación FIES.

socialista, el martes 21 de julio de 1992, el Gobierno asestaba un duro golpe a los bolsillos de los ciudadanos. El Consejo de Ministros adoptaba un paquete de medidas que denominaba de «ajuste» y que suponían un aumento considerable de impuestos y, además, y por primera vez en la historia, con carácter retroactivo, desde agosto a primeros de año.

El quinto gobierno socialista daba marcha atrás en las decisiones de enero y elevaba las tarifas de retenciones del Impuesto sobre la Renta de las Personas Físicas (IRPF) y del Impuesto del Valor Añadido (IVA). Con ellas afectaba al 35 por 100 de los contribuyentes e, indirectamente, a todos los españoles.

El ministro de Economía y Hacienda, Carlos Solchaga [4], aseguraba tras aquel Consejo de Ministros extraordinario que el Presupuesto Público no podía asumir muchos de los compromisos que tenía en la actualidad, porque la economía española tardaría en salir del bache hasta pasado el año 1993.

Las medidas de mayor impacto social eran las subidas de dos puntos de media en las tarifas del Impuesto sobre la Renta y en las retenciones del IRPF, así como la subida del tipo medio del IVA, que pasaba del 13 al 15 por 100.

Además, establecía un nuevo impuesto de matriculación de vehículos a partir de enero de 1993 y un nuevo tipo de IVA, inferior al 6 por 100, para los productos de primera necesidad.

A medida que el Gobierno ajustaba sus ingresos, para recaudar 240.000 millones de pesetas, establecía una serie de recortes en los gastos, para ahorrar 190.000 millones.

Suprimía la oferta pública de empleo, derogaba las prestaciones del Fondo de Asistencia Social, recortaba un 10 por 100 los gastos protocolarios de los ministerios, otro 10 por 100 del complemento de productividad a los funcionarios y altos cargos, disminuía 19.518 millones en gastos corrientes, otros 28.361 millones en inversiones reales, 52.062 en transferencias de capital, 90.908 millones en

---

[4] Solchaga, cuando era ministro de Industria, admitió por primera vez, el 31 de mayo de 1983, la imposibilidad de crear los 800.000 empleos prometidos durante la campaña. Diez años más tarde, el 24 de septiembre de 1991, dijo que veía la posibilidad de establecer 1,2 millones de puestos de trabajo en esta legislatura que acababa en 1993.

transferencias corrientes, 4.375 en gastos de personal... [5]. Y por si fuera poco, se cargaba a las empresas el pago del asalariado enfermo desde el cuarto al decimoquinto día, que antes corría a cuenta de la Seguridad Social.

El Gobierno anunciaba Presupuestos recesivos para 1993 y atrás quedaba aquel «Estado del Bienestar» que los socialistas habían predicado cuando escalaban el Palacio de la Moncloa. El cambio social que anunciaron en 1982 no se había cumplido y muchos socialistas recordaban la frase de Alfonso Guerra cuando vaticinaba: «Dentro de diez años a España no la va a conocer ni la madre que la parió.»

Por primera vez, la patronal, los sindicatos, los partidos de la oposición... coincidían en sus apreciaciones. El presidente de la Confederación Española de Organizaciones Empresariales (CEOE), José María Cuevas, que en ocasiones anteriores había estado más cerca de Felipe González que del líder de la oposición conservadora, se sentía defraudado ante estas fuertes restricciones del Gobierno. «Yo estoy preocupado hoy y ustedes lo estarán mañana», aseguraba.

El Partido Popular reaccionaba también contra las medidas: «Vivimos en un auténtico caos económico, no motivado por la crisis internacional sino por la incapacidad del Gobierno. No es por la vía de la subida de impuestos por la que se debe atacar el déficit, sino recortando el gasto público, que es el verdadero problema», decía el responsable económico, Luis Gámir. A continuación, el PP pedía la desaparición de los ministerios de Asuntos Sociales, Portavoz del Gobierno y Cultura, por considerarlos superfluos en gastos.

El presidente del PP, José María Aznar, solicitó unas elecciones anticipadas, dado el desastre evidente de la situación. Y el coordinador general de Izquierda Unida, Julio Anguita, exigió que el presidente González se sometiera a una cuestión de confianza en el Parlamento.

---

[5] Solchaga llegó a protagonizar un enfrentamiento con la ministra de Asuntos Sociales y los ministros «guerristas» por el recorte de dinero para los funcionarios y el FAS (revista *Tribuna*). Terció González: «Por favor, Matilde, no exageres, que ningún funcionario se va a quedar sin cobrar.»

Los sindicatos UGT y CCOO también censuraron el paquete de medidas fiscales y restrictivas, «que perjudicarán a todos los asalariados».

Hasta el PNV y Convergencia i Unió, partidos aliados del PSOE en el Congreso de los Diputados, se mostraron en contra de las férreas tenazas gubernamentales.

En medios económicos se indicaba que el grave déficit del Estado español no provenía de la crisis internacional, sino de los fuertes gastos que las administraciones central y autonómicas habían realizado en las grandes celebraciones de 1992.

Así, en los Juegos Olímpicos, según los organizadores, del casi un billón de pesetas que ha costado este evento (926.432,9 millones de pesetas), el 66,2 por 100 correspondía a inversiones genuinamente públicas. Sólo la Administración central destinó 229.279 millones de pesetas (un 37,37 por 100), la Generalitat de Catalunya 112.534 millones (18,34 por 100) y el Ayuntamiento de Barcelona 100.236 millones de pesetas (16,34 por 100) [6].

Inversión generada por los JJ.OO.

Sector privado	313.017,0
Sector público	613.421,4
Estado	229.278,3
Generalitat	112.534,8
Ayuntamiento de Barcelona	100.236,5
Telefónica	94.709,6
COOB 92	32.714,3
Corporaciones locales (1)	35.847,9
Feder	8.100,0
Total (2)	926.438,4

(1) Diputación de Barcelona, Mancomunidad de municipios de Barcelona y otras administraciones locales.
(2) En millones de pesetas.

FUENTE: Holding Olímpico, S. A. (HOLSA). *El País*, 25 de julio de 1992.

[6] Datos de Holding Olímpico, S. A. (HOLSA). *Tribuna* hablaba de un gasto público en los JJ.OO. de 2,4 billones.

En el Tren de Alta Velocidad Español (AVE), destinado sólo y exclusivamente a asombrar a la concurrencia que visitaba la Expo, el gasto público oficialmente reconocido ascendía a 448.000 millones de pesetas, aunque en medios económicos se indicaba que la inversión podía haber alcanzado los 560.000 millones de pesetas.

Y en la Exposición Mundial de Sevilla, el gasto público ascendió a 1,2 billones de pesetas. Eso sin contar las pérdidas que supuso la merma de visitantes, debido a una previsión hinchada.

Estos gastos desmedidos, que la revista norteamericana *Times* consideraba para grandes fastos mientras la miseria aparecía palmariamente en España, tenían un coste social muy elevado, que ya el Gobierno se encargó de exponer incluso antes de que se iniciara la apertura oficial de los JJ.OO, retransmitidos por la televisión a más de 3.500 millones de almas.

Al elaborar los Presupuestos Generales del Estado para 1992, los técnicos de Hacienda realizaron unas previsiones de gasto poco acordes con la realidad. Las arcas públicas recibían 5,478 billones de pesetas de ingresos, mientras salían de ellas 6,705 billones. En total, 1,227 billones de déficit público, un 40,4 por 100 más elevado que el de 1991 [7].

Para enjugar este déficit público, Hacienda recurría otra vez a los impuestos. Desde la llegada al poder de los socialistas, la presión fiscal se elevó considerablemente. En 1982, el 43,8 por 100 de los ingresos no financieros del Estado provenían de impuestos directos y el 37,8 por 100 de los impuestos indirectos. En 1991, los impuestos directos suponían el 49,3 por 100 de los ingresos no financieros del Estado y los impuestos indirectos el 37,7 por 100. El aumento de la presión fiscal pasó del 13,5 por 100 del producto interior bruto (PIB) en 1982 al 20,5 por 100 en 1991 [8].

A partir de la reforma fiscal de 1978, con el Gobierno de la UCD, la recaudación de impuestos creció, pero nunca llegó a cotas tan elevadas como con los gobiernos socialistas. La recaudación pasó del 11,9 por 100 del PIB en 1981 al 18 por 100 en 1991. El conjunto de la presión fiscal es en España más baja que la media de Europa, pero los trabajadores son quienes llevan más peso impositivo en relación con su disponibilidad económica. Según expertos econo-

---

[7] *Diario 16*, Dossier 26-792.

[8] España, 1992, Oficina del Portavoz del Gobierno.

mistas, las rentas de trabajo son las que más se han resentido de la presión fiscal en estos últimos diez años, mucho más que los empresarios.

El temor a las sanciones originó que aparecieran de 1982 a 1990 más de tres millones y medio de nuevos declarantes del IRPF [9]. Pero las bolsas del fraude aún siguen siendo muy altas. A cada paso saltaban en los medios informativos los multimillonarios fraudes del IVA y en el último año un escándalo mayúsculo: más de 600 empresas públicas y privadas compraban facturas falsas a otras 52 empresas piratas para defraudar a Hacienda. El Juzgado de Delitos Monetarios se hizo cargo del caso, cuyo fraude puede alcanzar los 150.000 millones de pesetas.

Sin embargo, esta defraudación a Hacienda no es considerada delito y las empresas defraudadoras lo arreglan con el pago de unas multas. El ministro Solchaga ofrecía una amnistía fiscal encubierta para que las empresas que no estuvieran al día con Hacienda regularizaran su situación. Si lo hacían así, no serían sancionadas. Se trataba de una operación para hacer aflorar el dinero negro, pero se ponía en evidencia el sistema fiscalizador empleado por los socialistas y se criticaba el gran grado de corrupción económica existente.

En 1983, cuando el ministro de Economía y Hacienda, Miguel Boyer, expropió el holding RUMASA, los empresarios y banqueros sintieron cierto temor a que el PSOE fuera el gran partido justiciero que iba a poner en regla a los financieros españoles. La expropiación de RUMASA costó al Estado 500.000 millones de pesetas y tras él no se registró ninguno más. Se detectó el «caso Palazón», de fuga de divisas a Suiza, y el entonces juez Luis Lerga procesó, en junio de 1985, a siete inculpados, pero Francisco Javier Palazón terminó fugándose y en paradero desconocido.

En ese mismo mes, el día 20 de junio de 1985, la central sindical CCOO realizó la primera gran huelga contra el recorte de las pensiones. Fue el punto de inflexión del sindicato UGT en sus relaciones con el Gobierno socialista, y el secretario general, Nicolás Redondo, votó en el Congreso contra el proyecto de ley de pensiones presentado por el Gabinete González.

Desde esta fecha, las centrales sindicales han estado enfrentadas sistemáticamente con el Ejecutivo. Anteriormente, el clima econó-

---

[9] España, 1992, Ministerio del Portavoz del Gobierno.

mico y social estaba apaciguado por los acuerdos alcanzados en el AMI y el AES, firmados por el Gobierno, la patronal CEOE y la UGT. A partir de 1985, el ambiente social se enrareció y se produjeron dos huelgas generales. Una el 14 de diciembre de 1988, contra el giro social dado por el Gobierno, y otra el 28 de mayo de 1992 contra el «decretazo» de abril que recortaba las prestaciones por desempleo.

Jamás la piel de toro había vivido una etapa de crispación social como en los últimos años de la década socialista. Atrás quedaban las manifestaciones por la «reconversión» industrial, siderúrgica, naval..., que habían dejado sin puestos de trabajo a millares de empleados en las zonas periféricas y tradicionalmente industriales de la Península: Valencia, País Vasco, Asturias, Santander, Galicia, Andalucía...

En el manifiesto suscrito por las centrales sindicales y por las fuerzas sociales la víspera del 28 de mayo de 1992 se informaba:

«La política económica y social con la que el Gobierno orienta la convergencia europea se expresa en el "decretazo" que recorta las prestaciones por desempleo, el proyecto de Ley de Huelga, que restringe ese derecho, el mantenimiento de una política de desindustrialización...; por lo tanto, no sólo afecta a las trabajadoras y a los trabajadores como tales, sino que supone una grave agresión a la población más desfavorecida, las mujeres, los jóvenes, los emigrantes, los discapacitados y, en general, a todas las personas afectadas por algún grado de marginación, condenándoles a la exclusión y a la pobreza... Para ello se apoya en un talante autoritario que ataca en su centro los valores básicos de solidaridad, justicia y participación ciudadana...» [10].

Cuando los socialistas llegaron al Palacio de la Moncloa, querían lograr un doble objetivo: la corrección de equilibrios internos (inflación y déficit público) y externos (déficit exterior). La primera etapa, desde 1982 a 1985, se inició con la presencia de dos problemas macroeconómicos que situaban al país al borde de la insolvencia, un desequilibrio exterior muy profundo y una tasa de inflación muy elevada. A partir de 1986, con la entrada de España en la Comunidad Europea, la economía española comenzó a crecer hasta 1989 en que surgió una fase de desaceleración hasta llegar al agotamiento del modelo puesto en marcha hace diez años.

---

[10] Anuncio de la convocatoria del paro general (*Diario 16*, 27-7-92, pág. 69).

España, que había crecido en más de un millón de personas en este período (de los 37,9 millones en 1982 a 39,025 millones en 1991) [11], había reducido la tasa de inflación del 14 por 100 en 1982 al 6,9 (estimado) en 1992. (En 1991 la inflación era del 5,5 por 100 [12].)

Sin embargo, los socialistas en el poder no habían reducido el déficit exterior, que era galopante en 1990. Tampoco habían podido controlar el déficit público, es decir, la diferencia entre los ingresos y los gastos.

En 1982, el déficit exterior, según la balanza exterior corriente, de bienes y servicios, ascendía a 487.000 millones de pesetas. Este déficit alcanzaba, en 1990, 1.768.000 millones de pesetas [13].

El déficit público, o diferencia entre los ingresos y gastos del Estado, en porcentajes del PIB, era, en 1982, de —5,4 y en 1991 era de —4,4 por 100, similar al del año 1983 [14].

El producto interior bruto (PIB) per cápita de España aumentó desde 1982 a 1990, pero estaba todavía muy alejado de la media de los cuatro países más grandes de la Comunidad, o sea, de la media conjunta de Alemania, Francia, Gran Bretaña e Italia. En 1982, el PIB per cápita era del 46,8 por 100 de la de los cuatro países de la CEE. En 1990 alcanzaba el 60,6 por 100 [15].

Pero el gran fiasco del mandato socialista en esta década ha sido la imposibilidad de reducir el paro.

Según datos oficiales, aunque aumentó la población activa, de 13,7 millones en 1982 a 15,5 millones en 1991, los parados eran 250.000 más que en 1982 [16].

La tasa de paro aumentó. En 1982 era del 16,13 y en el primer trimestre de 1992 del 16,5 [17].

En la década de 1981 a 1991, la población de más de 16 años aumentó y pasó de 27.988.000 a 30.690.000 españoles. Había 2,7 millones de españoles más en edad de trabajar. Sin embargo, se registraban 600.000 parados más (de 1.862.000 parados en 1981 se

---

[11] Encuesta de población activa (EPA), Contabilidad Nacional, INE y Fundación FIES. Informe económico de 1991 del BBV.
[12] EPA del INE.
[13] Datos del Banco de España, Contabilidad Nacional 1981-1990.
[14] Banco de España.
[15] Banco de España y Eurostat.
[16] BBV informe, económico, y EPA del INE.
[17] EPA.

Renta nacional de España per cápita

Año	Renta nacional (% incremento)		Población (miles)	Renta per cápita al coste de los factores			Renta per cápita a precios de mercado		
	A precios corrientes	A precios constantes		Pesetas corrientes	Pesetas 1986	Dólares U.S.A. (1)	Pesetas corrientes	Pesetas 1986	Dólares U.S.A (1)
1970	11,40	5,00	33.885	64.801	485.761	926	70.160	541.776	1.002
1971	13,48	5,27	34.190	72.880	506.813	1.084	78.471	562.516	1.167
1972	17,61	8,48	34.497	84.952	544.914	1.317	91.605	609.887	1.420
1973	20,01	8,02	34.810	101.032	583.324	1.734	109.434	657.656	1.878
1974	23,52	5,34	35.147	123.601	608.574	2.143	132.292	688.304	2.293
1975	17,34	0,26	35.515	143.530	603.828	2.638	152.564	682.613	2.804
1976	19,71	3,17	35.937	169.798	615.656	2.538	180.531	694.083	2.699
1977	26,83	3,31	36.367	212.816	628.518	2.802	226.098	706.998	2.977
1978	23,75	1,75	36.777	260.426	632.408	3.392	273.472	712.723	3.562
1979	16,18	–0,41	37.108	299.853	624.173	4.467	316.064	707.395	4.708
1980	14,76	0,59	37.423	341.217	622.545	4.759	359.773	707.518	5.018
1981	8,95	–1,69	37.756	368.462	606.622	3.991	392.528	688.283	4.252
1982	14,98	0,92	37.980	421.160	608.613	3.830	448.367	691.818	4.078
1983	11,99	1,16	38.172	469.304	612.588	3.272	503.998	695.457	3.514
1984	12,30	1,69	38.329	524.851	620.392	3.265	565.756	703.152	3.519
1985	10,86	1,83	38.474	579.646	629.366	3.409	631.146	697.630	3.712
1986	13,68	4,70	38.604	656.720	656.720	4.689	729.710	729.710	5.210
1987	12,54	5,84	38.716	736.933	693.062	5.968	817.796	772.599	6.623
1988	11,77	5,11	38.809	821.706	726.724	7.054	906.313	810.366	7.780
1989	12,53	5,29	38.888	922.819	763.607	7.795	1.019.543	851.891	8.612
1990	11,62	4,15	38.959	1.028.148	793.814	10.086	1.133.142	882.097	11.116
1991	9,77	2,45	39.025	1.126.685	811.850	10.843	1.239.231	902.769	11.926

(1) Cambio del dólar: 1970 = 70, 1971 = 67,25, 1972 = 64,5, 1973 = 58,26, 1974 = 57,69, 1975 = 54,41, 1976 = 66,90, 1977 = 75,96, 1978 = 76,77, 1979 = 67,13, 1980 = 71,70, 1981 = 92,32, 1982 = 109,96, 1983 = 143,43, 1984 = 160,76, 1985 = 170,04, 1986 = 140,05, 1987 = 123,48, 1988 = 116,49, 1989 = 118,38, 1990 = 101,94, 1991 = 103,91

pasó a 2.464.000 en 1991). Los inactivos aumentaron en casi un millón (de 14.674.000 inactivos registrados en 1981 se ascendió a 15.617.000 en 1991). En la industria se contabilizaron 154.000 parados más (de 2.890.000 en 1981 a 3.044.000 en 1991). No obstante, y con el aumento de población, los ocupados pasaron de 11.462.000 a 12.610.000 [18].

El Partido Popular argumenta que la cifra real de parados en esta

[18] EPA corregida de datos.

década sería superior a los tres millones si se aplicaran los parámetros vigentes en 1982. Según el PP, la UCD dejó en herencia 1.872.600 parados, que diez años después han pasado a situarse en los 2,5 millones. En este período, los eventuales ascenderían a más de tres millones [19].

La encuesta de población activa (EPA) señalaba que los trabajadores eventuales suponían un 33 por 100 en el primer trimestre de 1992.

El cambio del mercado de trabajo

	1982	1986	1981
Desempleo	1.872.600	2.933.000	2.556.200
Contratación			
— Indefinido			6.361.300
— Eventual	253.183	536.594	3.027.400
Por sectores económicos (miles)			
— Agrario	113,1	269,7	184,5
— Industria	412,9	452,1	325,2
— Construcción	365,7	348,8	238,6
— Servicios	470,5	684,7	677,1
— Sin empleo anterior	897,6	1.199,5	605,7

FUENTE: Revista *Ranking*; julio de 1992.

Renfe, un agujero de 250.000 millones

	1982	1986	1990	1991
Déficit (millones)		201.838	193.857	250.000
Inversión (millones)	80.569	45.967	150.745	79.294
Índices de puntualidad				
— largo recorrido	10,3	N. D.	N. D.	32,5
— cercanías	2,0	N. D.	N. D.	3,7
Volumen de pasajeros (miles)	181.700	193.400	274.400	
Volumen de mercancías (miles Tm.)	32.593,5	31.027,2	29.057,4	
Red viaria (km.)	13.572	12.721	12.560	
Número empleados	74.025	64.165	49.122	48.927

FUENTE: Revista *Ranking*, julio de 1992.

[19] Revista *Ranking*, mes de julio de 1992.

Los sueños intergalácticos de Telefónica	1982	1986	1991
Beneficios (millones)	26.546	45.252	80.902
Facturación (millones)	259.501	468.011	1.109.454
Inversión (millones)	151.000	212.000	598.200
Número de líneas en servicio	8.018.000	9.785.000	13.264.000
— líneas/100 hab.	21,3	25,3	33,5
Usuarios de telefonía móvil automática	—	1.080	108.540
Tiempo medio de cumplimiento (meses)	7	11	2,5
Tarifas telefónicas			
— Cuota de conexión	15.150	10.400	25.000
— Precio del paso	2,50	2,78	3,90
Lista de espera	408.000	439.000	244.000

FUENTE: Revista *Ranking*, julio de 1992.

El paro y el terrorismo eran los dos problemas que más preocupaban a los españoles en 1992 y su erradicación la consideraban prioritaria sobre otras cuestiones [20].

Desde que ETA, el GRAPO y otras bandas terroristas iniciaran sus actos criminales en 1968 hasta 1991, se produjeron 869 asesinatos. En 1983 surgieron los Grupos Antiterroristas de Liberación (GAL), que dejaron un sangriento reguero, con 26 muertos en 33 acciones violentas. Desaparecieron en 1987. La Audencia Nacional juzgó a dos policías, el subcomisario José Amedo Fouce y el inspector Michel Domínguez Martínez. Les condenó a 108 años y 8 meses de cárcel por asociación ilícita, asesinato frustrado, uso público de nombre supuesto..., pero absolvió al Estado de cualquier responsabilidad en la organización, financiación y actividades de los GAL, que habían actuado contra los etarras y refugiados vascos del sur de Francia. La sentencia fue un éxito para el Gobierno socialista y una decepción para quienes habían presentado contundentes pruebas sobre la presunta implicación de funcionarios y personal del Estado en estas actividades violentas.

El Gobierno socialista anunció públicamente la apertura de negociaciones con ETA-militar el 19 de febrero de 1988, pero meses más tarde las abandonaba sin éxito. La pacificación y la erradicación del terrorismo no llegaron a su fin.

---

[20] Según encuesta del CIS, julio de 1992, *Diario 16*.

Principales preocupaciones de los españoles	Porcent.	**Prioridades del país según los españoles**	Porcentaje
Terrorismo	91	Lucha contra el terrorismo	74
Droga	89	Mejora del paro	73
Paro	88	Lucha contra la droga	48
Sanidad	88	Acabar con la delincuencia	22
Inseguridad ciudadana	86	Combatir la corrupción	20
Medio ambiente	84	Lucha contra el aumento de los precios	16
Situación económica	80	Protección de la Naturaleza	12
Deterioro de la convivencia ciudadana	78	Mejorar la competitividad de la economía española	9
Desigualdades sociales	75	Lucha contra las desigualdades sociales	8
Situación internacional	55	Plena integración de España en la Unión Económica y Monetaria europea	4

Diario 16, 8 de julio de 1992.

Sólo en 1992, con la ayuda francesa, ETA recibía un duro golpe. La Policía gala detenía en la localidad francesa de Bidart, cerca de Bayona, a la cúpula de la banda, con el dirigente Francisco Múgica Garmendía, *Artapalo* o *Pakito*, y a otros importantes jefes etarras como Álvarez Santacristina, *Txelis*, y Arregui Erostarbe, *Fitipaldi*. Poco después irían cayendo otros miembros de ETA y seguirían apresándose a sus principales comandos operativos.

La operación anti ETA salvó al ministro del Interior, José Luis Corcuera, de las críticas recibidas al sacar adelante la Ley de Seguridad Ciudadana, por la que la Policía podía conducir a las comisarías a quienes no tuvieran DNI ni documentación para identificarse y entrar en los domicilios privados sin necesidad de permiso judicial para perseguir delitos flagrantes. Esta ley fue recurrida ante el Tribunal Constitucional y la Audiencia de Madrid declaró nulo uno de los registros domiciliarios efectuado por la Policía que dio origen al primer juicio celebrado con la aplicación de la «Ley Corcuera».

El Ministerio del Interior no ha salido bien parado del balance final de su gestión en esta década, a no ser en cuanto a los últimos apresamientos de etarras en Francia.

En 1988, en septiembre, tres policías eran condenados a veintinueve años por la desaparición de Santiago Corella, *el Nani*, la primera desaparición de un español a manos de la Policía en la etapa democrática.

Las quejas al Defensor del Pueblo también indicaban que todavía había policías que abusaban y maltrataban en 1989.

De hecho, las quejas en este apartado, recogidas en el informe del Defensor del Pueblo, en el apartado Defensa e Interior, pasaron de 2.295 en 1983 a 6.179 en 1991 [21].

También seguían presentándose quejas contra el deficiente funcionamiento de los servicios públicos. Por ejemplo, una carta cuya tardanza media en 1982 era de 1,6 días, tardaba en recibirse 4 días en 1991 [22]. Y en la Sanidad, las largas listas de espera eran ya alarmantes al final de 1992.

La saca sin fondo de Correos

	1982	1986	1990	1991
Déficit (millones)	13.230	14.581		
Inversión (millones)	5.514	6.678	13.688	
Tardanza media (días)	1,6		2,13	4
Número de empleados	61.232	63.933	65.813	
Volumen de correspondencia (millones)	4.325	4.507	5.626	
Precio de franqueo				
— carta urbana	6	7	15	15
— carta interurbana	14	19	25	25
— carta internacional			25	55

FUENTE: Revista *Ranking*, julio de 1992.

En julio de 1992, 135.730 pacientes esperaban en la antesala de los quirófanos de la Sanidad Pública para ser intervenidos. De ellos, más de la mitad tendrían que esperar más de seis meses [23].

En el primer semestre de este año, murieron en España 6.000 personas infectadas de SIDA. España fue el país europeo que notificó más casos y en junio de 1992 había 14.533 enfermos, según datos del Instituto de Salud Carlos III, un 60 por 100 más que el año anterior [24].

---

[21] *Diario 16,* 10 de abril de 1991; *Anuario «El País».*
[22] Revista *Ranking,* julio 1992.
[23] *Diario 16; El Mundo.*
[24] *Diario 16,* mayo de 1992.

El Roto publicó en la primera página de *Diario 16*, el 15 de mayo de 1992, esta viñeta alusiva a las elevadas listas de espera de los hospitales públicos.

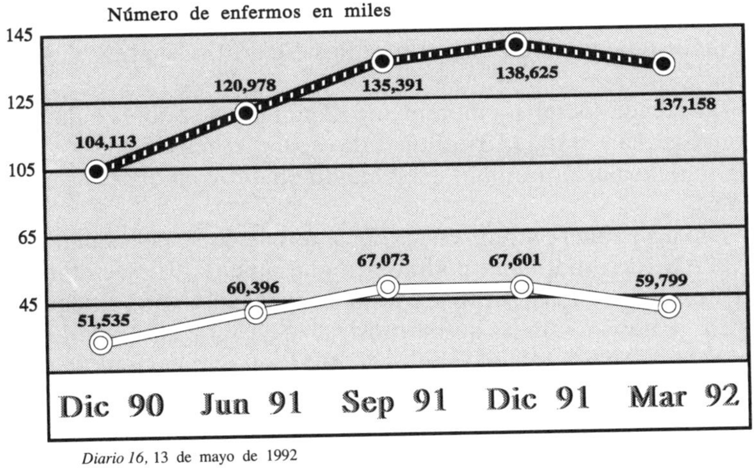

Diario 16, 13 de mayo de 1992

Pero la mayor preocupación de los españoles en 1992 no era el SIDA, sino la situación política y económica. Uno de cada dos españoles la calificaban de mala o muy mala. El 43 por 100 en el aspecto político y el 44 por 100 en el aspecto económico participaban de esta visión negativa. El PSOE perdía simpatía electoral en favor del PP, IU y CiU.

Aumentaban los ciudadanos que pensaban que el Gobierno despilfarraba el dinero público y muchos españoles se sentían defraudados porque recibían menos servicios que los que pagaban en impuestos [25]. Un 85 por 100 creía que había mucha o bastante corrupción, mucha más que hace diez años, cuando llegó el PSOE al poder.

En esta década aumentaron los salarios, de 71.798 pesetas que ganaban al mes por término medio empleados y obreros en 1983 (en pagos ordinarios) se pasó a 142.927 pesetas en 1991, pero el valor real de la peseta se rebajó al 0,537 en 1990 y al 0,509 en 1991 respecto de 1982, según el índice de coste de la vida elaborado por el INE [26].

En este período habían subido los alquileres y el coste de las viviendas. En Madrid, según UGT, un alquiler medio costaba en torno a las 100.000 pesetas al mes. La escasez de viviendas sociales hizo prometer al presidente González una oferta pública de 460.000 viviendas, con una financiación a veinte años y un tipo de interés entre el 5 y el 11 por 100, y a construir entre 1991 y 1995.

En junio de 1992, cuatro comunidades autónomas no habían iniciado todavía este plan, entre ellas Madrid, Canarias y Andalucía [27].

La década socialista incrementó el número de pobres e indigentes en España y más de 10 millones de españoles tenían una renta por debajo del salario mínimo, establecido en 1992 en 56.280 pesetas al mes.

España habían entrado en la CEE y reforzaba su permanencia en la OTAN, pero no había podido arreglar su casa. El secretario de Organización del PSOE, José María Benegas, tuvo que amenazar a los dirigentes socialistas que se mostraban en contra del referéndum de la OTAN hasta que al final ganó el SÍ, el 12 de marzo de 1986. Dos meses antes, el 1 de enero, España ingresó en la Comunidad Europea. Se firmó posteriormente el tratado de Maastricht para la unidad europea. Pero España seguía pendiente de los 100.000 mi-

---

[25] Demoscopia, *El País,* enero de 1992.
[26] Informe económico 1991 del BBV.
[27] *Cinco Días.*

Plan de viviendas 1992-1995: programa 1992
(Período enero-abril)

Comunidades autónomas	Solicitudes				Objetivos Plan 1992-1995 para el año 1992			
	VPO (1)		VPT (2)	Rehabilitación (1)	VPO		VPT	Rehabilitación
	R.G.	R.E.			R.G.	R.E.		
Andalucía	4.364	0	0	188	9.300	1.800	1.650	2.000
Aragón	640	0	990	77	1.575	80	895	230
Asturias	647	0	795	109	1.405	250	520	600
Baleares	414	0	128	78	575	175	243	55
Canarias	1.043	0	56	120	1.800	500	400	375
Cantabria	57	0	0	0	550	100	325	400
Castilla y León	791	93	0	0	1.440	219	620	230
Castilla-La Mancha	1.012	21	0	117	1.800	500	600	200
Cataluña	2.136	76	3.368	1.647	3.000	800	5.010	1.180
Extremadura	1.030	0	133	440	1.350	400	950	380
Galicia	1.168	84	95	51	2.877	250	1.370	400
Madrid	1.500	1.233	260	63	10.800	1.500	700	3.000
Murcia	3.658	166	255	183	2.225	1.125	440	575
Comunidad Valenciana	2.248	19	132	410	6.116	700	1.400	1.400
Rioja, La	385	0	97	172	405	200	205	300
Total	21.093	1.692	6.309	5.655	44.218	8.599	15.328	11.325

(1) Solicitudes de calificación provisional.
(2) Solicitudes de visado de contratos de compraventa, a precios tasados de viviendas.
FUENTE: MOPT.
Cinco Días.

llones de pesetas que tendría que darle la Comunidad como aportación de los países más ricos hacia los más pobres, para lograr la denominada cohesión europea. España, que en 1986 tuvo la posibilidad de iniciar un despegue económico y un acercamiento a los países que gozan de mayor bienestar de Europa, se quedó en el intento [28].

[28] A partir de 1986, coincidiendo con la incorporación de España a la CEE, la inversión extranjera registró un alza espectacular. Del 86 al 90 financió el 85 por 100 del déficit comercial acumulado (Informe económico 1991, BBV. (Ver cuadro adjunto.)

Mientras los pujantes países europeos se lanzaban a veloz carrera por las amplias autopistas del desarrollo, España continuaba su cansino caminar por las ancestrales carreteras y peligrosas autovías públicas de la chapuza nacional. Los socialistas no supieron aprovechar los años de bonanza. La España del bienestar no terminaba de llegar.